전라남도 공무직
NCS
(국가직무능력표준)

전라남도
# 공무직 필기시험
NCS(국가직무능력표준)

개정판 발행	2023년 1월 18일
개정2판 발행	2025년 10월 1일

편 저 자	공무원시험연구소
발 행 처	(주)서원각
등록번호	1999-1A-107호
주　　소	경기도 고양시 일산서구 덕산로 88-45(가좌동)
대표번호	031-923-2051
팩　　스	031-923-3815
교재문의	카카오톡 플러스 친구 [서원각]
홈페이지	goseowon.com

▷ 이 책은 저작권법에 따라 보호받는 저작물로 무단 전재, 복제, 전송 행위를 금지합니다.
▷ 내용의 전부 또는 일부를 사용하려면 저작권자와 (주)서원각의 서면 동의를 반드시 받아야 합니다.
▷ ISBN과 가격은 표지 뒷면에 있습니다.
▷ 파본은 구입하신 곳에서 교환해드립니다.

최근 공무직 채용시험 제도는 꾸준히 변화하고 있습니다. 특히 2024년도부터 전라남도 공무직 근로자 채용시험의 필기 과목이 기존의 일반상식에서 NCS(국가직무능력표준) 기반 과목으로 전환되었습니다. 이는 단순한 지식 암기가 아닌, 실제 직무 수행에 필요한 문제 해결 능력과 직무 역량을 평가하는 방향으로 바뀐 것입니다. 따라서 방대한 일반상식을 익히는 대신, 직무 능력을 정확히 이해하고 출제 경향에 맞춰 학습하는 것이 중요합니다.

전라남도 공무직 근로자 채용시험에서 새롭게 적용되는 NCS 시험은 의사소통·문제해결·자원관리·대인관계·직업윤리 영역에서 출제되며, 수험생에게는 과목별 핵심 개념 이해와 더불어 문제 해결 능력을 종합적으로 준비해야 합니다. 또한 필기뿐만 아니라 면접시험의 중요성도 커지고 있어, 체계적인 면접 대비가 합격의 관건이 되고 있습니다.

본서는 이러한 변화에 발맞추어, 다음과 같이 구성하였습니다.

- 과목별 핵심 이론 정리 및 대표 유형 문제
- 시험 유형 및 난이도를 반영한 출제 예상문제 및 해설
- 자주 출제되는 면접 기출문제와 답변 전략

수험생 여러분이 본 교재를 통해 변화된 시험 제도에 효과적으로 대비하고, 필기와 면접 모두에서 자신감을 가질 수 있기를 바랍니다.

핵심이론정리

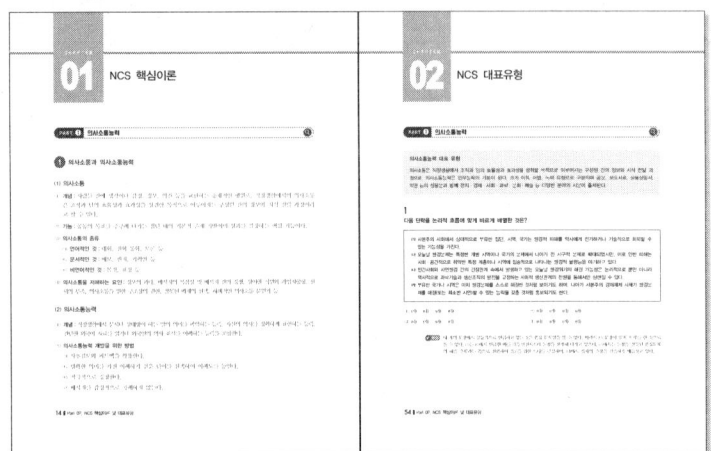

전라남도 공무직 채용시험의 NCS(국가직무표준능력) 출제 과목인 의사소통, 문제해결, 자원관리, 대인관계, 직업윤리를 중심으로 핵심 이론을 정리했습니다. 또한 과목별 대표 유형을 수록하여 이해 중심의 학습이 가능하도록 구성했습니다.

NCS 예상문제

실제 시험 난이도 및 출제 유형을 반영한 문제로, 실전 감각을 키울 수 있습니다. 문제 풀이와 해설을 통해 취약점을 점검하고 반복학습이 가능합니다.

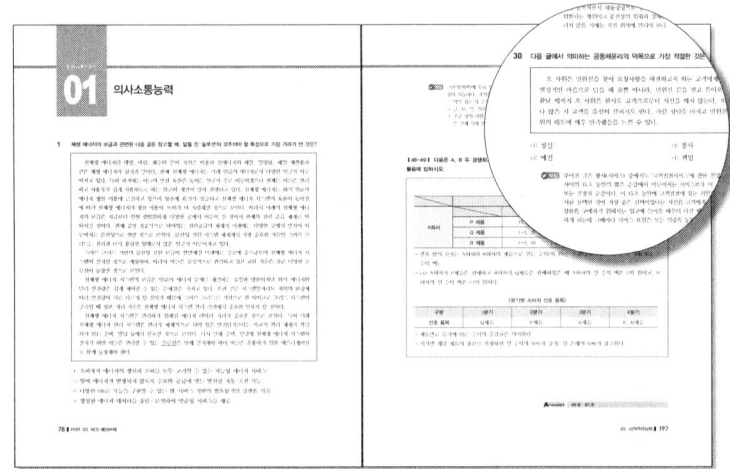

면접

공무직 면접의 기본 이론부터 자주 출제되는 다빈출 면접기출을 체계적으로 정리하였습니다. 실제 답변 전략까지 제시하여 실전 면접에서도 흔들림 없는 자신감을 유지할 수 있습니다.

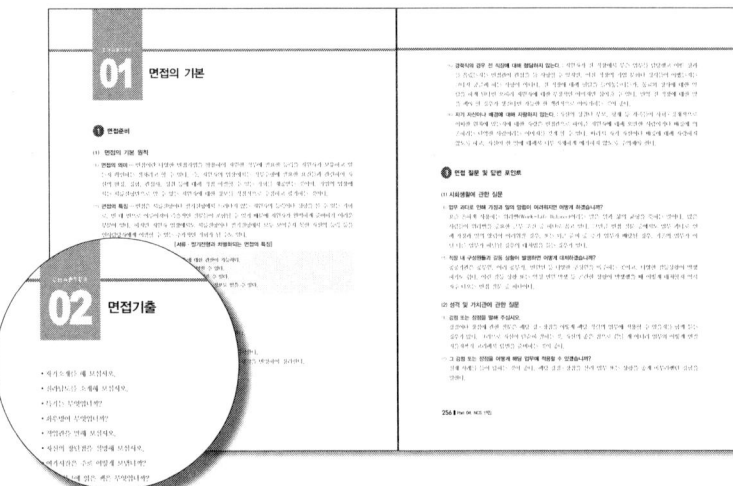

Contents

01 전라남도 소개
01. 전라남도 소개 8
02. 공무직 채용안내 10

02 NCS 핵심이론 및 대표유형
01. NCS 핵심이론 14
02. NCS 대표유형 54

03 NCS 예상문제
01. 의사소통능력 78
02. 문제해결능력 124
03. 자원관리능력 160
04. 대인관계능력 200
05. 직업윤리 228

04 NCS 면접
01. 면접의 기본 250
02. 면접기출 258

PART 01

전라남도 소개

01. 전라남도 소개
02. 공무직 채용 안내

CHAPTER 01 전라남도 소개

(1) 도기

① 전라남도의 특징인 황금 들판과 생명력을 상징하는 태양, 녹색 자연, 푸른 바다를 표현했다. 황금색을 주색으로 풍요로움을 강조하고, 곡선은 정감 넘치는 전남인의 정서를 상징한다.

② 내용 설명
- ㉠ **황색** : 사각 바탕의 찬란한 '황금색'은 기름진 황금 들판과 대지의 풍요로움을 상징한다.
- ㉡ **붉은 원** : 생명력의 상징인 태양으로, 출렁이는 바다 물결과 녹색 잎 위로 떠오르는 모습은 따뜻한 온정을 상징한다.
- ㉢ **녹색 잎** : 천혜의 자연 보고로서 친환경적으로 성장 진화하는 전라남도를 나타낸다.
- ㉣ **푸른 물결 곡선** : 해양 지향적 발전과 미래를 향한 도전 정신과 활력 있는 젊은 기상을 나타낸다.
- ㉤ **조화로운 곡선** : 전통과 예술 속에 살아 숨 쉬는 전남인의 부드럽고 넉넉한 정을 표현한다.
- ㉥ **흰색** : 바탕의 흰색은 맑고 깨끗한 순수함을 의미한다.

(2) 도정 비전과 방침

① 도정 비전 : 세계로 웅비하는 대도약! 전남 행복시대

② 도정 방침
- ㉠ 도약하는 지역 경제
- ㉡ 문화 융성 관광 수도
- ㉢ 생동하는 농산어촌
- ㉣ 감동 주는 맞춤 복지
- ㉤ 소통하는 혁신 도정

(3) 슬로건

① 명칭 : 생명의 땅 으뜸 전남

② 의미 : 생명의 원천이자 지속가능한 발전을 담보하는 아껴놓은 땅이라는 의미이다. 전남을 풍요롭고 살기 좋은 고장으로 탈바꿈시켜 도민이 행복한 시대를 열겠다는 의지를 담고 있다.

③ 디자인 설명
  ㉠ 슬로건이 담고 있는 의미를 함축적으로 표현했다.
  ㉡ 도민의 미소를 '으뜸'에 시각적으로 형상화하여 밝고 온화한 전남을 표현했다.

(4) 캐릭터(남도와 남이)

유구한 문화와 전통을 계승 발전시키려는 의지와 소통하고자 하는 열린 마음을 표현했다. 심벌의 시각적 이미지를 형상화 하였다. '남도'의 이마 부분엔 심벌의 나뭇잎을, '남이'의 이마 부분엔 도화(道花)인 동백꽃을 달고 있어 천혜의 자연보고로서 전라남도의 이미지를 담고 있다.

(5) 그 외 상징물

① 도조
  ㉠ 산비둘기
  ㉡ 의미 : 비둘기의 특성을 본받고, 서로 아끼고 보호하는 데 있다.

② 도화
  ㉠ 동백
  ㉡ 의미 : 예로부터 전남 선비의 벗이며, 전남지역에 가장 많은 수림대를 형성하고 있다.

③ 도목
  ㉠ 은행나무
  ㉡ 의미 : 우뚝 서는 기상, 유용한 쓰임, 전통의 상징성을 사랑하기 위함이다.

④ 도어
  ㉠ 참돔
  ㉡ 의미 : 긴 수명, 힘찬 기상, 맑고 깨끗한 이미지를 의미한다.

CHAPTER 02 채용안내

(1) 응시자격

① 응시 결격사유

 ㉠ 「전라남도 공무직 근로자 인사관리 규정」 제7조(결격사유)와 제26조(정년)에 해당하는 자

 ㉡ 「부패방지 및 국민권익위원회의 설치와 운영에 관한 법률」 제82조(비위 면직자 등의 취업제한) 등에 해당하는 자는 시험에 응시할 수 없음

② 응시연령 : 18세 이상

③ 성별 : 제한 없음

④ 거주지 제한 : 공고일 이전 일부터 최종(면접)시험일까지 계속하여 전라남도에 주민등록상 주소지를 두고 있는 사람

(2) 접수방법

① 지방자치단체 인터넷원서접수센터에서 인터넷으로만 접수가 가능합니다.

② 응시원서 등록용 사진파일(JPG) : 규격 3.5cm × 4.5cm 기준, 해상도 100DPI 이상

 ※ 사진은 시험 당일 본인 확인을 위한 것으로 본인확인이 가능한 사진이어야 하며, 향후 시험단계별로 동일원판 사진이 추가로 소요되므로 가급적 원판 보유 사진으로 등록하시기 바랍니다.

(3) 응시원서 접수 시 유의사항

① 전라남도(전라남도인사위원회 포함)에서 동일 날짜에 시행하는 시험에는 중복 또는 복수로 접수할 수 없으며, 중복접수로 인한 불이익은 본인의 책임입니다.

② 접수기간 중에는 기재사항을 수정할 수 있으나, 접수마감 이후에는 수정할 수 없습니다.

③ 응시원서는 연락 가능한 전화번호 및 휴대전화 번호를 반드시 기재하시기 바랍니다.

④ 자격, 면허, 경력, 거주지, 연령 등 시험응시에 관련된 증빙서류는 1차 시험(필기시험) 합격자에 한하여 서류전형(필기시험 합격자 발표일에 제출기간 안내)을 통해 확인합니다.

 ※ 서류를 제출하지 않을 경우 서류전형 심사 제외(불합격)되며, 면접시험 응시 불가

④ 임신부 및 장애인 응시자는 원서접수 시 편의지원을 신청할 수 있으며, 편의 지원 기준 및 절차, 증빙서류 등은(붙임 2) "장애인 등 편의지원 제공 안내"를 반드시 확인하시기 바랍니다.

(4) 시험방법

※ 전(前) 단계 시험에 합격하지 아니하면 다음 단계 시험에 응시할 수 없습니다.

① **1차 시험(필기시험)** : 100점 만점, 40문항(4지 택1형)

　㉠ 시험과목 : NCS(국가직무능력표준)

　㉡ 출제범위 : 의사소통, 문제해결, 자원관리, 대인관계, 직업윤리

　㉢ 합격결정 : 과목 40% 이상 득점자 중 고득점자 순으로 선발예정인원의 3배수 범위 내에서 합격자를 결정하며, 3배수 초과하여 동점자가 있을 때에는 동점자 전원을 합격자로 결정

② **2차 시험(서류전형)** : 필기시험 합격자에 한함

　㉠ 심사내용 : 응시자격, 거주지 요건, 자격증 등 서류심사로 적격·부적격 결정

※ 필기시험 합격자에 한해 관련 서류 제출 및 서류전형 실시

③ **3차 시험(면접시험)** : 서류전형 합격자에 한함

　㉠ 면접방식 : 개별 블라인드 면접

※ 응시자의 출신 학교, 출신 지역, 가족관계, 나이 자료 제공 없음

　㉡ 평정 요소 및 점수

평정 요소	평정 점수(60점)
① 공무직으로서의 자세	20점
② 전문 지식과 그 응용 능력	10점
③ 의사표현의 정확성과 논리성	10점
④ 예의·품행 및 성실성	10점
⑤ 창의력·의지력 및 발전가능성	10점

　㉢ 불합격 결정

　• 면접 평정요소에 대한 시험위원의 점수를 합산한 후 평균 점수를 산출(소수점 둘째 자리까지)하여 총점(60점)의 50%(30점) 미만인 자

　• 단, 시험위원의 과반수가 2개 항목 이상을 "0점"으로 평정하거나, 과반수가 동일한 평정 요소에 대하여 "0점"으로 평정한 경우

④ **최종 합격자 결정**

　㉠ 면접시험 합격자 중에서 필기시험 70%, 면접시험 30%의 비율로 합산한 성적(소수점 둘째 자리까지 계산)의 고득점자 순으로 선발 예정 범위 안에서 최종 합격자 결정

　㉡ 단, 동점자 발생 시 필기시험 성적이 높은 순으로 결정하고 점수가 같은 경우 면접시험 점수, 유사 경력기간, 보유 자격증, 연장자 순으로 결정

　㉢ 추가 합격자 선발 : 최종 합격된 자의 채용 포기, 합격 취소, 채용 후 퇴직 등의 사유로 채용되지 못하고 결원이 발생한 경우 합격자 발표일로부터 3개월 이내에 필기시험 성적이 높은 순서로 추가로 합격자 결정하며, 필기시험 점수가 같은 경우 면접시험 점수, 유사 경력기간, 보유 자격증, 연장자 순으로 결정

PART 02

NCS 핵심이론 및 대표유형

01. NCS 핵심이론
02. NCS 대표유형

CHAPTER 01 NCS 핵심이론

PART ❶ 의사소통능력

1 의사소통과 의사소통능력

(1) 의사소통

① 개념: 사람들 간에 생각이나 감정, 정보, 의견 등을 교환하는 총체적인 행위로, 직장생활에서의 의사소통은 조직과 팀의 효율성과 효과성을 성취할 목적으로 이루어지는 구성원 간의 정보와 지식 전달 과정이라고 할 수 있다.

② 기능: 공동의 목표를 추구해 나가는 집단 내의 기본적 존재 기반이며 성과를 결정하는 핵심 기능이다.

③ 의사소통의 종류
  ㉠ 언어적인 것: 대화, 전화 통화, 토론 등
  ㉡ 문서적인 것: 메모, 편지, 기획안 등
  ㉢ 비언어적인 것: 몸짓, 표정 등

④ 의사소통을 저해하는 요인: 정보의 과다, 메시지의 복잡성 및 메시지 간의 경쟁, 상이한 직위와 과업지향형, 신뢰의 부족, 의사소통을 위한 구조상의 권한, 잘못된 매체의 선택, 폐쇄적인 의사소통 분위기 등

(2) 의사소통능력

① 개념: 직장생활에서 문서나 상대방이 하는 말의 의미를 파악하는 능력, 자신의 의사를 정확하게 표현하는 능력, 간단한 외국어 자료를 읽거나 외국인의 의사 표시를 이해하는 능력을 포함한다.

② 의사소통능력 개발을 위한 방법
  ㉠ 사후검토와 피드백을 활용한다.
  ㉡ 명확한 의미를 가진 이해하기 쉬운 단어를 선택하여 이해도를 높인다.
  ㉢ 적극적으로 경청한다.
  ㉣ 메시지를 감정적으로 곡해하지 않는다.

❷ 의사소통능력을 구성하는 하위 능력

(1) 문서이해능력

① 문서와 문서이해능력
  ㉠ 문서 : 제안서, 보고서, 기획서, 이메일, 팩스 등 문자로 구성된 것으로 상대방에게 의사를 전달하여 설득하는 것을 목적으로 한다.
  ㉡ 문서이해능력 : 직업현장에서 자신의 업무와 관련된 문서를 읽고, 내용을 이해하고 요점을 파악할 수 있는 능력을 말한다.

예제 1

다음은 신용카드 약관의 주요내용이다. 규정 약관을 제대로 이해하지 못한 사람은?

[부가서비스]
카드사는 법령에서 정한 경우를 제외하고 상품을 새로 출시한 후 1년 이내에 부가서비스를 줄이거나 없앨 수가 없다. 또한 부가서비스를 줄이거나 없앨 경우에는 그 세부내용을 변경일 6개월 이전에 회원에게 알려주어야 한다.

[중도 해지 시 연회비 반환]
연회비 부과기간이 끝나기 이전에 카드를 중도해지하는 경우 남은 기간에 해당하는 연회비를 계산하여 10 영업일 이내에 돌려줘야 한다. 다만, 카드 발급 및 부가서비스 제공에 이미 지출된 비용은 제외된다.

[카드 이용한도]
카드 이용한도는 카드 발급을 신청할 때에 회원이 신청한 금액과 카드사의 심사기준을 종합적으로 반영하여 회원이 신청한 금액 범위 이내에서 책정되며 회원의 신용도가 변동되었을 때에는 카드사는 회원의 이용한도를 조정할 수 있다.

[부정사용 책임]
카드 위조 및 변조로 인하여 발생된 부정사용 금액에 대해서는 카드사가 책임을 진다. 다만, 회원이 비밀번호를 다른 사람에게 알려주거나 카드를 다른 사람에게 빌려주는 등의 중대한 과실로 인해 부정사용이 발생하는 경우에는 회원이 그 책임의 전부 또는 일부를 부담할 수 있다.

① 갑 : 카드사는 법령에서 정한 경우를 제외하고는 1년 이내에 부가서비스를 줄일 수 없어
② 을 : 카드 위조 및 변조로 인하여 발생된 부정사용 금액은 일괄 카드사가 책임을 지게 돼
③ 병 : 회원의 신용도가 변경되었을 때 카드사가 이용한도를 조정할 수 있어
④ 정 : 연회비 부과기간이 끝나기 이전에 카드를 중도해지하는 경우에는 남은 기간에 해당하는 연회비를 카드사는 돌려줘야 해

출제의도
주어진 약관의 내용을 읽고 그에 대한 상세 내용의 정보를 이해하는 능력을 측정하는 문항이다.

해 설
부정사용에 대해 고객의 과실이 있으면 회원이 그 책임의 전부 또는 일부를 부담할 수 있다.

답 ②

② 문서의 종류
　㉠ 공문서 : 정부기관에서 공무를 집행하기 위해 작성하는 문서로, 단체 또는 일반회사에서 정부기관을 상대로 사업을 진행할 때 작성하는 문서도 포함된다. 엄격한 규격과 양식이 특징이다.
　㉡ 기획서 : 아이디어를 바탕으로 기획한 프로젝트에 대해 상대방에게 전달하여 시행하도록 설득하는 문서이다.
　㉢ 기안서 : 업무에 대한 협조를 구하거나 의견을 전달할 때 작성하는 사내 공문서이다.
　㉣ 보고서 : 특정한 업무에 관한 현황이나 진행 상황, 연구·검토 결과 등을 보고하고자 할 때 작성하는 문서이다.
　㉤ 설명서 : 상품의 특성이나 작동 방법 등을 소비자에게 설명하기 위해 작성하는 문서이다.
　㉥ 보도자료 : 정부기관이나 기업체 등이 언론을 상대로 자신들의 정보를 기사화하도록 보내는 자료이다.
　㉦ 자기소개서 : 개인이 자신의 성장과정이나, 입사 동기, 포부 등에 대해 구체적으로 기술하여 자신을 소개하는 문서이다.
　㉧ 비즈니스 레터 : 사업상의 이유로 고객에게 보내는 편지다.
　㉨ 비즈니스 메모 : 업무상 확인해야 할 일을 메모형식으로 작성하여 전달하는 글이다.
③ 문서 이해의 절차 : 문서의 목적 이해→문서 작성 배경·주제 파악→정보 확인 및 현안문제 파악→문서 작성자의 의도 파악 및 자신에게 요구되는 행동 분석→목적 달성을 위해 취해야 할 행동 고려→문서 작성자의 의도를 도표나 그림 등으로 요약·정리

(2) 문서작성능력

① 작성하는 문서에는 대상과 목적, 시기, 기대효과 등이 포함되어야 한다.
② 문서작성의 구성요소
　㉠ 짜임새 있는 골격, 이해하기 쉬운 구조
　㉡ 객관적이고 논리적인 내용
　㉢ 명료하고 설득력 있는 문장
　㉣ 세련되고 인상적인 레이아웃

예제 2

다음은 들은 내용을 구조적으로 정리하는 방법이다. 순서에 맞게 배열한 것은?

⊙ 관련 있는 내용끼리 묶는다.
ⓒ 묶은 내용에 적절한 이름을 붙인다.
ⓒ 전체 내용을 이해하기 쉽게 구조화한다.
ⓔ 중복된 내용이나 덜 중요한 내용을 삭제한다.

① ⊙ⓒⓒⓔ
② ⊙ⓒⓔⓒ
③ ⓒ⊙ⓒⓔ
④ ⓒ⊙ⓔⓒ

출제의도

음성정보는 문자정보와는 달리 쉽게 잊혀지기 때문에 음성정보를 구조화시키는 방법을 묻는 문항이다.

해 설

내용을 구조적으로 정리하는 방법은 '⊙ 관련 있는 내용끼리 묶는다. → ⓒ 묶은 내용에 적절한 이름을 붙인다. → ⓔ 중복된 내용이나 덜 중요한 내용을 삭제한다. → ⓒ 전체 내용을 이해하기 쉽게 구조화 한다.'가 적절하다.

답 ②

③ 문서의 종류에 따른 작성방법

㉠ 공문서
- 육하원칙이 드러나도록 써야 한다.
- 날짜는 반드시 연도와 월, 일을 함께 언급하며, 날짜 다음에 괄호를 사용할 때는 마침표를 찍지 않는다.
- 대외문서이며, 장기간 보관되기 때문에 정확하게 기술해야 한다.
- 내용이 복잡할 경우 '-다음-', '-아래-'와 같은 항목을 만들어 구분한다.
- 한 장에 담아내는 것을 원칙으로 하며, 마지막엔 반드시 '끝'자로 마무리 한다.

㉡ 설명서
- 정확하고 간결하게 작성한다.
- 이해하기 어려운 전문용어의 사용은 삼가고, 복잡한 내용은 도표화 한다.
- 명령문보다는 평서문을 사용하고, 동어 반복보다는 다양한 표현을 구사하는 것이 바람직하다.

㉢ 기획서
- 상대를 설득하여 기획서가 채택되는 것이 목적이므로 상대가 요구하는 것이 무엇인지 고려하여 작성하며, 기획의 핵심을 잘 전달하였는지 확인한다.
- 분량이 많을 경우 전체 내용을 한눈에 파악할 수 있도록 목차구성을 신중히 한다.
- 효과적인 내용 전달을 위한 표나 그래프를 적절히 활용하고 산뜻한 느낌을 줄 수 있도록 한다.
- 인용한 자료의 출처 및 내용이 정확해야 하며 제출 전 충분히 검토한다.

㉣ 보고서
- 도출하고자 하는 핵심내용을 구체적이고 간결하게 작성한다.
- 내용이 복잡할 경우 도표나 그림을 활용하고, 참고자료는 정확하게 제시한다.
- 제출하기 전에 최종점검을 하며 질의를 받을 것에 대비한다.

예제 3

다음 중 공문서 작성에 대한 설명으로 가장 적절하지 못한 것은?

① 공문서나 유가증권 등에 금액을 표시할 때에는 한글로 기재하고 그 옆에 괄호를 넣어 숫자로 표기한다.
② 날짜는 숫자로 표기하되 연, 월, 일의 글자는 생략하고 그 자리에 온점(.)을 찍어 표시한다.
③ 첨부물이 있는 경우에는 붙임 표시문 끝에 1자 띄우고 "끝."이라고 표시한다.
④ 공문서의 본문이 끝났을 경우에는 1자를 띄우고 "끝."이라고 표시한다.

출제의도
업무를 할 때 필요한 공문서 작성법을 잘 알고 있는지를 측정하는 문항이다.

해 설
공문서 금액 표시
아라비아 숫자로 쓰고, 숫자 다음에 괄호를 하여 한글로 기재한다.
예) 123,456원의 표시 : 금 123,456(금 일십이만삼천사백오십육원)

답 ①

④ 문서작성의 원칙
　㉠ 문장은 짧고 간결하게 작성한다(간결체 사용).
　㉡ 상대방이 이해하기 쉽게 쓴다.
　㉢ 불필요한 한자의 사용을 자제한다.
　㉣ 문장은 긍정문의 형식을 사용한다.
　㉤ 간단한 표제를 붙인다.
　㉥ 문서의 핵심내용을 먼저 쓰도록 한다(두괄식 구성).

⑤ 문서작성 시 주의사항
　㉠ 육하원칙에 의해 작성한다.
　㉡ 문서 작성시기가 중요하다.
　㉢ 한 사안은 한 장의 용지에 작성한다.
　㉣ 반드시 필요한 자료만 첨부한다.
　㉤ 금액, 수량, 일자 등은 기재에 정확성을 기한다.
　㉥ 경어나 단어사용 등 표현에 신경 쓴다.
　㉦ 문서작성 후 반드시 최종적으로 검토한다.

⑥ 효과적인 문서작성 요령
  ㉠ **내용이해** : 전달하고자 하는 내용과 핵심을 정확하게 이해해야 한다.
  ㉡ **목표설정** : 전달하고자 하는 목표를 분명하게 설정한다.
  ㉢ **구성** : 내용 전달 및 설득에 효과적인 구성과 형식을 고려한다.
  ㉣ **자료수집** : 목표를 뒷받침할 자료를 수집한다.
  ㉤ **핵심전달** : 단락별 핵심을 하위목차로 요약한다.
  ㉥ **대상파악** : 대상에 대한 이해와 분석을 통해 철저히 파악한다.
  ㉦ **보충설명** : 예상되는 질문을 정리하여 구체적인 답변을 준비한다.
  ㉧ **문서표현의 시각화** : 그래프, 그림, 사진 등을 적절히 사용하여 이해를 돕는다.

(3) 경청능력

① **경청의 중요성** : 경청은 다른 사람의 말을 주의 깊게 들으며 공감하는 능력으로 경청을 통해 상대방을 한 개인으로 존중하고 성실한 마음으로 대하게 되며, 상대방의 입장에 공감하고 이해하게 된다.

② **경청을 방해하는 습관** : 짐작하기, 대답할 말 준비하기, 걸러내기, 판단하기, 다른 생각하기, 조언하기, 언쟁하기, 옳아야만 하기, 슬쩍 넘어가기, 비위 맞추기 등

③ **효과적인 경청방법**
  ㉠ **준비하기** : 강연이나 프레젠테이션 이전에 나누어주는 자료를 읽어 미리 주제를 파악하고 등장하는 용어를 익혀둔다.
  ㉡ **주의 집중** : 말하는 사람의 모든 것에 집중해서 적극적으로 듣는다.
  ㉢ **예측하기** : 다음에 무엇을 말할 것인가를 추측하려고 노력한다.
  ㉣ **나와 관련짓기** : 상대방이 전달하고자 하는 메시지를 나의 경험과 관련지어 생각해 본다.
  ㉤ **질문하기** : 질문은 듣는 행위를 적극적으로 하게 만들고 집중력을 높인다.
  ㉥ **요약하기** : 주기적으로 상대방이 전달하려는 내용을 요약한다.
  ㉦ **반응하기** : 피드백을 통해 의사소통을 점검한다.

예제 4

다음은 면접스터디 중 일어난 대화이다. 소정의 고민을 해소하기 위한 조언으로 가장 적절한 것은?

> 서원 : 소정씨, 어디 아파요? 표정이 안 좋아 보여요.
> 소정 : 제가 원서 넣은 공단이 내일 면접이어서요. 그동안 스터디를 통해서 면접 연습을 많이 했는데도 벌써부터 긴장이 되네요.
> 서원 : 소정씨는 자기 의견도 명확히 피력할 줄 알고 조리 있게 설명을 잘 하시니 걱정 안해서도 될 것 같아요. 아, 손에 꽉 쥐고 계신 건 뭔가요?
> 소정 : 아, 제가 예상 답변을 정리해서 모아둔거에요. 내용은 거의 외웠는데 이렇게 쥐고 있지 않으면 불안해서..
> 서원 : 그 정도로 준비를 철저히 하셨으면 걱정할 이유 없을 것 같아요.
> 소정 : 그래도 압박면접이거나 예상치 못한 질문이 들어오면 어떻게 하죠?
> 서원 : _____

① 시선을 적절히 처리하면서 부드러운 어투로 말하는 연습을 해보는 건 어때요?
② 공식적인 자리인 만큼 옷차림을 신경 쓰는 게 좋을 것 같아요.
③ 당황하지 말고 질문자의 의도를 잘 파악해서 침착하게 대답하면 되지 않을까요?
④ 예상 질문에 대한 답변을 좀 더 정확하게 외워보는 건 어떨까요?

출제의도
상대방이 하는 말을 듣고 질문 의도에 따라 올바르게 답하는 능력을 측정하는 문항이다.

해 설
소정은 압박질문이나 예상치 못한 질문에 대해 걱정을 하고 있으므로 침착하게 대응하라고 조언을 해주는 것이 좋다.

답 ③

(4) 의사표현능력

① **의사표현의 개념과 종류**
　㉠ 개념 : 화자가 자신의 생각과 감정을 청자에게 음성언어나 신체언어로 표현하는 행위이다.
　㉡ 종류
　　• 공식적 말하기 : 사전에 준비된 내용을 대중을 대상으로 말하는 것으로 연설, 토의, 토론 등이 있다.
　　• 의례적 말하기 : 사회·문화적 행사에서와 같이 절차에 따라 하는 말하기로 식사, 주례, 회의 등이 있다.
　　• 친교적 말하기 : 친근한 사람들 사이에서 자연스럽게 주고받는 대화 등을 말한다.

② **의사표현의 방해요인**
　㉠ **연단공포증** : 연단에 섰을 때 가슴이 두근거리거나 땀이 나고 얼굴이 달아오르는 등의 현상으로 충분한 분석과 준비, 더 많은 말하기 기회 등을 통해 극복할 수 있다.
　㉡ **말** : 말의 장단, 고저, 발음, 속도, 쉼 등을 포함한다.
　㉢ **음성** : 목소리와 관련된 것으로 음색, 고저, 명료도, 완급 등을 의미한다.
　㉣ **몸짓** : 비언어적 요소로 화자의 외모, 표정, 동작 등이다.
　㉤ **유머** : 말하기 상황에 따른 적절한 유머를 구사할 수 있어야 한다.

③ 상황과 대상에 따른 의사표현법
  ㉠ 잘못을 지적할 때 : 모호한 표현을 삼가고 확실하게 지적하며, 당장 꾸짖고 있는 내용에만 한정한다.
  ㉡ 칭찬할 때 : 자칫 아부로 여겨질 수 있으므로 센스 있는 칭찬이 필요하다.
  ㉢ 부탁할 때 : 먼저 상대방의 사정을 듣고 응하기 쉽게 구체적으로 부탁하며 거절을 당해도 싫은 내색을 하지 않는다.
  ㉣ 요구를 거절할 때 : 먼저 사과하고 응해줄 수 없는 이유를 설명한다.
  ㉤ 명령할 때 : 강압적인 말투보다는 'ㅇㅇ을 이렇게 해주는 것이 어떻겠습니까?'와 같은 식으로 부드럽게 표현하는 것이 효과적이다.
  ㉥ 설득할 때 : 일방적으로 강요하기보다는 먼저 양보해서 이익을 공유하겠다는 의지를 보여주는 것이 좋다.
  ㉦ 충고할 때 : 충고는 가장 최후의 방법이다. 반드시 충고가 필요한 상황이라면 예화를 들어 비유적으로 깨우쳐주는 것이 바람직하다.
  ㉧ 질책할 때 : 샌드위치 화법(칭찬의 말 + 질책의 말 + 격려의 말)을 사용하여 청자의 반발을 최소화한다.

예제 5
당신은 팀장님께 업무 지시내용을 수행하고 결과물을 보고 드렸다. 하지만 팀장님께서는 "최대리 업무를 이렇게 처리하면 어떡하나? 누락된 부분이 있지 않은가."라고 말하였다. 이에 대해 당신이 행할 수 있는 가장 부적절한 대처 자세는?

① "죄송합니다. 제가 잘 모르는 부분이라 이 과장님께 부탁을 했는데 과장님께서 실수를 하신 것 같습니다."
② "주의를 기울이지 못해 죄송합니다. 어느 부분을 수정보완하면 될까요?"
③ "지시하신 내용을 제가 충분히 이해하지 못하였습니다. 내용을 다시 한번 여쭤보아도 되겠습니까?"
④ "부족한 내용을 보완하는 자료를 취합하기 위해서 하루 정도가 더 소요될 것 같습니다. 언제까지 재작성하여 드리면 될까요?"

출제의도
상사가 잘못을 지적하는 상황에서 어떻게 대처해야 하는지를 묻는 문항이다.

해 설
상사가 부탁한 지시사항을 다른 사람에게 부탁하는 것은 옳지 못하며 설사 그렇다고 해도 그 일의 과오에 대해 책임을 전가하는 것은 지양해야 할 자세이다.

답 ①

④ 원활한 의사표현을 위한 지침
  ㉠ 올바른 화법을 위해 독서를 하라.
  ㉡ 좋은 청중이 되라.
  ㉢ 칭찬을 아끼지 마라.
  ㉣ 공감하고, 긍정적으로 보이게 하라.
  ㉤ 겸손은 최고의 미덕임을 잊지 마라.
  ㉥ 과감하게 공개하라.
  ㉦ 뒷말을 숨기지 마라.

ⓞ 첫마디 말을 준비하라.
　　ⓩ 이성과 감성의 조화를 꾀하라.
　　ⓒ 대화의 룰을 지켜라.
　　ⓚ 문장을 완전하게 말하라.
⑤ **설득력 있는 의사표현을 위한 지침**
　　㉠ 'Yes'를 유도하여 미리 설득 분위기를 조성하라.
　　㉡ 대비 효과로 분발심을 불러 일으켜라.
　　㉢ 침묵을 지키는 사람의 참여도를 높여라.
　　㉣ 여운을 남기는 말로 상대방의 감정을 누그러뜨려라.
　　㉤ 하던 말을 갑자기 멈춤으로써 상대방의 주의를 끌어라.
　　㉥ 호칭을 바꿔서 심리적 간격을 좁혀라.
　　㉦ 끄집어 말하여 자존심을 건드려라.
　　㉧ 정보전달 공식을 이용하여 설득하라.
　　㉨ 상대방의 불평이 가져올 결과를 강조하라.
　　㉩ 권위 있는 사람의 말이나 작품을 인용하라.
　　㉪ 약점을 보여 주어 심리적 거리를 좁혀라.
　　㉫ 이상과 현실의 구체적 차이를 확인시켜라.
　　㉬ 자신의 잘못도 솔직하게 인정하라.
　　㉭ 집단의 요구를 거절하려면 개개인의 의견을 물어라.
　　ⓐ 동조 심리를 이용하여 설득하라.
　　ⓑ 지금까지의 노고를 치하한 뒤 새로운 요구를 하라.
　　ⓒ 담당자가 대변자 역할을 하도록 하여 윗사람을 설득하게 하라.
　　ⓓ 겉치레 양보로 기선을 제압하라.
　　ⓔ 변명의 여지를 만들어 주고 설득하라.
　　ⓕ 혼자 말하는 척하면서 상대의 잘못을 지적하라.

(5) 기초외국어능력

① 기초외국어능력의 개념과 필요성
  ㉠ 개념 : 외국어로 된 간단한 자료를 이해하거나, 외국인과의 전화응대, 간단한 대화 등 외국인의 의사표현을 이해하고, 자신의 의사를 기초 외국어로 표현할 수 있는 능력이다.
  ㉡ 필요성 : 국제화·세계화 시대에 다른 나라와의 무역을 위해 우리의 언어가 아닌 국제적인 통용어를 사용하거나 그들의 언어로 의사소통을 해야 하는 경우가 생길 수 있다.

② 외국인과의 의사소통에서 피해야 할 행동
  ㉠ 상대를 볼 때 흘겨보거나, 노려보거나, 아예 보지 않는 행동
  ㉡ 팔이나 다리를 꼬는 행동
  ㉢ 표정이 없는 것
  ㉣ 다리를 흔들거나 펜을 돌리는 행동
  ㉤ 맞장구를 치지 않거나 고개를 끄덕이지 않는 행동
  ㉥ 생각 없이 메모하는 행동
  ㉦ 자료만 들여다보는 행동
  ㉧ 바르지 못한 자세로 앉는 행동
  ㉨ 한숨, 하품, 신음소리를 내는 행동
  ㉩ 다른 일을 하며 듣는 행동
  ㉪ 상대방에게 이름이나 호칭을 어떻게 부를지 묻지 않고 마음대로 부르는 행동

③ 기초 외국어능력 향상을 위한 공부법
  ㉠ 외국어공부의 목적부터 정하라.
  ㉡ 매일 30분씩 눈과 손과 입에 밸 정도로 반복하라.
  ㉢ 실수를 두려워하지 말고 기회가 있을 때마다 외국어로 말하라.
  ㉣ 외국어 잡지나 원서와 친해져라.
  ㉤ 소홀해지지 않도록 라이벌을 정하고 공부하라.
  ㉥ 업무와 관련된 주요 용어의 외국어는 꼭 알아두자.
  ㉦ 출퇴근 시간에 외국어 방송을 보거나, 듣는 것만으로도 귀가 트인다.
  ㉧ 어린이가 단어를 배우듯 외국어 단어를 암기할 때 그림카드를 사용해 보라.
  ㉨ 가능하면 외국인 친구를 사귀고 대화를 자주 나눠 보라.

PART 2 문제해결능력

1 문제와 문제해결

(1) 문제의 정의와 분류

① 정의 : 업무를 수행함에 있어서 답을 요구하는 질문이나 의논하여 해결해야 되는 사항이다.

② 문제의 분류

구분	창의적 문제	분석적 문제
문제제시 방법	현재 문제가 없더라도 보다 나은 방법을 찾기 위한 문제 탐구→문제 자체가 명확하지 않음	현재의 문제점이나 미래의 문제로 예견될 것에 대한 문제 탐구→문제 자체가 명확함
해결방법	창의력에 의한 많은 아이디어의 작성을 통해 해결	분석, 논리, 귀납과 같은 논리적 방법을 통해 해결
해답 수	해답의 수가 많으며, 많은 답 가운데 보다 나은 것을 선택	답의 수가 적으며 한정되어 있음
주요특징	주관적, 직관적, 감각적, 정성적, 개별적, 특수성	객관적, 논리적, 정량적, 이성적, 일반적, 공통성

(2) 업무수행과정에서 발생하는 문제 유형

① 발생형 문제(보이는 문제) : 현재 직면하여 해결하기 위해 고민하는 문제이다. 원인이 내재되어 있기 때문에 원인지향적인 문제라고도 한다.
  ㉠ 일탈문제 : 어떤 기준을 일탈함으로써 생기는 문제
  ㉡ 미달문제 : 어떤 기준에 미달하여 생기는 문제

② 탐색형 문제(찾는 문제) : 현재의 상황을 개선하거나 효율을 높이기 위한 문제이다. 방치할 경우 큰 손실이 따르거나 해결할 수 없는 문제로 나타나게 된다.
  ㉠ 잠재문제 : 문제가 잠재되어 있어 인식하지 못하다가 확대되어 해결이 어려운 문제
  ㉡ 예측문제 : 현재로는 문제가 없으나 현 상태의 진행 상황을 예측하여 찾아야 앞으로 일어날 수 있는 문제가 보이는 문제
  ㉢ 발견문제 : 현재로서는 담당 업무에 문제가 없으나 선진기업의 업무 방법 등 현재보다 좋은 제도나 기법을 발견하여 개선시킬 수 있는 문제

③ 설정형 문제(미래 문제) : 장래의 경영전략을 생각하는 것으로 앞으로 어떻게 할 것인가 하는 문제이다. 문제해결에 창조적인 노력이 요구되어 창조적 문제라고도 한다.

예제 1

D회사 신입사원으로 입사한 귀하는 신입사원 교육에서 업무수행과정에서 발생하는 문제 유형 중 설정형 문제를 하나씩 찾아오라는 지시를 받았다. 이에 대해 귀하는 교육받은 내용을 다시 복습하려고 한다. 설정형 문제에 해당하는 것은?

① 현재 직면하여 해결하기 위해 고민하는 문제
② 현재의 상황을 개선하거나 효율을 높이기 위한 문제
③ 앞으로 어떻게 할 것인가 하는 문제
④ 원인이 내재되어 있는 원인지향적인 문제

출제의도

업무수행 중 문제가 발생하였을 때 문제 유형을 구분하는 능력을 측정하는 문항이다.

해 설

업무수행과정에서 발생하는 문제 유형으로는 발생형 문제, 탐색형 문제, 설정형 문제가 있으며 ①④는 발생형 문제이며 ②는 탐색형 문제, ③이 설정형 문제이다.

답 ③

(3) 문제해결

① **정의** : 목표와 현상을 분석하고 결과를 토대로 과제를 도출하여 최적의 해결책을 찾아 실행·평가해 가는 활동이다.

② **문제해결에 필요한 기본적 사고**

　㉠ **전략적 사고** : 문제와 해결방안이 상위 시스템과 어떻게 연결되어 있는지를 생각한다.

　㉡ **분석적 사고** : 전체를 각각의 요소로 나누어 그 의미를 도출하고 우선순위를 부여하여 구체적인 문제해결방법을 실행한다.

　㉢ **발상의 전환** : 인식의 틀을 전환하여 새로운 관점으로 바라보는 사고를 지향한다.

　㉣ **내·외부자원의 활용** : 기술, 재료, 사람 등 필요한 자원을 효과적으로 활용한다.

③ **문제해결의 장애요소**

　㉠ 문제를 철저하게 분석하지 않는 경우
　㉡ 고정관념에 얽매이는 경우
　㉢ 쉽게 떠오르는 단순한 정보에 의지하는 경우
　㉣ 너무 많은 자료를 수집하려고 노력하는 경우

④ **문제해결방법**

　㉠ **소프트 어프로치** : 문제해결을 위해서 직접적인 표현보다는 무언가를 시사하거나 암시를 통하여 의사를 전달하여 문제해결을 도모하고자 한다.

　㉡ **하드 어프로치** : 상이한 문화적 토양을 가지고 있는 구성원을 가정하고, 서로의 생각을 직설적으로 주장하고 논쟁이나 협상을 통해 서로의 의견을 조정해 가는 방법이다.

　㉢ **퍼실리테이션(facilitation)** : 촉진을 의미하며 어떤 그룹이나 집단이 의사결정을 잘 하도록 도와주는 일을 의미한다.

② 문제해결능력을 구성하는 하위 능력

(1) 사고력

① **창의적 사고** : 개인이 가지고 있는 경험과 지식을 통해 새로운 가치 있는 아이디어를 산출하는 사고능력이다.

　㉠ 창의적 사고의 특징
　　• 정보와 정보의 조합
　　• 사회나 개인에게 새로운 가치 창출
　　• 창조적인 가능성

예제 2

M사 홍보팀에서 근무하고 있는 귀하는 입사 5년차로 창의적인 기획안을 제출하기로 유명하다. S부장은 이번 신입사원 교육 때 귀하에게 창의적인 사고란 무엇인지 교육을 맡아달라고 부탁하였다. 창의적인 사고에 대한 귀하의 설명으로 옳지 않은 것은?

① 창의적인 사고는 새롭고 유용한 아이디어를 생산해 내는 정신적인 과정이다.
② 창의적인 사고는 특별한 사람들만이 할 수 있는 대단한 능력이다.
③ 창의적인 사고는 기존의 정보들을 특정한 요구조건에 맞거나 유용하도록 새롭게 조합시킨 것이다.
④ 창의적인 사고는 통상적인 것이 아니라 기발하거나, 신기하며 독창적인 것이다.

출제의도
창의적 사고에 대한 개념을 정확히 파악하고 있는지를 묻는 문항이다.

해 설
흔히 사람들은 창의적인 사고에 대해 특별한 사람들만이 할 수 있는 대단한 능력이라고 생각하지만 그리 대단한 능력이 아니며 이미 알고 있는 경험과 지식을 해체하여 다시 새로운 정보로 결합하여 가치 있는 아이디어를 산출하는 사고라고 할 수 있다.

답 ②

　㉡ **발산적 사고** : 창의적 사고를 위해 필요한 것으로 자유연상법, 강제연상법, 비교발상법 등을 통해 개발할 수 있다.

구분	내용
자유연상법	생각나는 대로 자유롭게 발상 ex) 브레인스토밍
강제연상법	각종 힌트에 강제적으로 연결 지어 발상 ex) 체크리스트
비교발상법	주제의 본질과 닮은 것을 힌트로 발상 ex) NM법, Synectics

POINT 브레인스토밍

  ㉠ 진행방법
  - 주제를 구체적이고 명확하게 정한다.
  - 구성원의 얼굴을 볼 수 있는 좌석 배치와 큰 용지를 준비한다.
  - 구성원들의 다양한 의견을 도출할 수 있는 사람을 리더로 선출한다.
  - 구성원은 다양한 분야의 사람들로 5~8명 정도로 구성한다.
  - 발언은 누구나 자유롭게 할 수 있도록 하며, 모든 발언 내용을 기록한다.
  - 아이디어에 대한 평가는 비판해서는 안 된다.

  ㉡ 4대 원칙
  - 비판엄금(Support) : 평가 단계 이전에 결코 비판이나 판단을 해서는 안 되며 평가는 나중까지 유보한다.
  - 자유분방(Silly) : 무엇이든 자유롭게 말하고 이런 바보 같은 소리를 해서는 안 된다는 등의 생각은 하지 않아야 한다.
  - 질보다 양(Speed) : 질에는 관계없이 가능한 많은 아이디어들을 생성해내도록 격려한다.
  - 결합과 개선(Synergy) : 다른 사람의 아이디어에 자극되어 보다 좋은 생각이 떠오르고, 서로 조합하면 재미있는 아이디어가 될 것 같은 생각이 들면 즉시 조합시킨다.

② **논리적 사고** : 사고의 전개에 있어 전후의 관계가 일치하고 있는가를 살피고 아이디어를 평가하는 사고능력이다.

  ㉠ **논리적 사고를 위한 5가지 요소** : 생각하는 습관, 상대 논리의 구조화, 구체적인 생각, 타인에 대한 이해, 설득

  ㉡ **논리적 사고 개발 방법**
  - 피라미드 구조 : 하위의 사실이나 현상부터 사고하여 상위의 주장을 만들어가는 방법
  - so what기법 : '그래서 무엇이지?'하고 자문자답하여 주어진 정보로부터 가치 있는 정보를 이끌어 내는 사고 기법

③ **비판적 사고** : 어떤 주제나 주장에 대해서 적극적으로 분석하고 종합하며 평가하는 능동적인 사고이다.

  ㉠ **비판적 사고 개발 태도** : 비판적 사고를 개발하기 위해서는 지적 호기심, 객관성, 개방성, 융통성, 지적 회의성, 지적 정직성, 체계성, 지속성, 결단성, 다른 관점에 대한 존중과 같은 태도가 요구된다.

  ㉡ **비판적 사고를 위한 태도**
  - 문제의식 : 비판적인 사고를 위해서 가장 먼저 필요한 것은 바로 문제의식이다. 자신이 지니고 있는 문제와 목적을 확실하고 정확하게 파악하는 것이 비판적인 사고의 시작이다.
  - 고정관념 타파 : 지각의 폭을 넓히는 일은 정보에 대한 개방성을 가지고 편견을 갖지 않는 것으로 고정관념을 타파하는 일이 중요하다.

(2) 문제처리능력과 문제해결절차

① **문제처리능력** : 목표와 현상을 분석하고 이를 토대로 문제를 도출하여 최적의 해결책을 찾아 실행·평가하는 능력이다.

② **문제해결절차** : 문제 인식 → 문제 도출 → 원인 분석 → 해결안 개발 → 실행 및 평가

  ㉠ **문제 인식** : 문제해결과정 중 'what'을 결정하는 단계로 환경 분석 → 주요 과제 도출 → 과제 선정의 절차를 통해 수행된다.

  • 3C 분석 : 환경 분석 방법의 하나로 사업환경을 구성하고 있는 요소인 자사(Company), 경쟁사(Competitor), 고객(Customer)을 분석하는 것이다.

예제 3

L사에서 주력 상품으로 밀고 있는 TV의 판매 이익이 감소하고 있는 상황에서 귀하는 B부장으로부터 3C분석을 통해 해결방안을 강구해 오라는 지시를 받았다. 다음 중 3C에 해당하지 않는 것은?

① Customer
② Company
③ Competitor
④ Content

출제의도

3C의 개념과 구성요소를 정확히 숙지하고 있는지를 측정하는 문항이다.

해 설

3C 분석에서 사업 환경을 구성하고 있는 요소인 자사(Company), 경쟁사(Competitor), 고객(Customer)을 3C라고 한다. 3C 분석에서 고객 분석에서는 '고객은 자사의 상품·서비스에 만족하고 있는지를, 자사 분석에서는 '자사가 세운 달성목표와 현상 간에 차이가 없는지'를, 경쟁사 분석에서는 '경쟁기업의 우수한 점과 자사의 현상과 차이가 없는지'에 대한 질문을 통해서 환경을 분석하게 된다.

답 ④

  • SWOT 분석 : 기업 내부의 강점과 약점, 외부환경의 기회와 위협요인을 분석·평가하여 문제해결 방안을 개발하는 방법이다.

		내부환경요인	
		강점(Strengths)	약점(Weaknesses)
외부환경요인	기회(Opportunities)	SO 내부강점과 외부기회 요인을 극대화	WO 외부기회를 이용하여 내부약점을 강점으로 전환
	위협(Threat)	ST 외부위협을 최소화하기 위해 내부강점을 극대화	WT 내부약점과 외부위협을 최소화

- ⓒ **문제 도출**: 선정된 문제를 분석하여 해결해야 할 것이 무엇인지를 명확히 하는 단계로, 문제 구조 파악→핵심 문제 선정 단계를 거쳐 수행된다.
  - Logic Tree : 문제의 원인을 파고들거나 해결책을 구체화할 때 제한된 시간 안에서 넓이와 깊이를 추구하는데 도움이 되는 기술로 주요 과제를 나무 모양으로 분해·정리하는 기술이다.
- ⓒ **원인 분석**: 문제 도출 후 파악된 핵심 문제에 대한 분석을 통해 근본 원인을 찾는 단계로 Issue 분석→Data 분석→원인 파악의 절차로 진행된다.
- ⓔ **해결안 개발**: 원인이 밝혀지면 이를 효과적으로 해결할 수 있는 다양한 해결안을 개발하고 최선의 해결안을 선택하는 것이 필요하다.
- ⓜ **실행 및 평가**: 해결안 개발을 통해 만들어진 실행계획을 실제 상황에 적용하는 활동으로 실행계획 수립→실행→Follow-up의 절차로 진행된다.

예제 4

C사는 최근 국내 매출이 지속적으로 하락하고 있어 사내 분위기가 심상치 않다. 이에 대해 Y부장은 이 문제를 극복하고자 문제처리 팀을 구성하여 해결방안을 모색하도록 지시하였다. 문제처리 팀의 문제해결 절차를 올바른 순서로 나열한 것은?

① 문제 인식→원인 분석→해결안 개발→문제 도출→실행 및 평가
② 문제 도출→문제 인식→해결안 개발→원인 분석→실행 및 평가
③ 문제 인식→원인 분석→문제 도출→해결안 개발→실행 및 평가
④ 문제 인식→문제 도출→원인 분석→해결안 개발→실행 및 평가

출제의도

실제 업무 상황에서 문제가 일어났을 때 해결 절차를 알고 있는지를 측정하는 문항이다.

해 설

일반적인 문제해결절차는 '문제 인식→문제 도출→원인 분석→해결안 개발→실행 및 평가'로 이루어진다.

답 ④

PART ③ 자원관리능력

1 자원과 자원관리

(1) 자원

① **자원의 종류** : 시간, 돈, 물적자원, 인적자원

② **자원의 낭비요인** : 비계획적 행동, 편리성 추구, 자원에 대한 인식 부재, 노하우 부족

(2) 자원관리 기본 과정

① 필요한 자원의 종류와 양 확인

② 이용 가능한 자원 수집하기

③ 자원 활용 계획 세우기

④ 계획대로 수행하기

예제 2

당신은 A출판사 교육훈련 담당자이다. 조직의 효율성을 높이기 위해 전사적인 시간관리에 대한 교육을 실시하기로 하였지만 바쁜 일정 상 직원들을 집합교육에 동원할 수 있는 시간은 제한적이다. 다음 중 귀하가 최우선의 교육 대상으로 삼아야 하는 것은 어느 부분인가?

구분	긴급한 일	긴급하지 않은 일
중요한 일	제1사분면	제2사분면
중요하지 않은 일	제3사분면	제4사분면

① 중요하고 긴급한 일로 위기사항이나 급박한 문제, 기간이 정해진 프로젝트 등이 해당되는 제1사분면
② 긴급하지는 않지만 중요한 일로 인간관계구축이나 새로운 기회의 발굴, 중장기 계획 등이 포함되는 제2사분면
③ 긴급하지만 중요하지 않은 일로 잠깐의 급한 질문, 일부 보고서, 눈 앞의 급박한 사항이 해당되는 제3사분면
④ 중요하지 않고 긴급하지 않은 일로 하찮은 일이나 시간낭비거리, 즐거운 활동 등이 포함되는 제4사분면

출제의도

주어진 일들을 중요도와 긴급도에 따른 시간관리 매트릭스에서 우선순위를 구분할 수 있는가를 측정하는 문항이다.

해 설

교육훈련에서 최우선 교육대상으로 삼아야 하는 것은 긴급하지 않지만 중요한 일이다. 이를 긴급하지 않다고 해서 뒤로 미루다보면 급박하게 처리해야하는 업무가 증가하여 효율적인 시간관리가 어려워진다.

구분	긴급한 일	긴급하지 않은 일
중요한 일	위기사항, 급박한 문제, 기간이 정해진 프로젝트	인간관계구축, 새로운 기회의 발굴, 중장기계획
중요하지 않은 일	잠깐의 급한 질문, 일부 보고서, 눈앞의 급박한 사항	하찮은 일, 우편물, 전화, 시간낭비거리, 즐거운 활동

답 ②

② 자원관리능력을 구성하는 하위 능력

(1) 시간관리능력

① 시간의 특성
  ㉠ 시간은 매일 주어지는 기적이다.
  ㉡ 시간은 똑같은 속도로 흐른다.
  ㉢ 시간의 흐름은 멈추게 할 수 없다.
  ㉣ 시간은 꾸거나 저축할 수 없다.
  ㉤ 시간은 사용하기에 따라 가치가 달라진다.

② 시간관리의 효과
  ㉠ 생산성 향상
  ㉡ 가격 인상
  ㉢ 위험 감소
  ㉣ 시장 점유율 증가

③ 시간계획
  ㉠ **개념** : 시간 자원을 최대한 활용하기 위하여 가장 많이 반복되는 일에 가장 많은 시간을 분배하고, 최단시간에 최선의 목표를 달성하는 것을 의미한다.
  ㉡ 60 : 40의 Rule

계획된 행동 (60%)	계획 외의 행동 (20%)	자발적 행동 (20%)
총 시간		

예제 2

유아용품 홍보팀의 사원 A씨는 일산 킨텍스에서 열리는 유아용품박람회에 참여하고자 한다. 당일 회의 후 출발해야 하며 회의 종료 시간은 오후 3시이다.

장소	일시
일산 킨텍스 제2전시장	2016. 1. 20(금) PM 15:00~19:00 * 입장가능시간은 종료 2시간 전까지

오시는 길
지하철 : 4호선 대화역(도보 30분 거리)
버스 : 8109번, 8407번(도보 5분 거리)

• 회사에서 버스정류장 및 지하철역까지 소요 시간

출발지	도착지	소요시간	
회사	××정류장	도보	15분
		택시	5분
	지하철역	도보	30분
		택시	10분

• 일산 킨텍스 가는 길

교통편	출발지	도착지	소요시간
지하철	강남역	대화역	1시간 25분
버스	××정류장	일산 킨텍스 정류장	1시간 45분

위의 제시 상황을 보고 A씨가 선택할 교통편으로 가장 적절한 것은?

① 도보 – 지하철
② 도보 – 버스
③ 택시 – 지하철
④ 택시 – 버스

출제의도

주어진 여러 시간정보를 수집하여 실제 업무 상황에서 시간자원을 어떻게 활용할 것인지 계획하고 할당하는 능력을 측정하는 문항이다.

해설

④ 택시로 버스정류장까지 이동해서 버스를 타고 가게 되면 택시(5분), 버스(1시간 45분), 도보(5분)으로 1시간 55분이 걸린다.
① 도보-지하철 : 도보(30분), 지하철(1시간 25분), 도보(30분)이므로 총 2시간 25분이 걸린다.
② 도보-버스 : 도보(15분), 버스(1시간 45분), 도보(5분)이므로 총 2시간 5분이 걸린다.
③ 택시-지하철 : 택시(10분), 지하철(1시간 25분), 도보(30분)이므로 총 2시간 5분이 걸린다.

답 ④

(2) 예산관리능력

① 예산과 예산관리

　㉠ 예산 : 필요한 비용을 미리 헤아려 계산하는 것이나 그 비용을 말한다.

　㉡ 예산관리 : 활동이나 사업에 소요되는 비용을 산정하고, 예산을 편성하는 것뿐만 아니라 예산을 통제하는 것 모두를 포함한다.

② 예산의 구성요소

비용	직접비용	재료비, 원료와 장비, 시설비, 여행(출장) 및 잡비, 인건비 등
	간접비용	보험료, 건물관리비, 광고비, 통신비, 사무비품비, 각종 공과금 등

③ 예산수립 과정 : 필요한 과업 및 활동 구명 → 우선순위 결정 → 예산 배정

예제 3

당신은 가을 체육대회에서 총무를 맡으라는 지시를 받았다. 다음과 같은 계획에 따라 예산을 진행하였으나 확보된 예산이 생각보다 적게 되어 불가피하게 비용항목을 줄여야 한다. 다음 중 귀하가 비용 항목을 없애기에 가장 적절한 것은 무엇인가?

〈○○산업공단 춘계 1차 워크숍〉

1. 해당부서 : 인사관리팀, 영업팀, 재무팀
2. 일　　정 : 2016년 4월 21일~23일(2박 3일)
3. 장　　소 : 강원도 속초 ○○연수원
4. 행사내용 : 바다열차탑승, 체육대회, 친교의 밤 행사, 기타

① 숙박비　　　　　　② 식비
③ 교통비　　　　　　④ 기념품비

출제의도

업무에 소요되는 예산 중 꼭 필요한 것과 예산을 감축해야할 때 삭제 또는 감축이 가능한 것을 구분해 내는 능력을 묻는 문항이다.

해 설

한정된 예산을 가지고 과업을 수행할 때에는 중요도를 기준으로 예산을 사용한다. 위와 같이 불가피하게 비용 항목을 줄여야 한다면 기본적인 항목인 숙박비, 식비, 교통비는 유지되어야 하기에 항목을 없애기 가장 적절한 정답은 ④이 된다.

답 ④

(3) 물적관리능력

① 물적자원의 종류

　㉠ **자연자원** : 자연상태 그대로의 자원 ex) 석탄, 석유 등

　㉡ **인공자원** : 인위적으로 가공한 자원 ex) 시설, 장비 등

② **물적자원관리** : 물적자원을 효과적으로 관리할 경우 경쟁력 향상이 향상되어 과제 및 사업의 성공으로 이어지며, 관리가 부족할 경우 경제적 손실로 인해 과제 및 사업의 실패 가능성이 커진다.

③ 물적자원 활용의 방해요인

　㉠ 보관 장소의 파악 문제

　㉡ 훼손

　㉢ 분실

④ 물적자원관리 과정

과정	내용
사용 물품과 보관 물품의 구분	• 반복 작업 방지 • 물품활용의 편리성
동일 및 유사 물품으로의 분류	• 동일성의 원칙 • 유사성의 원칙
물품 특성에 맞는 보관 장소 선정	• 물품의 형상 • 물품의 소재

예제 4

S호텔의 외식사업부 소속인 K씨는 예약일정 관리를 담당하고 있다. 아래의 예약일정과 정보를 보고 K씨의 판단으로 옳지 않은 것은?

〈S호텔 일식 뷔페 1월 ROOM 예약 일정〉

* 예약 : ROOM 이름(시작시간)

SUN	MON	TUE	WED	THU	FRI	SAT
					1	2
					백합(16)	장미(11) 백합(15)
3	4	5	6	7	8	9
라일락(15)		백향목(10) 백합(15)	장미(10) 백향목(17)	백합(11) 라일락(18)	백향목(15)	장미(10) 라일락(15)

ROOM 구분	수용가능인원	최소투입인력	연회장 이용시간
백합	20	3	2시간
장미	30	5	3시간
라일락	25	4	2시간
백향목	40	8	3시간

- 오후 9시에 모든 업무를 종료함
- 한 타임 끝난 후 1시간씩 세팅 및 정리
- 동 시간 대 서빙 투입인력은 총 10명을 넘을 수 없음

안녕하세요. 1월 첫째 주 또는 둘째 주에 신년회 행사를 위해 ROOM을 예약하려고 하는데요. 저희 동호회의 총 인원은 27명이고 오후 8시쯤 마무리하려고 합니다. 신정과 주말, 월요일은 피하고 싶습니다. 예약이 가능할까요?

① 인원을 고려했을 때 장미ROOM과 백향목ROOM이 적합하겠군.
② 만약 2명이 안 온다면 예약 가능한 ROOM이 늘어나겠구나.
③ 조건을 고려했을 때 예약 가능한 ROOM은 5일 장미ROOM뿐이겠구나.
④ 오후 5시부터 8시까지 가능한 ROOM을 찾아야 해.

출제의도

주어진 정보와 일정표를 토대로 이용 가능한 물적자원을 확보하여 이를 정확하게 안내할 수 있는 능력을 측정하는 문항이다. 고객이 제공한 정보를 정확하게 파악하고 그 조건 안에서 가능한 자원을 제공할 수 있어야 한다.

해 설

③ 조건을 고려했을 때 5일 장미ROOM과 7일 장미ROOM이 예약 가능하다.
① 참석 인원이 27명이므로 30명 수용 가능한 장미ROOM과 40명 수용 가능한 백향목ROOM 두 곳이 적합하다.
② 만약 2명이 안 온다면 총 참석인원 25명이므로 라일락ROOM, 장미ROOM, 백향목ROOM이 예약 가능하다.
④ 오후 8시에 마무리하려고 계획하고 있으므로 적절하다.

답 ③

(4) 인적자원관리능력

① **인맥**: 가족, 친구, 직장동료 등 자신과 직접적인 관계에 있는 사람들인 핵심 인맥과 핵심인맥들로부터 알게 된 파생 인맥이 존재한다.

② **인적자원의 특성**: 능동성, 개발가능성, 전략적 자원

③ **인력배치의 원칙**
  ㉠ **적재적소주의**: 팀의 효율성을 높이기 위해 팀원의 능력이나 성격 등과 가장 적합한 위치에 배치하여 팀원 개개인의 능력을 최대로 발휘해 줄 것을 기대하는 것
  ㉡ **능력주의**: 개인에게 능력을 발휘할 수 있는 기회와 장소를 부여하고 그 성과를 바르게 평가하며 평가된 능력과 실적에 대해 그에 상응하는 보상을 주는 원칙
  ㉢ **균형주의**: 모든 팀원에 대한 적재적소를 고려

④ **인력배치의 유형**
  ㉠ **양적 배치**: 부문의 작업량과 조업도, 여유 또는 부족 인원을 감안하여 소요인원을 결정하여 배치하는 것
  ㉡ **질적 배치**: 적재적소의 배치
  ㉢ **적성 배치**: 팀원의 적성 및 흥미에 따라 배치하는 것

예제 5

최근 조직개편 및 연봉협상 과정에서 직원들의 불만이 높아지고 있다. 온갖 루머가 난무한 가운데 인사팀원인 당신에게 사내 게시판의 직원 불만사항에 대한 진위여부를 파악하고 대안을 세우라는 팀장의 지시를 받았다. 다음 중 당신이 조치를 취해야 하는 직원은 누구인가?

① 사원 A는 팀장으로부터 업무 성과가 탁월하다는 평가를 받았는데도 조직개편으로 인한 부서 통합으로 인해 승진을 못한 것이 불만이다.
② 사원 B는 회사가 예년에 비해 높은 영업 이익을 얻었는데도 불구하고 연봉 인상에 인색한 것이 불만이다.
③ 사원 C는 회사가 급여 정책을 변경해서 고정급 비율을 낮추고 기본급과 인센티브를 지급하는 제도로 바꾼 것이 불만이다.
④ 사원 D는 입사 동기인 동료가 자신보다 업무 실적이 좋지 않고 불성실한 근무태도를 가지고 있는데, 팀장과의 친분으로 인해 자신보다 높은 평가를 받은 것이 불만이다.

출제의도
주어진 직원들의 정보를 통해 시급하게 진위여부를 가리고 조치하여 인력배치를 해야 하는 사항을 확인하는 문제이다.

해 설
사원 A, B, C는 각각 조직 정책에 대한 불만이기에 논의를 통해 조직적으로 대처하는 것이 옳지만, 사원 D는 팀장의 독단적인 전횡에 대한 불만이기 때문에 조사하여 시급히 조치할 필요가 있다. 따라서 가장 적절한 답은 ④이 된다.

답 ④

PART 4 대인관계능력

1 직장생활에서의 대인관계

(1) 대인관계능력

① 의미 : 직장생활에서 협조적인 관계를 유지하고, 조직구성원들에게 도움을 줄 수 있으며, 조직내부 및 외부의 갈등을 원만히 해결하고 고객의 요구를 충족시켜줄 수 있는 능력이다.

② 인간관계를 형성할 때 가장 중요한 것은 자신의 내면이다.

예제 1

인간관계를 형성하는데 있어 가장 중요한 것은?

① 외적 성격 위주의 사고
② 이해득실 위주의 만남
③ 자신의 내면
④ 피상적인 인간관계 기법

출제의도

인간관계형성에 있어서 가장 중요한 요소가 무엇인지 묻는 문제다.

해 설

인간관계를 형성하는 데 있어서 가장 중요한 것은 자신의 내면이고 이때 필요한 기술이나 기법 등은 자신의 내면에서 자연스럽게 우러나와야 한다.

답 ③

---

(2) 대인관계 향상 방법

① 감정은행계좌 : 인간관계에서 구축하는 신뢰의 정도

② 감정은행계좌를 적립하기 위한 6가지 주요 예입 수단

㉠ 상대방에 대한 이해심
㉡ 사소한 일에 대한 관심
㉢ 약속의 이행
㉣ 기대의 명확화
㉤ 언행일치
㉥ 진지한 사과

② 대인관계능력을 구성하는 하위 능력

(1) 팀워크능력

① 팀워크의 의미

㉠ 팀워크와 응집력
- 팀워크 : 팀 구성원이 공동의 목적을 달성하기 위해 상호 관계성을 가지고 협력하여 일을 해 나가는 것
- 응집력 : 사람들로 하여금 집단에 머물도록 만들고 그 집단의 멤버로서 계속 남아있기를 원하게 만드는 힘

예제 2

A회사에서는 격주로 사원 소식지 '우리가족'을 발행하고 있다. 이번 호의 특집 테마는 팀워크에 대한 것으로, 좋은 사례를 모으고 있다. 다음 중 팀워크의 사례로 가장 적절하지 않은 것은 무엇인가?

① 팀원들의 개성과 장점을 살려 사내 직원 연극대회에서 대상을 받을 수 있었던 사례
② 팀장의 갑작스러운 부재 상황에서 팀원들이 서로 역할을 분담하고 소통을 긴밀하게 하면서 팀의 당초 목표를 원만하게 달성할 수 있었던 사례
③ 자재 조달의 차질로 인해 납기 준수가 어려웠던 상황을 팀원들이 똘똘 뭉쳐 헌신적으로 일한 결과 주문 받은 물품을 성공적으로 납품할 수 있었던 사례
④ 팀의 분위기가 편안하고 인간적이어서 주기적인 직무순환 시기가 도래해도 다른 부서로 가고 싶어 하지 않는 사례

출제의도

팀워크와 응집력에 대한 문제로 각 용어에 대한 정의를 알고 이를 실제 사례를 통해 구분할 수 있어야 한다.

해 설

응집력에 대한 사례에 해당한다.

답 ④

㉡ 팀워크의 유형

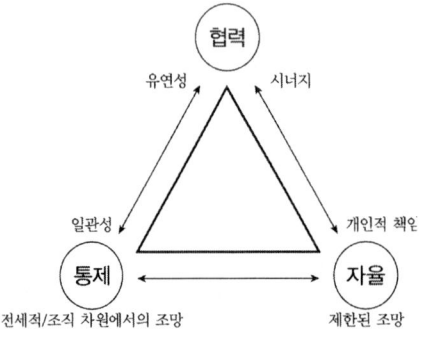

② 효과적인 팀의 특성

㉠ 팀의 사명과 목표를 명확하게 기술한다.
㉡ 창조적으로 운영된다.
㉢ 결과에 초점을 맞춘다.
㉣ 역할과 책임을 명료화시킨다.

ⓜ 조직화가 잘 되어 있다.
ⓑ 개인의 강점을 활용한다.
ⓢ 리더십 역량을 공유하며 구성원 상호간에 지원을 아끼지 않는다.
ⓞ 팀 풍토를 발전시킨다.
ⓩ 의견의 불일치를 건설적으로 해결한다.
ⓒ 개방적으로 의사소통한다.
ⓚ 객관적인 결정을 내린다.
ⓣ 팀 자체의 효과성을 평가한다.

③ **멤버십의 의미**
  ㉠ 멤버십은 조직의 구성원으로서의 자격과 지위를 갖는 것으로 훌륭한 멤버십은 팔로워십(followership)의 역할을 충실하게 수행하는 것이다.
  ㉡ **멤버십 유형** : 독립적 사고와 적극적 실천에 따른 구분

구분	소외형	순응형	실무형	수동형	주도형
자아상	• 자립적인 사람 • 일부러 반대의견 제시 • 조직의 양심	• 기쁜 마음으로 과업 수행 • 팀플레이를 함 • 리더나 조직을 믿고 헌신함	• 조직의 운영방침에 민감 • 사건을 균형 잡힌 시각으로 봄 • 규정과 규칙에 따라 행동함	• 판단, 사고를 리더에 의존 • 지시가 있어야 행동	• 스스로 생각하고 건설적 비판을 하며 자기 나름의 개성이 있고 혁신적·창조적 • 솔선수범하고 주인의식을 가지며 적극적으로 참여하고 자발적, 기대 이상의 성과를 내려고 노력
동료/리더의 시각	• 냉소적 • 부정적 • 고집이 셈	• 아이디어가 없음 • 인기 없는 일은 하지 않음 • 조직을 위해 자신과 가족의 요구를 양보함	• 개인의 이익을 극대화하기 위한 흥정에 능함 • 적당한 열의와 평범한 수완으로 업무 수행	• 하는 일이 없음 • 제 몫을 하지 못함 • 업무 수행에는 감독이 반드시 필요	
조직에 대한 자신의 느낌	• 자신을 인정 안 해 줌 • 적절한 보상이 없음 • 불공정하고 문제가 있음	• 기존 질서를 따르는 것이 중요 • 리더의 의견을 거스르는 것은 어려운 일임 • 획일적인 태도 행동에 익숙함	• 규정준수를 강조 • 명령과 계획의 빈번한 변경 • 리더와 부하 간의 비인간적 풍토	• 조직이 나의 아이디어를 원치 않음 • 노력과 공헌을 해도 아무 소용이 없음 • 리더는 항상 자기 마음대로 함	

④ 팀워크 촉진 방법
  ㉠ 동료 피드백 장려하기
  ㉡ 갈등 해결하기
  ㉢ 창의력 조성을 위해 협력하기
  ㉣ 참여적으로 의사결정하기

(2) 리더십 능력

① **리더십의 의미** : 리더십이란 조직의 공통된 목적을 달성하기 위하여 개인이 조직원들에게 영향을 미치는 과정이다.

  ㉠ **리더십 발휘 구도** : 산업 사회에서는 상사가 하급자에게 리더십을 발휘하는 수직적 구조였다면 정보 사회로 오면서 하급자뿐만 아니라 동료나 상사에게까지도 발휘하는 전방위적 구조로 바뀌었다.

  ㉡ **리더와 관리자**

리더	관리자
• 새로운 상황 창조자	• 상황에 수동적
• 혁신지향적	• 유지지향적
• 내일에 초점을 둠	• 오늘에 초점을 둠
• 사람의 마음에 불을 지핀다.	• 사람을 관리한다.
• 사람을 중시	• 체제나 기구를 중시
• 정신적	• 기계적
• 계산된 리스크를 취한다.	• 리스크를 회피한다.
• '무엇을 할까'를 생각한다.	• '어떻게 할까'를 생각한다.

예제 2

리더에 대한 설명으로 옳지 않은 것은?

① 사람을 중시한다.
② 오늘에 초점을 둔다.
③ 혁신지향적이다.
④ 새로운 상황 창조자이다.

출제의도
리더와 관리자에 대한 문제로 각각에 대해 완벽하게 구분할 수 있어야 한다.

해 설
리더는 내일에 초점을 둔다.

답 ②

② 리더십 유형
　㉠ 독재자 유형 : 정책의사결정과 대부분의 핵심정보를 그들 스스로에게만 국한하여 소유하고 고수하려는 경향이 있다. 통제 없이 방만한 상태일 때, 가시적인 성과물이 안 보일 때 효과적이다.
　㉡ 민주주의에 근접한 유형 : 그룹에 정보를 잘 전달하려고 노력하고 전체 그룹의 구성원 모두를 목표방향으로 설정에 참여하게 함으로써 구성원들에게 확신을 심어주려고 노력한다. 혁신적이고 탁월한 부하직원들을 거느리고 있을 때 효과적이다.
　㉢ 파트너십 유형 : 리더와 집단 구성원 사이의 구분이 희미하고 리더가 조직에서 한 구성원이 되기도 한다. 소규모 조직에서 경험, 재능을 소유한 조직원이 있을 때 효과적으로 활용할 수 있다.
　㉣ 변혁적 리더십 유형 : 개개인과 팀이 유지해 온 업무수행 상태를 뛰어넘어 전체 조직이나 팀원들에게 변화를 가져오는 원동력이 된다. 조직에 있어 획기적인 변화가 요구될 때 활용할 수 있다.

③ 동기부여 방법
　㉠ 긍정적 강화법을 활용한다.
　㉡ 새로운 도전의 기회를 부여한다.
　㉢ 창의적인 문제해결법을 찾는다.
　㉣ 책임감으로 철저히 무장한다.
　㉤ 적절한 코칭을 한다.
　㉥ 변화를 두려워하지 않는다.
　㉦ 지속적으로 교육한다.

④ 코칭
　㉠ 코칭은 조직의 지속적인 성장과 성공을 만들어내는 리더의 능력으로 직원들의 능력을 신뢰하며 확신하고 있다는 사실에 기초한다.
　㉡ 코칭의 기본 원칙
　　• 관리는 만병통치약이 아니다.
　　• 권한을 위임한다.
　　• 훌륭한 코치는 뛰어난 경청자이다.
　　• 목표를 정하는 것이 가장 중요하다.

⑤ 임파워먼트 : 조직성원들을 신뢰하고 그들의 잠재력을 믿으며 그 잠재력의 개발을 통해 High Performance 조직이 되도록 하는 일련의 행위이다.
　㉠ 임파워먼트의 이점(High Performance 조직의 이점)
　　• 나는 매우 중요한 일을 하고 있으며, 이 일은 다른 사람이 하는 일보다 훨씬 중요한 일이다.
　　• 일의 과정과 결과에 나의 영향력이 크게 작용했다.
　　• 나는 정말로 도전하고 있고 나는 계속해서 성장하고 있다.

- 우리 조직에서는 아이디어가 존중되고 있다.
- 내가 하는 일은 항상 재미가 있다.
- 우리 조직의 구성원들은 모두 대단한 사람들이며, 다 같이 협력해서 승리하고 있다.

   ⓒ 임파워먼트의 충족 기준
- 여건의 조성 : 사람들이 자유롭게 참여하고 기여할 수 있는 여건 조성
- 재능과 에너지의 극대화
- 명확하고 의미 있는 목적에 초점

   ⓒ 높은 성과를 내는 임파워먼트 환경의 특징
- 도전적이고 흥미 있는 일
- 학습과 성장의 기회
- 높은 성과와 지속적인 개선을 가져오는 요인들에 대한 통제
- 성과에 대한 지식
- 긍정적인 인간관계
- 개인들이 공헌하며 만족한다는 느낌
- 상부로부터의 지원

   ⓔ 임파워먼트의 장애 요인
- 개인 차원 : 주어진 일을 해내는 역량의 결여, 동기의 결여, 결의 부족, 책임감 부족, 의존성
- 대인 차원 : 다른 사람과의 성실성 결여, 약속 불이행, 성과를 제한하는 조직의 규범, 갈등처리 능력 부족, 승패의 태도
- 관리 차원 : 통제적 리더십 스타일, 효과적 리더십 발휘 능력 결여, 경험 부족, 정책 및 기획의 실행 능력 결여, 비전의 효과적 전달능력 결여
- 조직 차원 : 공감대 형성이 없는 구조와 시스템, 제한된 정책과 절차

  ⑥ 변화관리의 3단계 : 변화 이해 → 변화 인식 → 변화 수용

(3) 갈등관리능력

 ① 갈등의 의미 및 원인

   ㉠ 갈등이란 상호 간의 의견차이 때문에 생기는 것으로 당사가 간에 가치, 규범, 이해, 아이디어, 목표 등이 서로 불일치하여 충돌하는 상태를 의미한다.

   ⓒ 갈등을 확인할 수 있는 단서
- 지나치게 감정적으로 논평과 제안을 하는 것
- 타인의 의견발표가 끝나기도 전에 타인의 의견에 대해 공격하는 것
- 핵심을 이해하지 못한데 대해 서로 비난하는 것
- 편을 가르고 타협하기를 거부하는 것
- 개인적인 수준에서 미묘한 방식으로 서로를 공격하는 것

   ⓒ 갈등을 증폭시키는 원인 : 적대적 행동, 입장 고수, 감정적 관여 등

② 실제로 존재하는 갈등 파악
  ㉠ 갈등의 두 가지 쟁점

핵심 문제	감정적 문제
• 역할 모호성 • 방법에 대한 불일치 • 목표에 대한 불일치 • 절차에 대한 불일치 • 책임에 대한 불일치 • 가치에 대한 불일치 • 사실에 대한 불일치	• 공존할 수 없는 개인적 스타일 • 통제나 권력 확보를 위한 싸움 • 자존심에 대한 위협 • 질투 • 분노

예제 3

갈등의 두 가지 쟁점 중 감정적 문제에 대한 설명으로 적절하지 않은 것은?

① 공존할 수 없는 개인적 스타일
② 역할 모호성
③ 통제나 권력 확보를 위한 싸움
④ 자존심에 대한 위협

출제의도

갈등의 두 가지 쟁점인 핵심 문제와 감정적 문제에 대해 묻는 문제로 이 두 가지 쟁점을 구분할 수 있는 능력이 필요하다.

해 설

갈등의 두 가지 쟁점 중 핵심 문제에 대한 설명이다.

답 ②

  ㉡ 갈등의 두 가지 유형
    • 불필요한 갈등 : 개개인이 저마다 문제를 다르게 인식하거나 정보가 부족한 경우, 편견 때문에 발생한 의견 불일치로 적대적 감정이 생길 때 불필요한 갈등이 일어난다.
    • 해결할 수 있는 갈등 : 목표와 욕망, 가치, 문제를 바라보는 시각과 이해하는 시각이 다를 경우에 일어날 수 있는 갈등이다.

③ 갈등 해결 방법
  ㉠ 다른 사람들의 입장을 이해한다.
  ㉡ 사람들이 당황하는 모습을 자세하게 살핀다.
  ㉢ 어려운 문제는 피하지 말고 맞선다.
  ㉣ 자신의 의견을 명확하게 밝히고 지속적으로 강화한다.
  ㉤ 사람들과 눈을 자주 마주친다.
  ㉥ 마음을 열어놓고 적극적으로 경청한다.
  ㉦ 타협하려 애쓴다.
  ㉧ 어느 한쪽으로 치우치지 않는다.

ⓩ 논쟁하고 싶은 유혹을 떨쳐낸다.
ⓧ 존중하는 자세로 사람들을 대한다.
④ **윈-윈(Win-Win) 갈등 관리법** : 갈등과 관련된 모든 사람으로부터 의견을 받아서 문제의 본질적인 해결책을 얻고자 하는 방법이다.
⑤ **갈등을 최소화하기 위한 기본 원칙**
㉠ 먼저 다른 팀원의 말을 경청하고 나서 어떻게 반응할 것인가를 결정한다.
㉡ 모든 사람이 거의 대부분의 문제에 대해 나름의 의견을 가지고 있다는 점을 인식한다.
㉢ 의견의 차이를 인정한다.
㉣ 팀 갈등해결 모델을 사용한다.
㉤ 자신이 받기를 원하지 않는 형태로 남에게 작업을 넘겨주지 않는다.
㉥ 다른 사람으로부터 그러한 작업을 넘겨받지 않는다.
㉦ 조금이라도 의심이 날 때에는 분명하게 말해 줄 것을 요구한다.
㉧ 가정하는 것은 위험하다.
㉨ 자신의 책임이 어디서부터 어디까지인지를 명확히 하고 다른 팀원의 책임과 어떻게 조화되는지를 명확히 한다.
㉩ 자신이 알고 있는 바를 알 필요가 있는 사람들을 새롭게 파악한다.
㉪ 다른 팀원과 불일치하는 쟁점이나 사항이 있다면 다른 사람이 아닌 당사자에게 직접 말한다.

(4) 협상 능력

① **협상의 의미**
㉠ **의사소통 차원** : 이해당사자들이 자신들의 욕구를 충족시키기 위해 상대방으로부터 최선의 것을 얻어내려 설득하는 커뮤니케이션 과정
㉡ **갈등해결 차원** : 갈등관계에 있는 이해당사자들이 대화를 통해서 갈등을 해결하고자 하는 상호작용과정
㉢ **지식과 노력 차원** : 우리가 얻고자 하는 것을 가진 사람의 호의를 쟁취하기 위한 것에 관한 지식이며 노력의 분야
㉣ **의사결정 차원** : 선호가 서로 다른 협상 당사자들이 합의에 도달하기 위해 공동으로 의사결정 하는 과정
㉤ **교섭 차원** : 둘 이상의 이해당사자들이 여러 대안들 가운데서 이해당사자들 모두가 수용 가능한 대안을 찾기 위한 의사결정과정

② 협상 과정

단계	내용
협상 시작	• 협상 당사자들 사이에 상호 친근감을 쌓음 • 간접적인 방법으로 협상의사를 전달함 • 상대방의 협상의지를 확인함 • 협상진행을 위한 체제를 짬
상호 이해	• 갈등 문제의 진행상황과 현재의 상황을 점검함 • 적극적으로 경청하고 자기주장을 제시함 • 협상을 위한 협상대상 안건을 결정함
실질 이해	• 겉으로 주장하는 것과 실제로 원하는 것을 구분하여 실제로 원하는 것을 찾아 냄 • 분할과 통합 기법을 활용하여 이해관계를 분석함
해결 대안	• 협상 안건마다 대안들을 평가함 • 개발한 대안들을 평가함 • 최선의 대안에 대해서 합의하고 선택함 • 대안 이행을 위한 실행계획을 수립함
합의 문서	• 합의문을 작성함 • 합의문상의 합의 내용, 용어 등을 재점검함 • 합의문에 서명함

③ 협상전략

　㉠ **협력전략** : 협상 참여자들이 협동과 통합으로 문제를 해결하고자 하는 협력적 문제해결전략이다.

　㉡ **유화전략** : 양보전략으로 상대방이 제시하는 것을 일방적으로 수용하여 협상의 가능성을 높이려는 전략이다. 순응전략, 화해전략, 수용전략이라고도 한다.

　㉢ **회피전략** : 무행동전략으로 협상으로부터 철수하는 철수전략이다. 협상을 피하거나 잠정적으로 중단한다.

　㉣ **강압전략** : 경쟁전략으로 자신이 상대방보다 힘에 있어서 우위를 점유하고 있을 때 자신의 이익을 극대화하기 위한 공격적인 전략이다.

④ 상대방 설득 방법의 종류

　㉠ **See-Feel-Change 전략** : 시각화를 통해 직접 보고 스스로가 느끼게 하여 변화시키는 전략

　㉡ **상대방 이해 전략** : 상대방에 대한 이해를 바탕으로 갈등해결을 용이하게 하는 전략

　㉢ **호혜관계 형성 전략** : 혜택들을 주고받은 호혜관계 형성을 통해 협상을 용이하게 하는 전략

　㉣ **헌신과 일관성 전략** : 협상 당사자간에 기대하는 바에 일관성 있게 헌신적으로 부응하여 행동함으로서 협상을 용이하게 하는 전략

　㉤ **사회적 입증 전략** : 과학적인 논리보다 동료나 사람들의 행동에 의해서 상대방을 설득하는 전략

　㉥ **연결전략** : 갈등 문제와 갈등 관리자를 연결시키는 것이 아니라 갈등을 야기한 사람과 관리자를 연결시킴으로서 협상을 용이하게 하는 전략

ⓐ 권위전략 : 직위나 전문성, 외모 등을 활용하여 협상을 용이하게 하는 전략
ⓞ 희소성 해결 전략 : 인적, 물적 자원 등의 희소성을 해결함으로서 협상과정상의 갈등해결을 용이하게 하는 전략
ⓧ 반항심 극복 전략 : 억압하면 할수록 더욱 반항하게 될 가능성이 높아지므로 이를 피함으로서 협상을 용이하게 하는 전략

(5) 고객서비스능력

① **고객서비스의 의미** : 고객서비스란 다양한 고객의 요구를 파악하고 대응법을 마련하여 고객에게 양질의 서비스를 제공하는 것을 말한다.

② **고객의 불만표현 유형 및 대응방안**

불만표현 유형	대응방안
거만형	• 정중하게 대하는 것이 좋다. • 자신의 과시욕이 채워지도록 뽐내게 내버려 둔다. • 의외로 단순한 면이 있으므로 일단 호감을 얻게 되면 득이 되는 경우도 있다.
의심형	• 분명한 증거나 근거를 제시하여 스스로 확신을 갖도록 유도한다. • 때로는 책임자로 하여금 응대하는 것도 좋다.
트집형	• 이야기를 경청하고 맞장구를 치며 추켜세우고 설득해 가는 방법이 효과적이다. • '손님의 말씀이 맞습니다.' 하고 고객의 지적이 옳음을 표시한 후 '저도 그렇게 생각하고 있습니다만……' 하고 설득한다. • 잠자코 고객의 의견을 경청하고 사과를 하는 응대가 바람직하다.
빨리빨리형	• '글쎄요.', '아마' 하는 식으로 애매한 화법을 사용하지 않는다. • 만사를 시원스럽게 처리하는 모습을 보이면 응대하기 쉽다.

③ **고객 불만처리 프로세스**

단계	내용
경청	• 고객의 항의를 경청하고 끝까지 듣는다. • 선입관을 버리고 문제를 파악한다.
감사와 공감 표시	• 일부러 시간을 내서 해결의 기회를 준 것에 감사를 표시한다. • 고객의 항의에 공감을 표시한다.
사과	고객의 이야기를 듣고 문제점에 대해 인정하고, 잘못된 부분에 대해 사과한다.
해결 약속	고객이 불만을 느낀 상황에 대해 관심과 공감을 보이며, 문제의 빠른 해결을 약속한다.
정보파악	• 문제 해결을 위해 꼭 필요한 질문만 하여 정보를 얻는다. • 최선의 해결방법을 찾기 어려우면 고객에게 어떻게 해주면 만족스러운지를 묻는다.
신속처리	잘못된 부분을 신속하게 시정한다.
처리 확인과 사과	불만처리 후 고객에게 처리 결과에 만족하는지를 물어본다.
피드백	고객 불만 사례를 회사 및 전 직원에게 알려 다시는 동일한 문제가 발생하지 않도록 한다.

④ 고객만족 조사
  ㉠ 목적 : 고객의 주요 요구를 파악하여 가장 중요한 고객요구를 도출하고 자사가 가지고 있는 자원을 토대로 경영 프로세스의 개선에 활용함으로써 경쟁력을 증대시키는 것이다.
  ㉡ 고객만족 조사계획에서 수행되어야 할 것
    • 조사 분야 및 대상 결정 : 정확한 조사를 위해 명확히 결정
    • 조사목적 설정 : 전체적 경향의 파악, 고객에 대한 개별대응 및 고객과의 관계유지 파악, 평가목적, 개선목적
    • 조사방법 및 횟수 : 설문조사 및 심층면접법이 대표적이며, 연속으로 조사해야 효과적
    • 조사결과 활용 계획 : 조사목적에 맞게 구체적인 활용계획 작성

예제 3
고객중심 기업의 특징으로 옳지 않은 것은?
① 고객이 정보, 제품, 서비스 등에 쉽게 접근할 수 있도록 한다.
② 보다 나은 서비스를 제공할 수 있도록 기업정책을 수립한다.
③ 고객 만족에 중점을 둔다.
④ 기업이 행한 서비스에 대한 평가는 한 번으로 끝낸다.

출제의도
고객서비스능력에 대한 포괄적인 문제로 실제 고객중심 기업의 입장에서 생각해 보면 쉽게 풀 수 있는 문제다.

해 설
기업이 행한 서비스에 대한 평가는 수시로 이루어져야 한다.

답 ④

PART 5 | 직업윤리

1 직장생활에서의 대인관계

(1) 윤리의 의미

① **윤리적 인간** … 공동의 이익을 추구하고 도덕적 가치 신념을 기반으로 형성된다.

② **윤리규범의 형성** … 공동생활과 협력을 필요로 하는 인간생활에서 형성되는 공동행동의 룰을 기반으로 형성된다.

③ **윤리의 의미** … 인간과 인간 사이에서 지켜야 할 도리를 바르게 하는 것으로 인간 사회에 필요한 올바른 질서라고 할 수 있다.

예제 1

윤리에 대한 설명으로 옳지 않은 것은?

① 윤리는 인간과 인간 사이에서 지켜져야 할 도리를 바르게 하는 것으로 볼 수 있다.
② 동양적 사고에서 윤리는 인륜과 동일한 의미이며, 엄격한 규율이나 규범의 의미가 배어있다.
③ 인간은 윤리를 존중하며 살아야 사회가 질서와 평화를 얻게 되고, 모든 사람이 안심하고 개인적 행복을 얻게 된다.
④ 윤리는 세상에 두 사람 이상이 있으면 존재하며, 반대로 혼자 있을 때도 지켜져야 한다.

출제의도

윤리의 의미와 윤리적 인간, 윤리규범의 형성 등에 대한 기본적인 이해를 평가하는 문제이다.

해 설

윤리는 인간과 인간 사이에서 지켜져야 할 도리를 바르게 하는 것으로서 이 세상에 두 사람 이상이 있으면 존재하고 반대로 혼자 있을 때에는 의미가 없는 말이 되기도 한다.

답 ④

---

(2) 직업의 의미

① 직업은 본인의 자발적 의사에 의한 장기적으로 지속하는 일로, 경제적 보상이 따라야 한다.

② **입신출세론** … 입신양명(立身揚名)이 입신출세(立身出世)로 바뀌면서 현대에 와서는 직업 활동의 결과를 출세에 비중을 두는 경향이 짙어졌다.

③ **3D 기피 현상** … 힘들고(Difficult), 더럽고(Dirty), 위험한(Dangerous) 일은 하지 않으려고 하는 현상

(3) 직업윤리

① 직업윤리란 직업인이라면 반드시 지켜야 할 공통적인 윤리규범으로 어느 직장에 다니느냐를 구분하지 않는다.

② **직업윤리와 개인윤리의 조화**
   ㉠ 업무상 행하는 개인의 판단과 행동이 사회적 파급력이 큰 기업시스템을 통하여 다수의 이해관계자와 관련된다.
   ㉡ 많은 사람의 고도화된 협력을 요구하므로 맡은 역할에 대한 책임완수와 투명한 일 처리가 필요하다.
   ㉢ 규모가 큰 공동 재산·정보 등을 개인이 관리하므로 높은 윤리 의식이 요구된다.
   ㉣ 직장이라는 특수 상황에서 갖는 집단적 인간관계는 가족관계, 친분관계와는 다른 배려가 요구된다.
   ㉤ 기업은 경쟁을 통하여 사회적 책임을 다하고, 더욱 강한 경쟁력을 키우기 위하여 조직원인의 역할과 능력을 꾸준히 향상시켜야 한다.
   ㉥ 직무에 따른 특수한 상황에서는 개인 차원의 일반 상식과 기준으로는 규제할 수 없는 경우가 많다.

예제 2

직업윤리에 대한 설명으로 옳지 않은 것은?

① 개인윤리를 바탕으로 각자가 직업에 종사하는 과정에서 요구되는 특수한 윤리규범이다.
② 직업에 종사하는 현대인으로서 누구나 공통적으로 지켜야 할 윤리기준을 직업윤리라 한다.
③ 개인윤리의 기본 덕목인 사랑, 자비 등과 공동발전의 추구, 장기적 상호이익 등의 기본은 직업윤리도 동일하다.
④ 직업을 가진 사람이라면 반드시 지켜야 할 윤리규범이며, 중소기업 이상의 직장에 다니느냐에 따라 구분된다.

출제의도
직업윤리의 정의와 내용에 대한 올바른 이해를 요구하는 문제이다.

해 설
직업윤리란 직업을 가진 사람이라면 반드시 지켜야 할 공통적인 윤리규범을 말하는 것으로 어느 직장에 다니느냐를 구분하지 않는다.

답 ④

❷ 직업윤리를 구성하는 하위 능력

(1) 근로윤리

① 근면한 태도
  ㉠ 근면이란 게으르지 않고 부지런한 것으로, 근면하기 위해서는 일에 임할 때 적극적이고 능동적인 자세가 필요하다.
  ㉡ 근면의 종류
    • 외부로부터 강요당한 근면
    • 스스로 자진해서 하는 근면

② 정직한 행동
  ㉠ 정직은 신뢰를 형성하고 유지하는 데 기본적이고 필수적인 규범이다.
  ㉡ 정직과 신용을 구축하기 위한 지침
    • 정직과 신뢰의 자산을 매일 조금씩 쌓아가자.
    • 잘못된 것도 정직하게 밝히자.
    • 타협하거나 부정직을 눈감아 주지 말자.
    • 부정직한 관행은 인정하지 말자.

③ 성실한 자세 … 성실은 일관하는 마음과 정성의 덕으로 자신의 일에 최선을 다하고자 하는 마음자세를 가지고 업무에 임하는 것이다.

예제 3

우리 사회에서 정직과 신용을 구축하기 위한 지침으로 볼 수 없는 것은?

① 정직과 신뢰의 자산을 매일 조금씩 쌓아가도록 한다.
② 잘못된 것도 정직하게 밝혀야 한다.
③ 작은 실수는 눈감아 주고 때론 타협을 하여야 한다.
④ 부정직한 관행은 인정하지 말아야 한다.

출제의도
근로윤리 중에서도 정직한 행동과 성실한 자세에 대해 올바르게 이해하고 있는지 평가하는 문제이다.

해 설
타협하거나 부정직한 일에 대해서는 눈감아주지 말아야 한다.

답 ③

(2) 공동체 윤리

① 봉사(서비스)의 의미
  ㉠ 직업인에게 봉사란 자신보다 고객의 가치를 최우선으로 하는 서비스 개념이다.
  ㉡ SERVICE의 7가지 의미
    • S(Smile & Speed) : 서비스는 미소와 함께 신속하게 하는 것
    • E(Emotion) : 서비스는 감동을 주는 것
    • R(Respect) : 서비스는 고객을 존중하는 것
    • V(Value) : 서비스는 고객에게 가치를 제공하는 것
    • I(Image) : 서비스는 고객에게 좋은 이미지를 심어 주는 것
    • C(Courtesy) : 서비스는 예의를 갖추고 정중하게 하는 것
    • E(Excellence) : 서비스는 고객에게 탁월하게 제공되어져야 하는 것
  ㉢ 고객접점서비스 : 고객과 서비스 요원 사이에서 15초 동안의 짧은 순간에 이루어지는 서비스로, 이 순간을 진실의 순간(MOT ; Moment of Truth) 또는 결정적 순간이라고 한다.

② 책임의 의미 … 책임은 모든 결과는 나의 선택으로 인한 결과임을 인식하는 태도로, 상황을 회피하지 않고 맞닥뜨려 해결하는 자세가 필요하다.

③ 준법의 의미 … 준법은 민주 시민으로서 기본적으로 지켜야 하는 의무이며 생활 자세이다.

④ 예절의 의미 … 예절은 일정한 생활문화권에서 오랜 생활습관을 통해 하나의 공통된 생활방법으로 정립되어 관습적으로 행해지는 사회계약적 생활규범으로, 언어문화권에 따라 다르고 같은 언어문화권이라도 지방에 따라 다를 수 있다.

⑤ 직장에서의 예절
  ㉠ 직장에서의 인사 예절
    • 악수
      - 악수를 하는 동안에는 상대에게 집중하는 의미로 반드시 눈을 맞추고 미소를 짓는다.
      - 악수를 할 때는 오른손을 사용하고, 너무 강하게 쥐어짜듯이 잡지 않는다.
      - 악수는 힘 있게 해야 하지만 상대의 뼈를 부수듯이 손을 잡지 말아야 한다.
      - 악수는 서로의 이름을 말하고 간단한 인사 몇 마디를 주고받는 정도의 시간 안에 끝내야 한다.
    • 소개
      - 나이 어린 사람을 연장자에게 소개한다.
      - 내가 속해 있는 회사의 관계자를 타 회사의 관계자에게 소개한다.
      - 신참자를 고참자에게 소개한다.
      - 동료직원을 고객, 손님에게 소개한다.
      - 비임원을 임원에게 소개한다.
      - 소개받는 사람의 별칭은 그 이름이 비즈니스에서 사용되는 것이 아니라면 사용하지 않는다.

- 반드시 성과 이름을 함께 말한다.
  - 상대방이 항상 사용하는 경우라면, Dr. 또는 Ph.D. 등의 칭호를 함께 언급한다.
  - 정부 고관의 직급명은 퇴직한 경우라도 항상 사용한다.
  - 천천히 그리고 명확하게 말한다.
  - 각각의 관심사와 최근의 성과에 대하여 간단한 언급을 한다.
- 명함 교환
  - 명함은 반드시 명함 지갑에서 꺼내고 상대방에게 받은 명함도 명함 지갑에 넣는다.
  - 상대방에게서 명함을 받으면 받은 즉시 호주머니에 넣지 않는다.
  - 명함은 하위에 있는 사람이 먼저 꺼내는데 상위자에 대해서는 왼손으로 가볍게 받쳐 내는 것이 예의이며, 동위자, 하위자에게는 오른손으로만 쥐고 건넨다.
  - 명함을 받으면 그대로 집어넣지 말고 명함에 관해서 한 두 마디 대화를 건네 본다.
  - 쌍방이 동시에 명함을 꺼낼 때는 왼손으로 서로 교환하고 오른손으로 옮겨진다.

ⓒ 직장에서의 전화 예절
- 전화걸기
  - 전화를 걸기 전에 먼저 준비를 한다. 정보를 얻기 위해 전화를 하는 경우라면 얻고자 하는 내용을 미리 메모하도록 한다.
  - 전화를 건 이유를 숙지하고 이와 관련하여 대화를 나눌 수 있도록 준비한다.
  - 전화는 정상적인 업무가 이루어지고 있는 근무 시간에 걸도록 한다.
  - 원하는 상대와 통화할 수 없을 경우에 대비하여 비서나 다른 사람에게 메시지를 남길 수 있도록 준비한다.
  - 전화는 직접 걸도록 한다.
  - 전화를 해 달라는 메시지를 받았다면 가능한 한 48시간 안에 답해주도록 한다.
- 전화받기
  - 전화벨이 3~4번 울리기 전에 받는다.
  - 누구인지 즉시 말한다.
  - 천천히, 명확하게 예의를 갖추고 말한다.
  - 밝은 목소리로 말한다.
  - 말을 할 때 상대방의 이름을 함께 사용한다.
  - 메시지를 받아 적을 수 있도록 펜과 메모지를 곁에 둔다.
  - 주위의 소음을 최소화한다.
  - 긍정적인 말로 전화 통화를 마치고 전화를 건 상대방에게 감사를 표시한다.
- 휴대전화
  - 당신이 어디에서 휴대전화로 전화를 하든지 간에 상대방에게 통화를 강요하지 않는다.
  - 상대방이 장거리 요금을 지불하게 되는 휴대전화의 사용은 피한다.
  - 운전하면서 휴대전화를 하지 않는다.
  - 친구의 휴대전화를 빌려 달라고 부탁하지 않는다.

- 비상시에만 휴대전화를 사용하는 친구에게는 휴대전화로 전화하지 않는다.

ⓒ 직장에서의 E-mail 예절
- E-mail 보내기
  - 상단에 보내는 사람의 이름을 적는다.
  - 메시지에는 언제나 제목을 넣도록 한다.
  - 메시지는 간략하게 만든다.
  - 요점을 빗나가지 않는 제목을 잡도록 한다.
  - 올바른 철자와 문법을 사용한다.
- E-mail 답하기
  - 원래 내용과 관련된 일관성 있는 답을 하도록 한다.
  - 다른 비즈니스 서신에서와 마찬가지로 화가 난 감정의 표현을 보내는 것은 피한다.
  - 답장이 어디로, 누구에게로 보내는지 주의한다.

⑥ 성예절을 지키기 위한 자세 … 직장에서 여성의 특징을 살린 한정된 업무를 담당하던 과거와는 달리 여성과 남성이 대등한 동반자 관계로 동등한 역할과 능력 발휘를 한다는 인식을 가질 필요가 있다.
  ㉠ 직장 내에서 여성이 남성과 동등한 지위를 보장받기 위해서 조직은 여건을 조성해야 한다.
  ㉡ 성희롱 문제를 사전에 예방하고 효과적으로 처리하는 방안이 필요한 것이다.
  ㉢ 남성 위주의 가부장적 문화와 성 역할에 대한 과거의 잘못된 인식을 타파하고 남녀공존의 직장문화를 정착하는 노력이 필요하다.

예제 4

예절에 대한 설명으로 옳지 않은 것은?

① 예절은 일정한 생활문화권에서 오랜 생활습관을 통해 하나의 공통된 생활방식으로 정립되어 관습적으로 행해지는 사회계약적인 생활규범이라 할 수 있다.
② 예절은 언어문화권에 따라 다르나 동일한 언어문화권일 경우에는 모두 동일하다.
③ 무리를 지어 하나의 문화를 형성하여 사는 일정한 지역을 생활문화권이라 하며, 이 문화권에 사는 사람들이 가장 편리하고 바람직한 방법이라고 여겨 그렇게 행하는 생활방법이 예절이다.
④ 예절은 한 나라에서 통일되어야 국민들이 생활하기가 수월하며, 올바른 예절을 지키는 것이 바른 삶을 사는 것이라 할 수 있다.

출제의도

공동체윤리에 속하는 여러 항목 중 예절의 의미와 특성에 대한 이해능력을 평가하는 문제이다.

해 설

예절은 언어문화권에 따라 다르고, 동일한 언어문화권이라도 지방에 따라 다를 수 있다. 예를 들면 우리나라의 경우 서울과 지방에 따라 예절이 조금씩 다르다.

답 ②

CHAPTER 02 NCS 대표유형

PART ① 의사소통능력

의사소통능력 대표 유형

의사소통은 직장생활에서 조직과 팀의 효율성과 효과성을 성취할 목적으로 이루어지는 구성원 간의 정보와 지식 전달 과정으로, 의사소통능력은 업무능력의 기본이 된다. 크게 어휘, 어법, 독해 유형으로 구분되며 공문, 보도자료, 상품설명서, 약관 등의 실용문과 함께 정치·경제·사회·과학·문화·예술 등 다양한 분야의 지문이 출제된다.

1
다음 단락을 논리적 흐름에 맞게 바르게 배열한 것은?

(가) 자본주의 사회에서 상대적으로 부유한 집단, 지역, 국가는 환경적 피해를 약자에게 전가하거나 기술적으로 회피할 수 있는 가능성을 가진다.
(나) 오늘날 환경문제는 특정한 개별 지역이나 국가의 문제에서 나아가 전 지구적 문제로 확대되었지만, 이로 인한 피해는 사회·공간적으로 취약한 특정 계층이나 지역에 집중적으로 나타나는 환경적 불평등을 야기하고 있다.
(다) 인간사회와 자연환경 간의 긴장관계 속에서 발생하고 있는 오늘날 환경위기의 해결 가능성은 논리적으로 뿐만 아니라 역사적으로 과학기술과 생산조직의 발전을 규정하는 사회적 생산관계의 전환을 통해서만 실현될 수 있다.
(라) 부유한 국가나 지역은 마치 환경문제를 스스로 해결한 것처럼 보이기도 하며, 나아가 자본주의 경제체제 자체가 환경문제를 해결(또는 최소한 지연)할 수 있는 능력을 갖춘 것처럼 홍보되기도 한다.

① (가) – (나) – (라) – (다)
② (나) – (가) – (다) – (라)
③ (나) – (가) – (라) – (다)
④ (나) – (라) – (가) – (다)

✔ 해설 네 개의 문장에서 공통적으로 언급하고 있는 것은 환경 문제임을 알 수 있다. 따라서 (나) 문장이 '문제 제기'를 한 것으로 볼 수 있다. (가)는 (나)에서 언급한 바를 더욱 발전시키며 논점을 전개해 나가고 있으며, (라)에서는 논점을 '잘못된 환경문제의 해결 주체'라는 쪽으로 전환하여 결론을 위한 토대를 구성하며, (다)에서 필자의 주장을 간결하게 매듭짓고 있다.

2
다음의 밑줄 친 단어의 의미와 동일하게 쓰인 것은?

> 기획재정부는 26일 OO센터에서 '2024년 지방재정협의회'를 열고 내년도 예산안 편성 방향과 지역 현안 사업을 논의했다. 이 자리에는 17개 광역자치단체 부단체장과 기재부 예산실장 등 500여 명이 참석해 2025년 예산안 편성 방향과 약 530건의 지역 현안 사업에 대한 협의를 진행했다.
>
> 기재부 예산실장은 "내년에 정부는 일자리 창출, 4차 산업 혁명 대응, 저출산 극복, 양극화 완화 등 4대 핵심 분야에 예산을 집중적으로 투자할 계획이라며 이를 위해 신규 사업 관리 강화 등 10대 재정 운용 전략을 활용, 재정 투자의 효율성을 높여갈 것"이라고 밝혔다. 이어 각 지방자치단체에서도 정부의 예산 편성 방향에 부합하도록 사업을 신청해 달라고 요청했다.
>
> 기재부는 이날 논의한 지역 현안 사업이 각 부처의 검토를 <u>거쳐</u> 다음달 26일까지 기재부에 신청되면, 관계 기관의 협의를 거쳐 내년도 예산안에 반영한다.

① 학생들은 초등학교부터 중학교, 고등학교를 <u>거쳐</u> 대학에 입학하게 된다.
② 가장 어려운 문제를 해결했으니 이제 특별히 <u>거칠</u> 문제는 없다.
③ 이번 출장 때는 독일 베를린을 <u>거쳐</u> 오스트리아 빈을 다녀올 예정이다.
④ 오랜만에 뒷산에 올라 보니, 무성하게 자란 칡덩굴이 발에 <u>거친다</u>.

> **✔해설** 제시된 지문은 공문서의 한 종류인 보도자료에 해당한다. 마지막 문단에 밑줄 친 '거쳐'의 앞뒤 문맥을 파악해 보면, 지방재정협의회에서 논의한 지역 현안 사업은 각 부처의 검토 단계를 밟은 뒤 기재부에 신청되고, 이후 관계 기관의 협의를 거쳐 내년도 예산안에 반영함을 알 수 있다. 즉, 밑줄 친 '거쳐'는 '어떤 과정이나 단계를 겪거나 밟다.'의 의미로 사용되었다. 보기 중 이와 동일한 의미로 쓰인 것은 ①이다.
> ② 마음에 거리끼거나 꺼리다.
> ③ 오가는 도중에 어디를 지나거나 들르다.
> ④ 무엇에 걸리거나 막히다.

Answer 1.③ 2.①

3
다음 글에서 언급한 스마트 팩토리의 특징으로 옳지 않은 것은?

> 최근 스포츠 브랜드인 아디다스에서 소비자가 원하는 디자인, 깔창, 굽 모양 등의 옵션을 적용하여 다품종 소량생산 할 수 있는 스마트 팩토리를 선보였고, 그밖에도 제조업을 비롯해 다양한 산업에서 스마트 팩토리를 도입하면서 미래형 제조 시스템인 스마트 팩토리에 대한 관심이 커지고 있다. 과연 스마트 팩토리 무엇이며 어떤 기술로 구현되고 이점은 무엇일까?
> 스마트 팩토리란 ICT기술을 기반으로 제품의 기획, 설계, 생산, 유통, 판매의 전 과정을 자동화, 지능화하여 최소 비용과 최소 시간으로 다품종 대량생산이 가능한 미래형 공장을 의미한다. 스마트 팩토리가 구현되기 위해서는 다양한 기술이 적용되는데, 먼저 클라우드 기술은 인터넷에 연결되어 축적된 데이터를 저장하고 IoT 기술은 각종 사물에 컴퓨터 칩과 통신 기능을 내장해 인터넷에 연결한다. 또한 데이터를 분석하는 빅데이터 기술, AI를 기반으로 스스로 학습하고 의사결정을 할 수 있는 차세대 로봇기술과 기계가 자가 학습하는 인공지능 기술을 비롯해 수많은 첨단 기술을 필요로 한다.
> 스마트 팩토리의 핵심 구현 요소는 디지털화, 연결화, 스마트화이다. 디지털화는 공장 내 사물들 간에 소통이 가능하도록 물리적 아날로그 신호를 디지털 신호로 변환하는 것으로 디지털화를 하면 무한대로 데이터를 복사할 수 있어 데이터 편집이 쉬워지고 데이터 통신이 자유롭게 이루어진다. 연결화는 사람을 포함한 모든 사물, 즉 공장 안에 존재하는 부품, 완제품, 설비, 공장, 건물, 기기를 연결하는 것으로, 이더넷이나 유무선 통신으로 설비를 연결해 생산 현황과 이상 유무를 관리한다. 작업자가 제조 라인에 서면 공정은 작업자의 역량, 경험 같은 것을 참고하여 합당한 공정을 수행하도록 지도해 주는 것이 연결화의 예라고 할 수 있다. 스마트화는 사물이 사람과 같이 스스로 판단하고 행동하는 것을 말하는 것으로 지능화, 자율화와 같은 의미이다. 수집된 데이터를 분석하여 스스로 판단하는 스마트화는 스마트 팩토리의 필수 전제조건이다.
> 스마트 팩토리의 이점은 제조 단계별로 구분해 볼 수 있다. 먼저 기획·설계 단계에서는 제품 성능 시뮬레이션을 통해 제작기간을 단축시키고, 맞춤형 제품을 개발할 수 있다는 이점이 있다. 다음으로 생산 단계에서는 설비 - 자재 - 시스템 간 통신으로 다품종 대량생산, 에너지와 설비 효율 제고의 효과가 있다. 그리고 유통·판매 단계에서는 모기업과 협력사 간 실시간 연동을 통해 재고 비용을 감소시키고 품질, 물류 등 많은 분야를 협력할 수 있다.

① 스마트 팩토리는 최소 비용과 최소 시간으로 다품종 대량생산을 추구한다.
② 스마트 팩토리가 구현되기 위해서는 클라우드 기술, IoT기술, 인공지능 기술 등이 요구된다.
③ 디지털화는 공장 내 사물들 간에 소통이 가능하도록 디지털 신호를 물리적 아날로그 신호로 변환하는 것이다.
④ 스마트화는 사물이 사람과 같이 스스로 판단하고 행동하는 것으로 스마트 팩토리의 필수 전제조건이다.

> **해설** ③ 디지털화는 공장 내 사물들 간에 소통이 가능하도록 물리적 아날로그 신호를 디지털 신호로 변환하는 것이다.
> ①② 두 번째 문단에서 언급하고 있다.
> ④ 세 번째 문단에서 언급하고 있다.

4

다음은 N사의 단독주택용지 수의계약 공고문 중 일부이다. 공고문의 내용을 바르게 이해한 것은?

[○○ 블록형 단독주택용지(1필지) 수의계약 공고]

1. 공급대상토지

면적 (㎡)	세대수 (호)	평균규모 (㎡)	용적률 (%)	공급가격 (천원)	계약보증금 (원)	사용가능 시기
25,479	63	400	100% 이하	36,944,550	3,694,455,000	즉시

2. 공급일정 및 장소

일정	2025년 1월 11일 오전 10시부터 선착순 수의계약 (토·일요일 및 공휴일, 업무시간 외는 제외)
장소	N사 ○○지역본부 1층

3. 신청자격

   아래 두 조건을 모두 충족한 자
   - 실수요자: 공고일 현재 주택법에 의한 주택건설사업자로 등록한 자
   - 3년 분할납부(무이자) 조건의 토지매입 신청자
     ※ 납부 조건: 계약체결 시 계약금 10%, 중도금 및 잔금 90%(6개월 단위 6회 납부)

4. 계약체결 시 구비서류
   - 법인등기부등본 및 사업자등록증 사본 각 1부
   - 법인인감증명서 1부 및 법인인감도장(사용인감계 및 사용인감)
   - 대표자 신분증 사본 1부(위임 시 위임장 1부 및 대리인 신분증 제출)
   - 주택건설사업자등록증 1부
   - 계약금 납입영수증

① 계약이 체결되면 즉시 해당 토지에 단독주택을 건설할 수 있다.
② 계약체결 후 첫 번째 내야 할 중도금은 5,250,095,000원이다.
③ 규모 400㎡의 단독주택용지를 일반 수요자에게 분양하는 공고이다.
④ 계약에 대한 보증금이 공급가격보다 더 높아 실수요자에게 부담을 줄 우려가 있다.

> **✓ 해설** ① 부지 용도가 단독주택용지이고 토지사용 가능시기가 '즉시'라는 공고를 통해 계약만 이루어지면 즉시 이용이 가능한 토지임을 알 수 있다.
> ② 계약체결 후 남은 금액은 공급가격에서 계약금을 제외한 33,250,095,000원이다. 이를 무이자로 3년간 6회에 걸쳐 납부해야 하므로 첫 번째 내야 할 중도금은 5,541,682,500원이다.
> ③ 규모 400㎡의 단독주택용지를 주택건설업자에게 분양하는 공고이다.
> ④ 계약금은 공급가격의 10%로 보증금이 더 적다.

Answer 3.③ 4.①

5

다음 회의록의 내용을 보고 올바른 판단을 내리지 못한 것을 고르면?

	인사팀 4월 회의록			
회의일시	2025년 4월 30일 14:00~15:30		회의장소	대회의실(예약)
참석자	팀장, 남 과장, 허 대리, 김 대리, 이 사원, 명 사원			
회의안건	• 직원 교육훈련 시스템 점검 및 성과 평가 • 차기 교육 프로그램 운영 방향 논의			

진행결과 및 협조 요청	〈총평〉
	• 1사분기에는 지난해보다 학습목표시간을 상향조정(직급별 10~20시간)하였음에도 평균 학습시간을 초과하여 달성하는 등 상시학습문화가 정착됨
	  – 1인당 평균 학습시간: 지난해 4사분기 22시간→ 올해 1사분기 35시간
	• 다만, 고직급자와 계약직은 학습 실적이 목표에 미달하였던 바, 앞으로 학습 진도에 대하여 사전 통보하는 등 학습목표 달성을 적극 지원할 필요가 있음
	  – 고직급자: 목표 30시간, 실적 25시간, 계약직: 목표 40시간, 실적 34시간
	〈운영방향〉
	• 전 직원 일체감 형성을 위한 비전공유와 '매출 증대, 비용 절감' 구현을 위한 핵심과제 등 주요사업 시책 교육 추진
	• 직원이 가치창출의 원천이라는 인식하에 생애주기에 맞는 직급별 직무역량교육 의무화를 통해 인적자본 육성 강화
	• 자기주도적 상시학습문화 정착에 기여한 학습관리시스템을 현실에 맞게 개선하고, 조직 간 인사교류를 확대			

① 올 1사분기에는 지난해보다 1인당 평균 학습시간이 50% 이상 증가하였다.
② 전체적으로 1사분기의 교육시간 이수 등의 성과는 우수하였다.
③ 2사분기에는 일부 직원들에 대한 교육시간이 1사분기보다 더 증가할 전망이다.
④ 2사분기에는 각 직급에 보다 적합한 교육이 시행될 것이다.

✔해설 고위직급자와 계약직 직원들에 대한 학습목표 달성을 지원해야 한다는 논의가 되고 있으므로 그에 따른 실천 방안이 있을 것으로 판단할 수 있으나, 교육 시간 자체가 더 증가할 것으로 전망하는 것은 근거가 제시되어 있지 않은 의견이다.
① 22시간→35시간으로 약 59% 증가하였다.
② 평균 학습시간을 초과하여 달성하는 등 상시학습문화가 정착되었다고 평가하고 있다.
④ 생애주기에 맞는 직급별 직무역량교육 의무화라는 것은 각 직급과 나이에 더욱 적합한 교육이 실시될 것임을 의미한다.

PART ❷ 문제해결능력

문제해결능력 대표유형

문제란 업무를 수행함에 있어 답을 요구하는 질문이나 의논하여 해결해야 하는 사항으로, 문제해결을 위해서는 전략적이고 분석적인 사고는 물론 발상의 전환과 효율적인 자원활용 등 다양한 능력이 요구된다. 따라서 명제나 추론 같은 일반적인 논리추론 유형과 함께 수리, 자원관리 등이 융합된 문제해결 유형이나 실무이해를 바탕으로 하는 유형의 문제도 다수 출제된다.

1

다음 조건을 바탕으로 할 때 정 대리가 이번 달 중국 출장 출발일로 정하기에 가장 적절한 날은 언제인가? (전체 일정은 모두 이번 달 안에 속해 있다.)

- 이번 달은 1일이 월요일인 달이다.
- 3박 4일 일정이며 출발일과 도착일이 모두 휴일이 아니어야 한다.
- 현지에서 복귀하는 비행편은 매주 화, 목요일에만 있다.
- 이번 달 셋째 주 화요일에 있을 부서의 중요한 회의에 반드시 참석해야 하며, 회의 후에 출장을 가려 한다.

① 12일
② 15일
③ 17일
④ 22일

✅ **해설** 날짜를 따져 보아야 하는 유형의 문제는 아래와 같이 달력을 그려서 살펴보면 어렵지 않게 정답을 구할 수 있다.

일	월	화	수	목	금	토
	1	2	3	4	5	6
7	8	9	10	11	12	13
14	15	16	17	18	19	20
21	22	23	24	25	26	27
28	29	30	31			

1일이 월요일이므로 정 대리는 위와 같은 달력에 해당하는 기간 중에 출장을 가려고 한다. 3박 4일 일정 중 출발과 도착일 모두 휴일이 아니어야 한다면 월~목요일, 화~금요일, 금~월요일 세 가지의 경우의 수가 생기는데, 현지에서 복귀하는 비행편이 화요일과 목요일이므로 월~목요일의 일정을 선택해야 한다. 회의가 셋째 주 화요일이라면 16일이므로 그 이후 가능한 월~목요일은 두 번 있으나, 마지막 주의 경우 도착일이 다음 달로 넘어가게 되므로 조건에 부합되지 않는다. 따라서 출장 출발일로 적절한 날은 22일이며 일정은 22~25일이 된다.

Answer 5.③ / 1.④

2

다음은 L공사의 국민임대주택 예비입주자 통합 정례모집 관련 신청자격에 대한 사전 안내이다. 甲~戊 중 국민임대주택 예비입주자로 신청할 수 있는 사람은? (단, 함께 살고 있는 사람은 모두 세대별 주민등록표상에 함께 등재되어 있고, 제시되지 않은 사항은 모두 조건을 충족한다고 가정한다.)

□ 2025년 5월 정례모집 개요

구분	모집공고일	대상지역
2025년 5월	2025. 5. 7(화)	수도권
	2025. 5. 15(수)	수도권 제외한 나머지 지역

□ 신청자격

입주자모집공고일 현재 무주택세대구성원으로서 아래의 소득 및 자산 보유 기준을 충족하는 자

※ 무주택세대구성원이란?

다음의 세대구성원에 해당하는 사람 전원이 주택(분양권 등 포함)을 소유하고 있지 않은 세대의 구성원을 말합니다.

세대구성원(자격검증대상)	비고
• 신청자	
• 신청자의 배우자	신청자와 세대 분리되어 있는 배우자도 세대구성원에 포함
• 신청자의 직계존속 • 신청자의 배우자의 직계존속 • 신청자의 직계비속 • 신청자의 직계비속의 배우자	신청자 또는 신청자의 배우자와 세대별 주민등록표상에 함께 등재되어 있는 사람에 한함
• 신청자의 배우자의 직계비속	신청자와 세대별 주민등록표상에 함께 등재되어 있는 사람에 한함

※ 소득 및 자산보유 기준

구분	소득 및 자산보유 기준		
소득	가구원수	월평균소득기준	참고사항
	3인 이하 가구	3,781,270원 이하	• 가구원수는 세대구성원 전원을 말함(외국인 배우자와 임신 중인 경우 태아 포함) • 월평균소득액은 세전금액으로서 세대구성원 전원의 월평균소득액을 모두 합산한 금액임
	4인 가구	4,315,641원 이하	
	5인 가구	4,689,906원 이하	
	6인 가구	5,144,224원 이하	
	7인 가구	5,598,542원 이하	
	8인 가구	6,052,860원 이하	
자산	• 총자산가액 : 세대구성원 전원이 보유하고 있는 총자산가액 합산기준 28,000만 원 이하		
	• 자동차 : 세대구성원 전원이 보유하고 있는 전체 자동차가액 2,499만 원 이하		

① 甲의 아내는 주택을 소유하고 있지만, 甲과 세대 분리가 되어 있다.
② 아내의 부모님을 모시고 살고 있는 乙 가족의 월평균소득은 500만 원이 넘는다.
③ 丙은 재혼으로 만난 아내의 아들과 함께 살고 있는데, 아들은 전 남편으로부터 물려받은 아파트 분양권을 소유하고 있다.
④ 어머니를 모시고 사는 丁은 아내가 셋째 아이를 출산하면서 丁 가족의 월평균소득으로는 1인당 80만 원도 돌아가지 않게 되었다.

> ✔해설 ④ 어머니와 본인, 배우자, 아이 셋을 합하면 丁의 가족은 모두 6명이다. 6인 가구의 월평균소득기준은 5,144,224원 이하로, 월평균소득이 480만 원이 되지 않는 丁는 국민임대주택 예비입주자로 신청할 수 있다.
> ① 세대 분리되어 있는 배우자도 세대구성원에 포함되므로 주택을 소유한 아내가 있는 甲은 국민임대주택 예비입주자로 신청할 수 없다.
> ② 본인과 배우자, 배우자의 부모님을 합하면 乙의 가족은 모두 4명이다. 4인 가구 월평균소득기준은 4,315,641원 이하로, 월평균소득이 500만 원을 넘는 乙은 국민임대주택 예비입주자로 신청할 수 없다.
> ③ 신청자인 丙의 배우자의 직계비속인 아들이 전 남편으로부터 아파트 분양권을 물려받아 소유하고 있으므로 丙은 국민임대주택 예비입주자로 신청할 수 없다.

3

다음은 유진이가 학교에 가는 요일에 대한 설명이다. 이들 명제가 모두 참이라고 가정할 때, 유진이가 학교에 가는 요일은?

> ㉠ 목요일에 학교에 가지 않으면 월요일에 학교에 간다.
> ㉡ 금요일에 학교에 가지 않으면 수요일에 학교에 가지 않는다.
> ㉢ 수요일에 학교에 가지 않으면 화요일에 학교에 간다.
> ㉣ 월요일에 학교에 가면 금요일에 학교에 가지 않는다.
> ㉤ 유진이는 화요일에 학교에 가지 않는다.

① 월, 수
② 월, 수, 금
③ 수, 목, 금
④ 수, 금

> ✔해설 ㉤에서 유진이는 화요일에 학교에 가지 않으므로 ㉢의 대우에 의하여 수요일에는 학교에 간다.
> 수요일에 학교에 가므로 ㉡의 대우에 의해 금요일에는 학교에 간다.
> 금요일에 학교에 가므로 ㉣의 대우에 의해 월요일에는 학교를 가지 않는다.
> 월요일에 학교를 가지 않으므로 ㉠의 대우에 의해 목요일에는 학교에 간다.
> 따라서 유진이가 학교에 가는 요일은 수, 목, 금이다.

Answer 1.④ 2.③

4

서원 그룹의 K부서에서는 자기 부서의 정책을 홍보하기 위해 책자를 제작해 배포하는 프로젝트를 진행하였다. 프로젝트 진행 과정이 다음과 같을 때, 프로젝트 결과에 대한 평가로 항상 옳은 것을 모두 고르면?

> 이번에 K부서에서는 자기 부서의 정책을 홍보하기 위해 책자를 제작해 배포하였다. 이 홍보 사업에 참여한 K부서의 팀은 A와 B 두 팀이다. 두 팀은 각각 500권의 정책홍보 책자를 제작하였다. 그러나 책자를 어떤 방식으로 배포할 것인지에 대해 두 팀 간에 차이가 있었다. A팀은 자신들이 제작한 K부서의 모든 정책홍보책자를 서울이나 부산에 배포한다는 지침에 따라 배포하였다. 한편, B팀은 자신들이 제작한 K부서 정책홍보책자를 서울에 모두 배포하거나 부산에 모두 배포한다는 지침에 따라 배포하였다. 사업이 진행된 이후 배포된 결과를 살펴보기 위해서 서울과 부산을 조사하였다. 조사를 담당한 한 직원은 A팀이 제작·배포한 K부서 정책홍보책자 중 일부를 서울에서 발견하였다.
>
> 한편, 또 다른 직원은 B팀이 제작·배포한 K부서 정책홍보책자 중 일부를 부산에서 발견하였다. 그리고 배포 과정을 검토해 본 결과, 이번에 A팀과 B팀이 제작한 K부서 정책 홍보책자는 모두 배포되었다는 것, 책자가 배포된 곳과 발견된 곳이 일치한다는 것이 확인되었다.

> ㉠ 부산에는 500권이 넘는 K부서 정책홍보책자가 배포되었다.
> ㉡ 서울에 배포된 K부서 정책홍보책자의 수는 부산에 배포된 K부서 정책홍보책자의 수보다 적다.
> ㉢ A팀이 제작한 K부서 정책홍보책자가 부산에서 발견되었다면, 부산에 배포된 K부서 정책홍보책자의 수가 서울에 배포된 수보다 많다.

① ㉠
② ㉢
③ ㉠, ㉡
④ ㉡, ㉢

✔해설 B팀은 자신들이 제작한 K부서 정책홍보책자를 서울에 모두 배포하거나 부산에 모두 배포한다는 지침에 따라 배포하였는데, B팀이 제작·배포한 K부서 정책홍보책자 중 일부를 부산에서 발견하였으므로, B팀의 책자는 모두 부산에 배포되었다.
A팀이 제작·배포한 책자 중 일부를 서울에서 발견하였지만, A팀은 자신들이 제작한 K부서의 모든 정책홍보책자를 서울이나 부산에 배포한다는 지침에 따라 배포하였으므로, 모두 서울에 배포되었는지는 알 수 없다.
따라서 항상 옳은 평가는 ㉢뿐이다.

5
다음은 ○○항공사의 항공이용에 관한 조사 설계의 일부분이다. 본 설문조사의 목적으로 가장 적합하지 않은 것은?

---

1. 조사 목적

2. 과업 범위
- 조사 대상 : 서울과 수도권에 거주하고 있으며 최근 3년 이내 여행 및 출장 목적의 해외방문 경험이 있고 향후 1년 이내 해외로 여행 및 출장 의향이 있는 만 20~60세 이상의 성인 남녀
- 조사 방법 : 구조화된 질문지를 이용한 온라인 설문조사
- 표본 규모 : 총 1,000명

3. 조사 내용
- 시장 환경 파악 : 여행 출장 시장 동향 (출국 목적, 체류기간 등)
- 과거 해외 근거리 당일 왕복항공 이용 실적 파악 : 이용 빈도, 출국 목적, 목적지 등
- 향후 해외 근거리 당일 왕복항공 잠재 수요 파악 : 이용의향 빈도, 출국 목적 등
- 해외 근거리 당일 왕복항공 이용을 위한 개선 사항 파악 : 해외 근거리 당일 왕복항공을 위한 개선사항 적용 시 해외 당일 여행 계획 또는 의향
- 배경정보 파악 : 인구사회학적 특성 (성별, 연령, 거주 지역 등)

4. 결론 및 기대효과

---

① 단기 해외 여행의 수요 증가 현황과 관련 항공 시장 파악
② 해외 당일치기 여객의 수요에 부응할 수 있는 노선 구축 근거 마련
③ 해외 근거리 당일 왕복항공을 이용한 실적 및 행태 파악
④ 근거리 국가로 여행 또는 출장을 위해 당일 왕복항공을 이용할 의향과 수용도 파악

> **해설** 조사 대상과 조사 내용을 볼 때, ①은 본 설문조사의 목적으로 가장 적합하지 않다.
> ② 조사 내용 중 '향후 해외 근거리 당일 왕복항공 잠재 수요 파악'을 통해 해외 당일치기 여객의 수요에 부응할 수 있는 노선 구축 근거를 마련할 수 있다.
> ③ 조사 내용 중 '과거 해외 근거리 당일 왕복항공 이용 실적 파악'을 통해 해외 근거리 당일 왕복항공을 이용한 실적 및 행태를 파악할 수 있다.
> ④ 조사 내용 중 '해외 근거리 당일 왕복항공 이용을 위한 개선 사항 파악'을 통해 근거리 국가로 여행 또는 출장을 위해 당일 왕복항공을 이용할 의향과 수용도를 파악할 수 있다.

Answer 4.② 5.①

PART ③ 자원관리능력

자원관리능력 대표 유형

자원에는 시간, 돈, 물적자원, 인적자원 등이 포함된다. 자원관리란 이러한 자원을 적재적소에 활용하는 것으로 필요한 자원의 종류와 양을 확인하고 이용 가능한 자원을 수집하며, 수집한 자원을 계획적으로 활용하는 전 과정을 말한다. 따라서 자원관리능력에서는 업무 수행을 위한 시간 및 예산관리, 물적·인적자원의 배분 및 활용에 관한 상황을 전제로 한 문제가 주로 출제된다.

1

제시된 자료는 ○○기관 직원의 교육비 지원에 대한 내용이다. 다음 중 A~D 직원 4명의 총 교육비 지원 금액은 얼마인가?

교육비 지원 기준

- 임직원 본인의 대학 및 대학원 학비 : 100% 지원
- 임직원 가족의 대학 및 대학원 학비
- 임직원의 직계 존·비속 : 90% 지원
- 임직원의 형제 및 자매 : 80% 지원(단, 직계 존·비속 지원이 우선되며, 해당 신청이 없을 경우에 한하여 지급함)
- 교육비 지원 신청은 본인을 포함 최대 3인에 한한다.

교육비 신청 내역	
A 직원	본인 대학원 학비 3백만 원, 동생 대학 학비 2백만 원
B 직원	딸 대학 학비 2백만 원
C 직원	본인 대학 학비 3백만 원, 아들 대학 학비 4백만 원
D 직원	본인 대학 학비 2백만 원, 딸 대학 학비 2백만 원, 아들 대학원 학비 2백만 원

① 15,200,000원
② 17,000,000원
③ 18,600,000원
④ 26,200,000원

✔ 해설 교육비 지원 기준에 따라 각 직원이 지원 받을 수 있는 내역을 정리하면 다음과 같다.

A	• 본인 대학원 학비 3백만 원(100% 지원) • 동생 대학 학비 2백만 원(형제 및 자매→80% 지원) = 160만 원	총 460만 원
B	딸 대학 학비 2백만 원(직계 비속→90% 지원) = 180만 원	총 180만 원
C	본인 대학 학비 3백만 원(100% 지원) 아들 대학 학비 4백만 원(직계 비속→90% 지원) = 360만 원	총 660만 원
D	본인 대학 학비 2백만 원(100% 지원) 딸 대학 학비 2백만 원(90% 지원) = 180만 원 아들 대학원 학비 2백만 원(90% 지원) = 180만 원	총 560만 원

따라서 A~D 직원 4명의 총 교육비 지원 금액은 1,860만 원이고, 이를 원단위로 표현하면 18,600,000원이다.

2

다음은 K공사의 신입사원 채용에 관한 안내문의 일부 내용이다. 다음 내용을 근거로 할 때, K공사가 안내문의 내용에 부합되게 취할 수 있는 행동이라고 볼 수 없는 것은?

□ 기타 유의사항
- 모든 응시자는 1인 1개 분야만 지원할 수 있습니다.
- 응시 희망자는 지역제한 등 응시자격을 미리 확인하고 응시원서를 접수하여야 하며, 응시원서의 기재사항 누락, 공인어학능력시험 점수 및 자격증·장애인·취업지원대상자 가산점수·가산비율 기재 착오, 연락불능 등으로 발생되는 불이익은 일체 응시자의 책임으로 합니다.
- 입사지원서 작성내용은 추후 증빙서류 제출 및 관계기관에 조회할 예정이며 내용을 허위로 입력한 경우에는 합격이 취소됩니다.
- 응시자는 시험장소 공고문, 답안지 등에서 안내하는 응시자 주의사항에 유의하여야 하며, 이를 준수하지 않을 경우에 본인에게 불이익이 될 수 있습니다.
- 원서접수결과 지원자가 채용예정인원 수와 같거나 미달하더라도 적격자가 없는 경우 선발하지 않을 수 있습니다.
- 시험일정은 사정에 의하여 변경될 수 있으며 변경내용은 7일 전까지 공사 채용홈페이지를 통해 공고할 계획입니다.
- 제출된 서류는 본 채용목적 이외에는 사용하지 않으며, 채용절차의 공정화에 관한 법령에 따라 최종합격자 발표일 이후 180일 이내에 반환청구를 할 수 있습니다.
- 최종합격자 중에서 신규임용후보자 등록을 하지 않거나 관계법령에 의한 신체검사에 불합격한 자 또는 공사 인사규정 제21조에 의한 응시자격 미달자는 신규임용후보자 자격을 상실하고 차순위자를 추가합격자로 선발할 수 있습니다.
- 임용은 교육성적을 포함한 채용시험 성적순으로 순차적으로 임용하되, 장애인 또는 경력자의 경우 성적순위에도 불구하고 우선 임용될 수 있습니다.
- ※ 공사 인사규정 제22조 제2항에 의거 신규임용후보자의 자격은 임용후보자 등록일로부터 1년으로 하며, 필요에 따라 1년의 범위 안에서 연장될 수 있습니다.

① 동일한 응시자가 사무직과 운영직에 중복 응시한 사실이 발견되어 임의로 운영직 응시 관련 사항 일체를 무효처리하였다.
② 대학 졸업예정자로 채용된 A씨는 마지막 학기 학점이 부족하여 졸업이 미뤄지는 바람에 채용이 취소되었다.
③ 50명 선발이 계획되어 있었고, 45명이 지원을 하였으나 42명만 선발하였다.
④ 최종합격자 중 신규임용후보자 자격을 상실한 자가 있어 불합격자 중 임의의 인원을 추가 선발하였다.

> **해설** ④ 결원이 생겼을 때에는 그대로 추가 선발 없이 채용을 마감할 수 있으며, 추가합격자를 선발할 경우 반드시 차순위자를 선발하여야 한다.
> ① 모든 응시자는 1인 1개 분야만 지원할 수 있다. 따라서 중복 응시에 대해 어느 한 쪽을 임의로 무효처리할 수 있다.
> ② 입사지원서 작성 내용과 다르게 된 결과이므로 취소 처분이 가능하다.
> ③ 지원자가 채용예정인원 수와 같거나 미달하더라도 적격자가 없는 경우 선발하지 않을 수 있다.

Answer 1.③ 2.④

3

다음은 차량 A, B, C의 연료 및 경제속도 연비, 연료별 리터당 가격에 대한 자료이다. 제시된 〈조건〉을 적용하였을 때, 두 번째로 높은 연료비가 소요되는 차량과 해당 차량의 연료비를 바르게 나열한 것은?

〈A, B, C 차량의 연료 및 경제속도 연비〉

차량 \ 구분	연료	경제속도 연비(km/L)
A	LPG	10
B	휘발유	16
C	경유	20

※ 차량 경제속도는 60km/h 이상 90km/h 미만임

〈연료별 리터당 가격〉

연료	LPG	휘발유	경유
리터당 가격(원/L)	1,000	2,000	1,600

〈조건〉

1. A, B, C 차량은 모두 아래와 같이 각 구간을 한 번씩 주행하고, 각 구간별 주행속도 범위 내에서만 주행한다.

구간	1구간	2구간	3구간
주행거리(km)	100	40	60
주행속도(km/h)	30 이상 60 미만	60 이상 90 미만	90 이상 120 미만

2. A, B, C 차량의 주행속도별 연비적용률은 다음과 같다.

차량	주행속도(km/h)	연비적용률(%)
A	30 이상 60 미만	50.0
A	60 이상 90 미만	100.0
A	90 이상 120 미만	80.0
B	30 이상 60 미만	62.5
B	60 이상 90 미만	100.0
B	90 이상 120 미만	75.0
C	30 이상 60 미만	50.0
C	60 이상 90 미만	100.0
C	90 이상 120 미만	75.0

※ 연비적용률이란 경제속도 연비 대비 주행속도 연비를 백분율로 나타낸 것임

① A, 31,500원
② B, 24,500원
③ B, 35,000원
④ C, 25,600원

✅ **해설** 주행속도에 따른 연비와 구간별 소요되는 연료량을 계산하면 다음과 같다.

차량	주행속도(km/h)	연비(km/L)	구간별 소요되는 연료량(L)	
A (LPG)	30 이상 60 미만	10 × 50.0% = 5	1구간	20	총 31.5
	60 이상 90 미만	10 × 100.0% = 10	2구간	4	
	90 이상 120 미만	10 × 80.0% = 8	3구간	7.5	
B (휘발유)	30 이상 60 미만	16 × 62.5% = 10	1구간	10	총 17.5
	60 이상 90 미만	16 × 100.0% = 16	2구간	2.5	
	90 이상 120 미만	16 × 75.0% = 12	3구간	5	
C (경유)	30 이상 60 미만	20 × 50.0% = 10	1구간	10	총 16
	60 이상 90 미만	20 × 100.0% = 20	2구간	2	
	90 이상 120 미만	20 × 75.0% = 15	3구간	4	

따라서 조건에 따른 주행을 완료하는 데 소요되는 연료비는 A 차량은 31.5 × 1,000 = 31,500원, B 차량은 17.5 × 2,000 = 35,000원, C 차량은 16 × 1,600 = 25,600원으로, 두 번째로 높은 연료비가 소요되는 차량은 A며 31,500원의 연료비가 든다.

Answer 3.①

4

전기안전관리 대행업체의 인사팀 직원 K는 다음의 기준에 의거하여 직원들의 자격증 취득 전후 경력을 산정하려고 한다. 다음 중 K가 산정한 경력 중 옳은 것을 모두 고르면?

〈전기안전관리자 경력 조건 인정 범위〉

조건	인정 범위
1. 자격 취득 후 경력 기간 100% 인정	• 전력시설물의 설계·공사·감리·유지보수·관리·진단·점검·검사에 관한 기술업무 • 전력기술 관련 단체·업체 등에서 근무한 자의 전력기술에 관한 업무
2. 자격 취득 후 경력 기간 80% 인정	• 「전기용품안전관리법」에 따른 전기용품의 설계·제조·검사 등의 기술업무 • 「산업안전보건법」에 따른 전기분야 산업안전 기술업무 • 건설관련법에 의한 전기 관련 기술업무 • 전자·통신관계법에 의한 전기·전자통신기술에 관한 업무
3. 자격 취득 전 경력 기간 50% 인정	1.의 각목 규정에 의한 경력
사원 甲	• 2021.1.1~2025.12.31 전기 안전기술 업무 • 2025.10.31 전기산업기사 자격 취득
사원 乙	• 2020.1.1~2022.6.30 전기부품제조 업무 • 2019.10.31 전기기사 자격 취득
사원 丙	• 2021.5.1~2022.7.31 전자통신기술 업무 • 2021.3.31 전기기능장 자격 취득
사원 丁	• 2023.1.1~2024.12.31 전기검사 업무 • 2025.7.31 전기기사 자격 취득

㉠ 甲 : 전기산업기사로서 경력 5년　　㉡ 乙 : 전기기사로서 경력 1년
㉢ 丙 : 전기기능장으로서 경력 1년　　㉣ 丁 : 전기기사로서 경력 1년

① ㉠, ㉡　　　　　　　　　　② ㉠, ㉢
③ ㉡, ㉣　　　　　　　　　　④ ㉢, ㉣

해설 ㉢ 2의 '전자·통신관계법에 의한 전기·전자통신기술에 관한 업무'에 해당하므로 丙은 자격 취득 후 경력 기간 15개월 중 80%인 12개월을 인정받는다.
㉣ 1의 '전력시설물의 설계·공사·감리·유지보수·관리·진단·점검·검사에 관한 기술업무'에 해당하므로 丁은 자격 취득 전 경력 기간 2년의 50%인 1년을 인정받는다.
㉠ 3에 따라 자격 취득 전의 경력 기간은 50%만 인정되므로 甲은 5년의 경력 기간 중 50%인 2년 6개월만 인정받는다.
㉡ 2의 「전기용품안전관리법」에 따른 전기용품의 설계·제조·검사 등의 기술업무에 해당하므로 乙은 자격 취득 후 경력 기간 30개월 중 80%인 24개월을 인정받는다.

5

K공사는 사내 냉방 효율을 위하여 층별 에어컨 수와 종류를 조정하려고 한다. 사내 냉방 효율 조정 방안을 충족하되 버리는 구형 에어컨과 구입하는 신형 에어컨을 최소화하고자 할 때, K공사는 신형 에어컨을 몇 대 구입해야 하는가?

사내 냉방 효율 조정 방안		
적용순서	조건	미충족 시 조정 방안
1	층별 월 전기료 60만 원 이하	구형 에어컨을 버려 조건 충족
2	구형 에어컨 대비 신형 에어컨 비율 1/2 이상 유지	신형 에어컨을 구입해 조건 충족

※ 구형 에어컨 1대의 월 전기료는 4만 원이고, 신형 에어컨 1대의 월 전기료는 3만 원이다.

사내 냉방시설 현황						
	1층	2층	3층	4층	5층	6층
구형	9	15	12	8	13	10
신형	5	7	6	3	4	5

① 1대
② 2대
③ 3대
④ 4대

 해설 먼저 '층별 월 전기료 60만 원 이하' 조건을 적용해 보면 2층, 3층, 5층에서 각각 6대, 2대, 1대의 구형 에어컨을 버려야 한다. 다음으로 '구형 에어컨 대비 신형 에어컨 비율 1/2 이상 유지' 조건을 적용하면 4층, 5층에서 각각 1대, 2대의 신형 에어컨을 구입해야 한다. 그런데 5층에서 신형 에어컨 2대를 구입하게 되면 구형 에어컨 12대와 신형 에어컨 6대가 되어 월 전기료가 60만 원이 넘게 되므로 2대의 구형 에어컨을 더 버려야 하며, 신형 에어컨은 1대만 구입하면 된다. 따라서 A상사가 구입해야 하는 신형 에어컨은 총 2대이다.

Answer 4.④ 5.②

PART 4 대인관계능력

대인관계능력 대표유형

대인관계란 집단생활 속 구성원 상호 간의 관계로, 직장생활에서 대인관계는 조직구성원 간의 관계뿐만 아니라 조직 외부의 관계자, 고객 등과의 관계를 전제로 한다. 리더십능력, 갈등관리능력, 협상능력, 고객서비스능력 등이 대인관계능력을 측정하기 위한 문제로 출제된다.

1
다음 사례에서 갑의 행동 중 잘못된 행동은 무엇인가?

> 갑은 Y기업 판매부서의 부장이다. 그의 부서는 크게 세 개의 팀으로 구성되어 있는데 이번에 그의 부서에서 본사의 중요한 프로젝트를 맡게 되었고 그는 세 팀의 팀장들에게 이번 프로젝트를 성공시키면 전원 진급을 시켜주겠다고 약속하였다. 각 팀의 팀장들은 민수의 말을 듣고 한 달 동안 야근을 하면서 마침내 거액의 계약을 따내게 되었다. 이로 인해 각 팀의 팀장들은 회사로부터 약간의 성과급을 받게 되었지만 정작 진급은 애초에 세 팀 중에 한 팀만 가능하다는 사실을 뒤늦게 통보받았다. 각 팀장들은 민수에게 불만을 표시했고 민수는 미안하게 됐다며 성과급 받은 것으로 만족하라는 말만 되풀이하였다.

① 상대방에 대한 이해
② 기대의 명확화
③ 사소한 일에 대한 관심
④ 약속의 불이행

✔ 해설 민수는 각 팀장들에게 프로젝트 성공 시 전원 진급을 약속하였지만 결국 그 약속을 이행하지 못했으므로 정답은 ④이다.

2
다음 사례에서 이 고객의 불만유형으로 적절한 것은?

> A가 근무하고 있는 △△핸드폰 대리점에 한 고객이 방문하여 깨진 핸드폰 케이스를 보여주며 무상으로 바꿔달라고 요구하고 있다. 이 핸드폰 케이스는 이번에 새로 출시된 핸드폰에 맞춰서 이벤트 차원에서 한 달간 무상으로 지급한 것이며 현재는 이벤트 기간이 끝나 돈을 주고 구입을 해야 한다. A는 깨진 핸드폰 케이스는 고객의 실수에 의한 것으로 무상으로 바꿔줄 수 없으며 새로 다시 구입을 해야 한다고 설명하였다. 하지만 이 고객은 본인은 핸드폰을 구입할 때 이미 따로 보험에 가입을 했으며 핸드폰 케이스는 핸드폰의 부속품이므로 마땅히 무상 교체를 해줘야 한다고 트집을 잡고 있다.

① 의심형
② 빨리빨리형
③ 거만형
④ 트집형

✔ 해설 위의 사례에서 고객은 자신의 잘못으로 핸드폰 케이스가 깨졌는데도 불구하고 무상 교체를 해줘야 한다고 트집을 잡고 있으므로 트집형 고객임을 알 수 있다.

3

다음 사례에서 나오는 마 부장의 리더십은 어떤 유형인가?

> ○○그룹의 마 부장은 이번에 새로 보직 이동을 하면서 판매부서로 자리를 옮겼다. 그런데 판매부서는 ○○그룹에서도 알아주는 문제가 많은 부서 중에 한 곳으로 모두들 이곳으로 옮기기를 꺼려한다. 그런데 막상 이곳으로 온 마 부장은 이곳 판매부서가 비록 직원이 세 명밖에 없는 소규모의 부서이지만 세 명 모두가 각자 나름대로의 재능과 경험을 가지고 있고 단지 서로 화합과 협력이 부족하여 성과가 저조하게 나타났음을 깨달았다. 또한 이전 판매부장은 이를 간과한 채 오직 성과내기에 급급하여 직원들을 다그치기만 하자 팀 내 사기마저 떨어지게 된 것이다. 이에 마 부장은 부원들의 단합을 위해 매주 등산모임을 만들고 수시로 함께 식사를 하면서 많은 대화를 나눴다. 또한 각자의 능력을 살릴 수 있도록 업무를 분담해 주고 작은 성과라도 그에 맞는 보상을 해 주었다. 이렇게 한 달, 두 달이 지나자 판매부서의 성과는 눈에 띄게 높아졌으며 직원들의 사기 역시 높게 나타났다.

① 카리스마 리더십 ② 독재자형 리더십
③ 변혁적 리더십 ④ 거래적 리더십

해설 변혁적 리더십은 조직구성원들이 신뢰를 가질 수 있는 카리스마와 함께 조직변화의 필요성을 인지하고 그러한 변화를 나타내기 위해 새로운 비전을 제시하는 능력을 갖춘 리더십을 말한다.

4

다음 사례에서 박 부장이 취할 수 있는 행동으로 적절하지 않은 것은?

> ◆◆기업에 다니는 박 부장은 최근 경기 침체에 따른 회사의 매출 부진과 관련하여 근무 환경을 크게 변화시키기로 결정하였다. 하지만 그의 부하들은 물론 상사와 동료들조차도 박 부장의 결정에 회의적이었고 부정적인 시각을 내보였다. 그들은 변화에 소극적이었으며 갑작스런 변화는 오히려 회사의 존립 자체를 무너뜨릴 수 있다고 판단하였다. 하지만 박 부장은 갑작스런 변화가 처음에는 회사를 좀 더 어렵게 할 수는 있으나 장기적으로 본다면 틀림없이 회사에 큰 장점으로 작용할 것이라고 확신하고 있었고 여기에는 전 직원의 협력과 노력이 필요하였다.

① 직원들의 감정을 세심하게 살핀다. ② 변화의 긍정적인 면을 강조한다.
③ 주관적인 자세를 유지한다. ④ 변화에 적응할 시간을 준다.

해설 변화에 소극적인 직원들을 성공적으로 이끌기 위한 방법
　㉠ 개방적인 분위기를 조성한다.
　㉡ 객관적인 자세를 유지한다.
　㉢ 직원들의 감정을 세심하게 살핀다.
　㉣ 변화의 긍정적인 면을 강조한다.
　㉤ 변화에 적응할 시간을 준다.

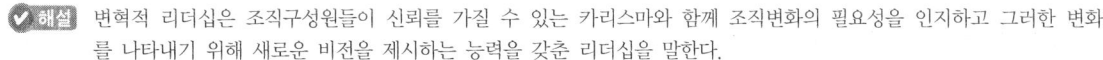
Answer　1.④　2.④　3.③　4.③

5
다음 사례에서 유 팀장이 부하직원들의 동기 부여를 위해 행한 방법으로 옳지 않은 것은?

> 전자제품을 생산하고 있는 △△기업은 매년 신제품을 출시하는 것으로 유명하다. 그것도 시리즈 별로 하나씩 출시하기 때문에 실제로 출시되는 신제품은 1년에 2~3개가 된다. 이렇다 보니 자연히 직원들은 새로운 제품을 출시하고도 곧바로 또 다른 제품에 대한 아이디어를 내야하고 결국 이것이 스트레스로 이어져 업무에 대한 효율성이 떨어지게 되었다. 유 팀장의 부하 직원들 또한 이러한 이유로 고민을 하고 있다. 따라서 유 팀장은 자신의 팀원들에게 아이디어를 하나씩 낼 때마다 게시판에 적힌 팀원들 이름 아래 스티커를 하나씩 붙이고 스티커가 다 차면 휴가를 보내주기로 하였다. 또한 최근 들어 출시되는 제품들이 모두 비슷하기만 할 뿐 새로운 면을 찾아볼 수 없어 뭔가 혁신적인 기술을 제품에 넣기로 하였다. 특히 △△기업은 전자제품을 주로 취급하다 보니 자연히 보안에 신경을 쓸 수밖에 없었고 유 팀장은 이 기회에 새로운 보안 시스템을 선보이기로 하였다. 그리하여 부하 직원들에게 지금까지 아무도 시도하지 못한 새로운 보안 시스템을 개발해 보자고 제안하였고 팀원들도 그 의견에 찬성하였다. 나아가 유 팀장은 직원들의 스트레스를 좀 더 줄이고 업무 효율성을 극대화시키기 위해 기존에 유지되고 있던 딱딱한 업무 환경을 개선할 필요가 있음을 깨닫고 직원들에게 자율적으로 출퇴근을 할 수 있도록 하는 한편 사내에 휴식 공간을 만들어 수시로 직원들이 이용할 수 있도록 변화를 주었다. 그 결과 이번에 새로 출시된 제품은 △△기업 사상 최고의 매출을 올리며 큰 성과를 거두었고 팀원들의 사기 또한 하늘을 찌르게 되었다.

① 긍정적 강화법을 활용한다.
② 새로운 도전의 기회를 부여한다.
③ 지속적으로 교육한다.
④ 변화를 두려워하지 않는다.

> ✔해설 ① 유 팀장은 스티커를 이용한 긍정적 강화법을 활용하였다.
> ② 유 팀장은 지금까지 아무도 시도하지 못한 새로운 보안시스템을 개발해 보자고 제안하며 부하직원들에게 새로운 도전의 기회를 부여하였다.
> ④ 유 팀장은 부하직원들에게 자율적으로 출퇴근할 수 있도록 하였고 사내에도 휴식공간을 만들어 자유롭게 이용토록 하는 등 업무환경의 변화를 두려워하지 않았다.

PART 5 직업윤리

직업윤리 대표유형

직업윤리란 직업인이라면 반드시 지켜야 할 공통적인 윤리규범이다. 업무상 행해지는 개인의 판단과 행동은 사회적 파급력이 큰 기업시스템을 통하여 다수의 이해관계자와 관련된다. 따라서 기업에서는 직업윤리 의식이 투철한 지원자를 뽑고자 한다. 직업윤리는 모듈형 문제 외에 인성검사와 유사한 유형의 문제들이 출제되고 있다.

1
윤리의 실천사항으로 성격이 다른 하나는?

① 실수한 것을 깨달으면 먼저 말하고 사과하는 강 사원
② 부재중 전화가 왔다면 항상 1시간 이내에 전화하는 진 주임
③ 항상 게으름 부리지 않고 사무실에 제일 먼저 출근하는 노 사원
④ 사내 봉사활동 동아리를 운영하며 매달 기부도 잊지 않는 임 과장

   ✔해설 개인 윤리에 대한 내용이다.
   ①②③ 직업 윤리에 대한 내용이다.

2
정직과 신용을 구축하기 위한 지침으로 옳지 않은 것은?

① 정직과 신뢰는 한 번에 높게 쌓아야 한다.
② 잘못된 것도 정직하게 밝혀야 한다.
③ 정직하지 못한 것을 눈감아 주지 않아야 한다.
④ 자신의 일에 최선을 다한다.

   ✔해설 정직과 신뢰는 매사에 조금씩 차곡차곡 축적해 나가야 한다.

Answer 5.③ / 1.④ 2.①

3
다음 제시된 직장 내 예절교육의 항목 중 적절한 내용으로 보기 어려운 설명을 모두 고른 것은?

> 가. 악수를 하는 동안에는 상대의 눈을 맞추기보다는 맞잡은 손에 집중한다.
> 나. 내가 속해 있는 회사의 관계자를 타 회사의 관계자에게 소개한다.
> 다. 처음 만나는 사람과 악수할 경우에는 가볍게 손끝만 잡는다.
> 라. 상대방에게서 명함을 받으면 받은 즉시 명함지갑에 넣지 않는다.
> 마. e-mail 메시지는 길고 자세한 것보다 명료하고 간략하게 만든다.
> 바. 정부 고관의 직급명은 퇴직한 사람을 소개할 경우엔 사용을 금지한다.
> 사. 명함에 부가 정보는 상대방과의 만남이 끝난 후에 적는다.

① 나, 라, 마, 사
② 가, 다, 라
③ 나, 마, 바, 사
④ 가, 다, 바

> **해설**
> 가. 악수를 하는 동안에는 상대에게 집중하는 의미로 반드시 눈을 맞추고 미소를 짓는다.
> 다. 처음 만나는 사람과의 악수라도 손끝만을 잡는 행위는 상대방을 존중한다는 마음을 전달하지 못하는 행위이다.
> 바. 정부 고관을 지낸 사람을 소개할 경우 퇴직한 사람이라도 직급명은 그대로 사용해 주는 것이 일반적인 예절로 인식된다.

4
다음 상황에서 윤리적으로 옳은 선택은 무엇인가?

> 당신은 100억대 규모 프로젝트의 팀원으로 업무를 수행하고 있던 중 우연한 기회에 본 프로젝트의 책임자인 상사가 하청업체로부터 억대의 뇌물을 받는 등 회사 윤리규정에 반하는 일을 하고 있다는 정보를 입수하게 되었다. 상사는 평소 직원들로부터 신뢰와 존경을 받아왔으며 당신은 그 상사와 입사 때부터 각별한 친분을 쌓아왔고 멘토로 생각해왔던 터라 도저히 믿어지지 않고 충격도 크다.

① 상사에게 뇌물을 돌려주라고 투서를 보낸다.
② 상사에게 부정 사실을 알고 있다며 뇌물을 나눠달라고 말한다.
③ 상사에게 사실을 고백하라고 말한 뒤, 거절하면 감사실에 알린다.
④ 하청업체에 익명으로 해당 상사에게 뇌물을 준 사실을 알고 있다고 전한다.

> **해설** 사실대로 고백할 수 있도록 먼저 권한 뒤, 진실을 밝힐 기회를 거절한다면 감사실에 알린다.

5

영업팀에서 근무하는 조 대리는 아래와 같은 상황을 갑작스레 맞게 되었다. 다음 중 조 대리가 취해야 할 행동으로 가장 적절한 것은?

> 조 대리는 오늘 휴일을 맞아 평소 자주 방문하던 근처 고아원을 찾아가기로 하였다. 매번 자신의 아들인 것처럼 자상하게 대해주던 영수에게 줄 선물도 준비하였고 선물을 받고 즐거워할 영수의 모습에 설레는 마음을 감출 수 없었다.
> 그러던 중 갑자기 일본 지사로부터, 내일 방문하기로 예정되어 있던 바이어 일행 중 한 명이 현지 사정으로 인해 오늘 입국하게 되었다는 소식을 전해 들었다. 바이어의 한국 체류 시 모든 일정을 동행하며 계약 체결에 차질이 없도록 접대해야 하는 조 대리는 갑자기 공항으로 서둘러 출발해야 하는 상황에 놓이게 되었다.

① 업무상 긴급한 상황이지만, 휴일인 만큼 계획대로 영수와의 시간을 갖는다.
② 지사에 전화하여 오늘 입국은 불가하며 내일 비행기 편을 다시 알아봐 줄 것을 요청한다.
③ 영수에게 아쉬움을 전하며 다음 기회를 약속하고 손님을 맞기 위해 공항으로 나간다.
④ 지난 번 도움을 주었던 차 대리에게 연락하여 대신 공항픽업부터 호텔 투숙, 저녁 식사까지만 대신 안내를 부탁한다.

> **✓ 해설** 제시된 상황은 대표적으로 직업윤리와 개인윤리가 충돌하는 상황이라고 할 수 있다. 직무에 따르는 업무적 책임 사항은 반드시 근무일에만 적용된다고 판단하는 것은 올바르지 않으며, 불가피한 경우 휴일에도 직무상 수행 업무가 발생할 수 있음을 감안하는 것이 바람직한 직업윤리의식일 것이다. 따라서 이러한 경우 직업윤리를 우선시하는 것이 바람직하다. 선택지 ④와 같은 경우는 대안을 찾는 경우로서, 책임을 다하는 태도라고 할 수 없다.

Answer 3.④ 4.③ 5.③

PART 03

NCS 예상문제

01. 의사소통능력
02. 문제해결능력
03. 자원관리능력
04. 대인관계능력
05. 직업윤리

CHAPTER 01 의사소통능력

1 재생 에너지의 보급과 관련된 다음 글을 참고할 때, 밑줄 친 '솔루션'이 갖추어야 할 특성으로 가장 거리가 먼 것은?

신재생 에너지란 태양, 바람, 해수와 같이 자연을 이용한 신에너지와 폐열, 열병합, 폐열 재활용과 같은 재생 에너지가 합쳐진 말이다. 현재 신재생 에너지는 미래 인류의 에너지로서 다양한 연구가 이루어지고 있다. 특히 과거에는 이들의 발전 효율을 높이는 연구가 주로 이루어졌으나 현재는 이들을 관리하고 사용자가 쉽게 사용하도록 하는 연구와 개발이 많이 진행되고 있다. 신재생 에너지는 화석 연료의 에너지 생산 비용에 근접하고 있으며 향후에 유가가 상승되고 신재생 에너지 시스템의 효율이 높아짐에 따라 신재생 에너지의 생산 비용이 오히려 더 저렴해질 것으로 보인다. 따라서 미래의 신재생 에너지의 보급은 지금보다 훨씬 광범위하게 다양한 곳에서 이루어 질 것이며 현재의 전력 공급 체계를 변화시킬 것이다. 현재 중앙 집중식으로 되어있는 전력공급의 체계가 미래에는 다양한 곳에서 발전이 이루어지는 분산형으로 변할 것으로 보인다. 분산형 전원 시스템 체계에서 가장 중요한 기술인 스마트 그리드는 전력과 IT가 융합한 형태로서 많은 연구가 이루어지고 있다.

스마트 그리드 기반의 분산형 전원 보급이 활발해질 미래에는 곳곳에 중소규모의 신재생 에너지 시스템이 설치될 것으로 예상하며, 따라서 이들을 통합적으로 관리하고 정보 교환 기술을 갖춘 다양한 솔루션이 등장할 것으로 보인다.

신재생 에너지 시스템의 보급은 인류의 에너지 문제를 해결하는 유일한 방안이지만 화석 에너지와 달리 발전량을 쉽게 제어할 수 없는 문제점을 가지고 있다. 또한 같은 시스템일지라도 지역의 환경에 따라 발전량이 서로 다르게 될 것이기 때문에 스마트 그리드를 기반으로 한 마이크로 그리드 시스템이 구축될 때 정보 처리 기술은 신재생 에너지 시스템 관리 측면에서 중요한 인자가 될 것이다.

신재생 에너지 시스템을 관리하기 위해선 에너지 데이터 처리가 중요할 것으로 보인다. 특히 미래 신재생 에너지 관리 시스템은 관리가 체계적으로 되어 있을 발전단지보다는 비교적 관리 체계가 확립되기 힘든 주택, 빌딩 등에서 필요할 것으로 보인다. 다시 말해 주택, 빌딩에 신재생 에너지 시스템이 설치가 되면 이들을 관리할 수 있는 <u>솔루션</u>을 함께 설치해야 하며 이들을 운용하기 위한 애플리케이션도 함께 등장해야 한다.

① 소비자가 에너지의 생산과 소비를 모두 고려할 수 있는 지능형 에너지 서비스
② 잉여 에너지가 발생되지 않도록 수요와 공급에 맞는 발전량 자동 조절 기능
③ 다양한 OS로 기능을 구현할 수 있는 웹 서비스 기반의 범호환적인 플랫폼 기술
④ 생성된 에너지 데이터를 종합·분석하여 맞춤형 서비스를 제공

해설 네 번째 문단에 따르면 신재생 에너지 시스템은 화석 에너지와 달리 발전량을 쉽게 제어할 수 없고, 지역의 환경에 따라 발전량이 서로 다르다는 특징이 있다. 따라서 ②에서 언급한 발전량 자동 조절보다는 잉여 에너지 저장 기술을 갖추어야 한다고 볼 수 있다.
① 중앙 집중식으로 이루어진 에너지 공급 상황에서 거주자는 에너지 생산을 고려할 필요가 없었으나, 분산형 전원 형태의 신재생 에너지 공급 상황에서는 거주자 스스로 생산과 소비를 통제하여 에너지 절감을 할 수 있어야 할 것이다.
③ 기존의 제한된 서비스를 넘어서는 다양한 에너지 서비스가 탄생될 수 있도록 하는 플랫폼 기술은 스마트 그리드를 기반으로 한 마이크로 그리드 시스템 구축에 필요한 요소라고 판단할 수 있다.
④ 과거의 경험으로 축적된 에너지 사용에 대한 데이터를 분석하여 필요한 상황에 적절한 맞춤형 에너지를 서비스하는 기능은 효과적인 관리 솔루션이 될 수 있다.

Answer 1.②

2 다음은 중소 규모의 환경기업의 사업화·상용화를 위한 지원사업의 지원 자격에 대한 내용이다. 해당 사업에 지원할 수 있는 기업은?

가. 지원 자격 및 기술요건

구분	지원 자격	기술요건
사업화	- 접수 마감일 기준 업력 2년 이상 중소기업 - 신청과제 관련 환경기술(국가 R&D 성공판정 또는 특허출원) 보유 - 협약기간 내 시제품 제작·개선을 통해 매출 발생이 가능한 경우	TRL6 이상 환경기술
상용화	- 접수 마감일 기준 업력 2년 이상 중소·중견기업 - 신청과제 관련 환경기술의 권리(특허권) 보유 - 환경설비를 설치할 수요기관을 확보하고, 협약기간 내 설치 완료 후 3개월 이상 가동하여 목표 성능을 달성할 수 있는 경우	TRL7 이상 환경기술
투자유치	- 중소기업(업력제한 없음) - 국내·외 투자기관을 통해 민간자금 조달을 희망하는 환경기업	-

※ 1) (TRL6 이상) 시작품(프로토타입) 제작 및 성능평가를 완료하고 시제품 제작이 가능한 단계
　2) (TRL7 이상) 시제품 제작 및 유사환경 성능평가를 완료하고 실제 환경에서의 시제품

나. 신청자격 제한

구분	제한 요건
공통	- 부도, 파산, 회생절차, 개인회생절차 개시 신청이 이루어진 경우 - 국세 및 지방세를 체납 중인 경우 - 「신용정보의 이용 및 보호에 관한 법률」 제4조에 따라 허가받은 신용정보회사에서 기업 채무 불이행 등 비정상 또는 불량 거래처로 확인된 경우 - 휴·폐업 중인 경우 - 사업 공고일 기준 최근 1년 이내 환경관련 법률 위반으로 30일 또는 1개월 이상의 조업·영업·사업정지 또는 사용중지 처분을 받거나 그에 갈음하는 과징금을 처분받은 경우 - 중소환경기업 사업화·상용화 지원사업 관리지침 제32조에 따라 제재 중인 경우 - 국가연구개발사업의 참여제한 중인 경우 - 사업화(매출발생) 목적이 아닌 연구개발 목적인 경우

사업화 상용화	- 동일 사업계획으로 정부의 지원을 받은 경우 - 최근 2년 연속 자본잠식 50% 이상 $$자본잠식률(\%) = [(자본금-자기자본)/자본금] \times 100$$ - 최근 2년 연속 이자보상배율 1 미만인 경우(단, 영업이익이 발생되고 있으면서 이자가 없는 이자보상배율 "0"인 경우, 사회적기업 인증기업 및 예비사회적기업 지정기업인 경우 제외) $$이자보상배율 = 영업이익/이자비용$$

① 시작품 성능평가 완료 직전 단계에 있으며 협약기간 내에 시제품 제작과 판매가 가능한 사업화 기술을 가진 업력 5년인 A기업
② 기술 상용화를 위한 환경설비를 설치할 수요기관을 확보한 상태로 협약 기간 내 목표 성능을 달성할 수 있는 TRL6의 기술을 보유한 B기업
③ 최근 2년간 자본잠식률이 45%이며 사업화를 위한 신청과제 관련 특허를 가지고 있는 업력 3년인 C기업
④ 신청과제와 관련된 환경기술의 특허기술을 가지고 있는 휴업 상태인 중견기업 D기업

> **해설** ① 기술 사업화를 위해서는 시작품 제작 및 성능평가를 완료한 수준의 기술을 보유하여야 한다.
> ② 기술 사용화 지원을 받기 위해서는 TRL7 이상의 환경기술을 보유하고 있어야 한다.
> ④ 휴·폐업 중인 경우 신청자격이 제한된다.

Answer 2.③

3 밑줄 친 ㉠~㉣ 중, 전체 글의 문맥과 논리적으로 어울리지 않는 의미를 포함하고 있는 것은?

> 　정부의 지방분권 강화의 흐름은 에너지 정책 측면에서도 매우 시의적절해 보인다. 왜냐하면 현재 정부가 강력히 추진 중인 에너지 전환 정책의 성공 여부는 그 특성상 지자체의 협력과 역할에 달려 있기 때문이다.
> 　현재까지의 중앙 정부 중심의 에너지 정책은 필요한 에너지를 값싸게 충분히 안정적으로 공급한다는 공급 관리 목표를 달성하는 데 매우 효율적이었다고 평가할 수 있다. 또한 중앙 정부 부처가 주도하는 현재의 정책 결정 구조는 에너지 공급 설비와 비용을 최소화할 수 있으며, ㉠<u>일관된 에너지 정책을 추구하여 개별 에너지 정책들 간의 충돌을 최소화할 수 있는 장점이 있다.</u> 사실, 특정 지역 대형 설비 중심의 에너지 정책을 추진할 때는 지역 경제보다는 국가경제 차원의 비용편익 분석이 타당성을 확보할 수 있고, 게다가 ㉡<u>사업 추진 시 상대해야 할 민원도 특정지역으로 한정되는 경우가 많기 때문에 중앙 정부 차원에서의 정책 추진이 효율적일 수 있다.</u>
> 　그러나 신재생 에너지 전원과 같이 소규모로 거의 전 국토에 걸쳐 설치되어야 하는 분산형 전원 비중이 높아지는 에너지 전환 정책 추진에는 사정이 달라진다. 중앙 정부는 실제 설비가 들어서는 수많은 개별 지역의 특성을 세심히 살펴 추진할 수 없어 소규모 전원의 전국적 관리는 불가능하다. 실제로 현재 태양광이나 풍력의 보급이 지체되는 가장 큰 이유로 지자체의 인허가 단계에서 발생하는 다양한 민원이 지적되고 있다. 중앙정부 차원에서 평가한 신재생에너지의 보급 잠재력이 아무리 많아도, 실제 사업 단계에서 부딪치는 다양한 어려움을 극복하지 못하면 보급 잠재력은 허수에 지나지 않게 된다. 따라서 ㉢<u>소규모 분산 전원의 확대는 거시적 정책이 아니라 지역별 특성을 세심히 고려한 미시적 정책에 달려 있다고 해도 지나치지 않다.</u> 당연히 지역 특성을 잘 살필 수 있는 지자체가 분산전원 확산에 주도권을 쥐는 편이 에너지전환정책의 성공에 도움이 될 수 있다.
> 　이뿐만 아니라 경제가 성장하면서 에너지 소비 구조도 전력, 도시가스, 지역난방 등과 같은 네트워크에너지 중심으로 변화하다 보니 지역별 공급비용에 대한 불균형을 고려해 ㉣<u>지역별 요금을 단일화해야 한다는 목소리도 점점 커지고 있고, 환경과 안전에 대한 국민들의 인식도 과거와 비교해 매우 높아져 이와 관련한 지역 사안에 관심도 커지고 있다.</u> 이러한 변화는 때로는 지역 간 갈등으로 혹은 에너지시설 건설에 있어 님비(NIMBY) 현상 등으로 표출되기도 한다. 모두 지역의 특성을 적극적으로 감안하고 지역 주민들의 의견을 모아 해결해야 할 사안이다. 당연히 중앙 정부보다 지자체가 훨씬 잘 할 수 있는 영역이다.
> 　하지만 중앙 정부의 역할이 결코 축소되어서는 안 된다. 소규모 분산 전원이 확대됨에 따라 에너지 공급의 안정성을 유지하기 위해 현재보다 더 많은 에너지 설비가 요구될 수 있으며 설비가 소형화하면서 공급 비용과 비효율성이 높아질 우려도 있기 때문이다. 따라서 지역 간 에너지 시스템을 연계하는 등 공급 효율성을 높이기 위해 지자체 간의 협력과 중앙 정부의 조정 기능이 더욱 강조되어야 한다. 에너지전환 정책은 중앙정부와 지자체 모두의 에너지 정책 수요를 증가시키고 이들 간의 협력의 필요성을 더욱 요구할 것이다.

① ㉠
② ㉡
③ ㉢
④ ㉣

✔ **해설** 주어진 글의 핵심 논점은 '지자체의 에너지 정책 기능의 강화 필요성'이 될 것이다. 지자체 중심의 분산형 에너

지 정책의 흐름을 전제한 후 기존 중앙 정부 중심의 에너지 정책의 장점을 소개하였으며, 그에 반해 분산형 에너지 정책을 추진함에 있어 유의해야 할 사안은 어떤 것인지를 열거하며 비교하였다고 볼 수 있다.
ⓔ이 속한 단락의 앞 단락에서는 지역 특성을 고려하여 지자체가 분산형 에너지 정책의 주도권을 쥐어야 한다는 주장을 펴고 있으며, 이를 '이뿐만 아니라'라는 어구로 연결하여 앞의 내용을 더욱 강화하게 되는 '각 지역의 네트워크 에너지 중심'에 관한 언급을 하였다. 따라서 네트워크 에너지 체제 하에서 드러나는 특징은, 지자체가 지역 특성과 현실에 맞는 에너지 정책의 주도권을 행사하기 위해서는 지역별로 공급 비용이 동일하지 않은 특성에 기인한 에너지 요금을 차별화해야 한다는 목소리가 커지고 있다고 판단하는 것이 현실을 올바르게 판단한 내용이 된다. 뿐만 아니라 ⓔ의 바로 다음에 NIMBY 현상을 사례로 들고 있는 점은 이러한 에너지 요금 차별화의 목소리가 커지고 있다는 사실을 뒷받침하는 내용으로 볼 수 있다. 따라서 ⓔ은 글 전체의 내용과 반대되는 논리를 포함하고 있는 문장이 된다.
① 중앙 정부 중심의 에너지 정책에 대한 기본적인 특징으로, 대표적인 장점이 된다고 볼 수 있다.
② 분산형 에너지 정책과는 상반되는 중앙집중형 에너지 정책의 효율적인 특성이며, 뒤에서 언급된 NIMBY 현상을 최소화할 수 있는 특성이기도 하다.
③ 지자체별로 지역 특성을 고려한 미시적 정책이 분산 에너지 정책의 관건이라는 주장으로 글의 내용과 논리적으로 부합한다.

Answer 3.④

4 다음 글의 내용과 일치하는 것은?

　1894년 콜먼이 「정신이 말짱한 사람이 보이는, 감각기관의 국부적 기질성 질환과 관련된 환각」이라는 논문에서 강조한 바 있지만, 지금도 '환각'이라고 하면 일반인과 의사 모두 정신병이나 뇌의 기질성 질환을 먼저 떠올린다. 1970년대 이전까지 정신이 말짱한 사람에게도 환각이 흔히 일어난다는 사실을 알아차리지 못했던 것은 어쩌면 그러한 환각이 어떻게 일어나는지에 관한 이론이 없었기 때문일 것이다. 그러다 1967년 폴란드의 신경생리학자 예르지 코노르스키가 『뇌의 통합적 활동』에서 '환각의 생리적 기초'를 여러 쪽에 걸쳐 논의했다. 코노르스키는 '환각이 왜 일어나는가?'라는 질문을 뒤집어 '환각은 왜 항상 일어나지 않는가? 환각을 구속하는 것은 무엇인가?'라는 질문을 제기했다. 그는 '지각과 이미지와 환각을 일으킬 수 있는' 역동적 체계, '환각을 일으키는 기제가 우리 뇌 속에 장착되어 있지만 몇몇 예외적인 경우에만 작동하는' 체계를 상정했다. 그리고 감각기관에서 뇌로 이어지는 구심성(afferent) 연결뿐만 아니라 반대 방향으로 진행되는 역방향(retro) 연결도 존재한다는 것을 보여주는 증거를 수집했다. 그런 역방향 연결은 구심성 연결에 비하면 빈약하고 정상적인 상황에서는 활성화되지 않는다. 하지만 코노르스키는 바로 그 역방향 연결이 환각 유도에 필수적인 해부학적, 생리적 수단이 된다고 보았다.
　그렇다면 정상적인 상황에서 이것이 활성화되지 못하도록 방해하는 것은 무엇일까? 결정적인 요인은 눈과 귀 같은 감각기관에서 입력되는 감각 자료라고 코노르스키는 주장했다. 이런 자료가 평소에 피질의 중추 부위에서 말초 부위로 활동이 역류하지 못하게 막는다는 것이다. 그러나 만약 감각기관에 들어오는 자료가 눈에 띄게 부족해지면 역류가 쉽게 일어나 환각과 지각을 생리적, 주관적으로 구별할 수 없게 된다. 평상시에는 침묵이나 어둠 속에 있다고 해서 입력되는 자료가 그렇게 줄어들지 않는다. 멸 단위(off units)가 계속적인 활동을 발화하고 생성하기 때문이다.
　코노르스키의 이론은 훗날 '구심성 차단(de-afferentation)'과 관련된 '방출(release)' 환각이라 불리게 될 현상을 간단하고도 훌륭하게 설명해준다. 그런 설명은 이제는 당연하게 보이고 거의 동어반복으로 여겨지지만 1960년대만 하더라도 이를 독창적이고 대담하게 입증해야 했다.
　뇌 영상 연구를 통해 코노르스키의 주장을 뒷받침해줄 훌륭한 증거들이 나오고 있다. 2000년에 티머시 그리피스는 음악 환청의 신경적 기초를 상세하게 밝혀낸 선구적인 논문을 발표했다. 그는 양전자단층촬영을 통해 음악 환청이 일어나는 순간 평소 실제 음악을 들을 때 활성화되는 것과 똑같은 신경 네트워크가 폭넓게 가동된다는 사실을 보여주었다.

① 코노르스키는 '환상은 왜 일어나는가?'에 대한 질문을 제기하여 환각의 체계를 구축했다.
② 코노르스키는 구심성 연결뿐만 아니라 뇌에서 감각기관으로 진행되는 연결을 만들어냈다.
③ 정상적인 상황에서 감각 자료는 피질의 중추 부위에서 말초 부위로 활동이 역류하지 못하게 막는다.
④ 평상시에 침묵이나 암흑 속에서 역류가 쉽게 일어나는 이유는 정상적인 상황보다 감각 자료가 적어지기 때문이다.

✅해설
① 코노르스키는 '환각이 왜 일어나는가?'라는 질문을 뒤집어 '환각은 왜 항상 일어나지 않는가? 환각을 구속하는 것은 무엇인가?'라는 질문을 제기했다.
② 코노르스키는 뇌에서 감각기관으로 진행되는 연결의 존재에 대한 증거를 수집했다.
④ 멸 단위(off units)가 계속적인 활동을 발화하고 생성하기 때문에 평상시에는 침묵이나 어둠 속에 있다고 해서 입력되는 자료가 그렇게 줄어들지 않는다.

5 다음 내용을 바탕으로 글을 쓸 때 그 주제로 알맞은 것은?

- 경찰청은 고속도로 갓길 운행을 막기 위해 갓길로 운행하다 적발되면 30일 간의 면허정지 처분을 내리기로 결정했다.
- 노령자 교통사고 사망률 OECD 2위라는 불명예는 2024년에도 계속되었다.
- 교통사고의 원인으로는 운전자의 부주의와 교통 법규 위반의 비율이 가장 높다.
- 교통 법규 위반자는 자신의 과실로 다른 사람에게 피해를 준다는 점에서 문제가 더욱 심각하다.
- 우리나라는 과속 운전, 난폭 운전이 성행하고 있다. 이를 근절하기 위한 엄격한 법이 필요하다.

① 교통사고를 줄이기 위해서는 엄격한 법이 필요하다.
② 사고 방지를 위한 대국민적인 캠페인 운동을 해야 한다.
③ 교통사고의 사망률은 교통 문화 수준을 반영한 것이다.
④ 올바른 교통 문화 정착을 위해 국민적 자각이 요구된다.

✅해설 제시된 내용은 교통사고가 교통 법규를 제대로 지키지 않은 데서 발생하며, 이를 근절하기 위해 엄격한 교통 법규가 필요함을 강조하고 있다.

Answer 4.③ 5.①

6 다음 글을 통해 알 수 있는 냉동보존술에 대한 내용으로 옳지 않은 것은?

> 수명 연장의 꿈을 갖고 제안된 것들 중 하나로 냉동보존이 있다. 이는 낮은 온도에서는 화학적 작용이 완전히 중지된다는 점에 착안해, 지금은 치료할 수 없는 환자를 그가 사망한 직후 액화질소 안에 냉동한 후, 냉동 및 해동에 따른 손상을 회복시키고 원래의 병을 치료할 수 있을 정도로 의학기술이 발전할 때까지 보관한다는 생각이다. 그러나 인체 냉동보존술은 제도권 내에 안착하지 못했으며, 현재는 소수의 열광자들에 의해 계승되어 이와 관련된 사업을 알코어 재단이 운영 중이다.
> 그런데 시신을 냉동하는 과정에서 시신의 세포 내부에 얼음이 형성되어 심각한 세포 손상이 일어난다는 것이 밝혀졌다. 이를 방지하기 위하여 저속 냉동보존술이 제시되었는데, 이는 주로 정자나 난자, 배아, 혈액 등의 온도를 1분에 1도 정도로 천천히 낮추는 방식이었다. 이 기술에서 느린 냉각은 삼투압을 이용해 세포 바깥의 물을 얼음 상태로 만들고 세포 내부의 물은 냉동되지 않도록 하는 방식이다. 그러나 이 또한 치명적이지는 않더라도 여전히 세포들을 손상시킨다. 최근에는 액체 상태의 체액을 유리질 상태로 변화시키는 방법을 이용해 세포들을 냉각시키는 방법이 개발되었다. 유리질 상태는 고체이지만 결정 구조가 아니다. 그것의 물 분자는 무질서한 상태로 남아있으며, 얼음 결정에서 보이는 것과 같은 규칙적인 격자 형태로 배열되어 있지 않다. 알코어 재단은 시신 조직의 미시적 구조가 손상되는 것을 줄이기 위해 최근에는 유리질화를 이용한 냉동방법을 활용하고 있다.
> 하지만 뇌과학자 A는 유리질화를 이용한 냉동보존에 대해서 회의적인 입장이다. 그에 따르면 우리의 기억이나 정체성을 이루고 있는 것은 신경계의 뉴런들이 상호 연결되어 있는 연결망의 총체로서의 커넥톰이다. 냉동보존된 인간을 다시 살려냈을 때, 그 사람이 냉동 이전의 사람과 동일한 사람이라고 할 수 있기 위해서는 뉴런들의 커넥톰이 그대로 보존되어 있어야 한다. 그러나 A는 이러한 가능성에 대해서 회의적이다. 인공호흡기로 연명하던 환자를 죽은 뒤에 부검해보면, 신체의 다른 장기들은 완전히 정상으로 보이지만 두뇌는 이미 변색이 일어나고 말랑하게 되거나 부분적으로 녹은 채로 발견되었다. 이로부터 병리학자들은 두뇌가 신체의 나머지 부분보다 훨씬 이전에 죽는다고 결론을 내렸다. 알코어 재단이 냉동보존할 시신을 수령할 무렵 시신의 두뇌는 최소한 몇 시간 동안 산소 결핍 상태에 있었으며, 살아있는 뇌세포는 하나도 남아있지 않았고 심하게 손상된 상태였다.

① 냉동보존술은 자본주의 사회에서 인간의 목숨을 물화하는 기술이다.
② 저속 냉동보존술을 통해 세포를 고체 상태이면서 결정 구조가 아닌 상태로 만든다.
③ 정자나 난자, 배아, 혈액을 냉각할 때는 세포 내부의 물을 냉각시켜 삼투압을 방지한다.
④ 유리질화 냉동보존에 회의적인 과학자는 알코어 재단이 시신을 보존하기 시작하는 시점에 뉴런들의 커넥톰은 이미 정상 상태에 있지 않다고 본다.

> ✔ **해설** ④ 뇌과학자 A는 유리질화 냉동보존된 인간을 다시 살려냈을 때 커넥톰이 보존되어있어야 냉동보존이 유의미하다고 주장하며 냉동보존을 위해 알코어 재단에서 시신을 수령할 무렵에는 이미 시신의 두뇌가 손상되어 있기 때문에 냉동보존에 대해 회의적이라고 주장한다.
> ① 주어진 글에 언급되지 않은 내용이다.
> ② 유리질화 냉동보존술에 대한 내용이다.

③ 정자나 난자, 배아, 혈액 등은 저속냉동술을 사용하여 온도를 1분에 1도 정도로 천천히 낮추는 방식으로 이 기술에서 느린 냉각은 삼투압을 이용해 세포 바깥의 물을 얼음 상태로 만들고 세포 내부의 물은 냉동되지 않도록 하는 방식이다.

7 다음의 사례를 가장 잘 표현한 것을 고르면?

> 처음 보는 사람을 평가할 때 몇 초 안에 첫인상이 모든 것을 좌우한다고 할 수 있다. 첫인상이 좋으면 이후에 발견되는 단점은 작게 느껴지지만 첫인상이 좋지 않으면 그의 어떠한 장점도 눈에 들어오지 않는 경우가 많다. 면접관들이 면접자들을 평가 할 때 그들의 부분적인 특성인 외모나 용모, 인상 등만을 보고 회사 업무에 잘 적응할 만한 사람이라고 판단하는 경우 이러한 효과가 작용했다고 할 수 있다. 미국 유명 기업 CEO들의 평균 신장이 180cm를 넘는다는 것 역시 큰 키에서 우러나오는 것들이 다른 특징들을 압도했다고 볼 수 있을 것이다.
>
> 소비자들이 가격이 비싼 명품 상품이나 인기 브랜드의 상품을 판단할 때 대상의 품질이나 디자인에 있어 다른 브랜드의 상품들에 비해 우수할 것이라고 생각하는 경우도 역시 이러한 내용이 작용한 결과라고 볼 수 있다. '브랜드의 명성'이라는 일부에 대한 특성이 품질, 디자인 등 대상의 전체적인 평가에까지 영향을 준 것이다.
>
> 축구선수 차두리는 아버지 차범근의 영향을 받아 국가대표 시절 큰 기대를 받았다. 차범근의 축구 실력을 아들도 이어받았을 것이라고 생각한 것이다. 배우 이완과 엄태웅 역시 각각 누나인 김태희와 엄정화의 효과를 받아 데뷔 시절부터 큰 주목을 받았다.

① 스스로가 지각할 수 있는 사실들을 집중적으로 조사해가면서, 알고 싶어하지 않는 것들을 무시해 버리는 경향이다.
② 고과자가 스스로가 가지고 있는 특성과 비교하여 피고과자를 고과하는 것이다.
③ 근무성적평정 등에 있어서 평정 결과의 분포가 우수한 쪽으로 집중되는 경향을 말하는 것이다.
④ 어떤 한 부분에 있어 어떠한 사람에 대해서 호의적인 태도 등이 다른 부분에 있어서도 그 사람에 대한 평가에 영향을 주는 것이다.

> **해설** 현혹효과(Halo Effect)는 어떤 한 부분에 있어 어떠한 사람에 대해서 호의적인 태도 등이 다른 부분에 있어서도 그 사람에 대한 평가에 영향을 주는 것을 의미하는데, 예를 들어 종업원 선발 시 면접관에게 면접에서 좋은 인상을 준 사람에 대해, 면접관들이 생각할 때 그 사람에게서 좋은 인상을 받은 만큼 업무에 대한 책임감이나 능력 등도 좋은 것이라고 판단하는 것을 의미한다. ①번은 지각적 방어, ②번은 대비오차, ③번은 관대화 경향을 각각 설명한 것이다.

Answer 6.④ 7.④

8 아래의 글을 읽고 컨스터블의 풍경화에 대한 내용으로 적절한 것을 고르면?

　수확을 앞둔 밀밭 사이로 양 떼를 몰고 가는 양치기 소년과 개, 이른 아침 농가의 이층 창밖으로 펼쳐진 청록의 들녘 등, 이런 평범한 시골 풍경을 그린 컨스터블(1776~1837)은 오늘날 영국인들에게 사랑을 받는 영국의 국민 화가이다. 현대인들은 그의 풍경화를 통해 영국의 전형적인 농촌 풍경을 떠올리지만, 사실 컨스터블이 활동하던 19세기 초반까지 이와 같은 소재는 풍경화의 묘사 대상이 아니었다. 그렇다면 평범한 농촌의 일상 정경을 그린 컨스터블은 왜 영국의 국민 화가가 되었을까?
　컨스터블의 그림은 당시 풍경화의 주요 구매자였던 영국 귀족의 취향에서 어긋나 그다지 인기를 끌지 못했다. 당시 유행하던 픽처레스크 풍경화는 도식적이고 이상화된 풍경 묘사에 치중했지만, 컨스터블의 그림은 평범한 시골의 전원 풍경을 사실적으로 묘사한 것처럼 보인다. 이 때문에 그의 풍경화는 자연에 대한 과학적이고 객관적인 관찰을 바탕으로, 아무도 눈여겨보지 않았던 평범한 농촌의 아름다운 풍경을 포착하여 표현해 낸 결과물로 여겨져 왔다. 객관적 관찰과 사실적 묘사를 중시하는 관점에서 보면 컨스터블은 당대 유행하던 화풍과 타협하지 않고 독창적인 화풍을 추구한 화가이다.
　그러나 1980년대에 들어서면서 이와 같은 관점에 대해 의문을 제기하는 비판적 해석이 등장한다. 새로운 해석은 작품이 제작 될 당시의 구체적인 사회적 상황을 중시하며 작품에서 지배 계급의 왜곡된 이데올로기를 읽어내는 데 중점을 둔다. 이 해석에 따르면 컨스터블의 풍경화는 당시 농촌의 모습을 있는 그대로 전달해 주지 않는다. 사실 컨스터블이 활동하던 19세기 전반 영국은 산업혁명과 더불어 도시화가 급속히 진행되어 전통적 농촌 사회가 와해되면서 농민 봉기가 급증하였다. 그런데 그의 풍경화에 등장하는 인물들은 거의 예외 없이 원경으로 포착되어 얼굴이나 표정을 알아보기 어렵다. 시골에서 나고 자라 복잡한 농기구까지 세밀하게 그릴 줄 알았던 컨스터블이 있는 그대로의 자연을 포착하려 했다면 왜 농민들의 모습은 구체적으로 표현하지 않았을까? 이는 풍경의 관찰자인 컨스터블과 풍경 속 인물들 간에는 항상 일정한 심리적 거리가 유지되고 있기 때문이다. 수정주의 미술 사학자들은 컨스터블의 풍경화에 나타나는 인물과 풍경의 불편한 동거는 바로 이러한 거리 두기에서 비롯된다고 주장하면서, 이 거리는 계급 간의 거리라고 해석한다. 지주의 아들이었던 그는 19세기 전반 영국 농촌 사회의 불안한 모습을 애써 외면했고, 그 결과 농민들은 적당히 화면에서 떨어져 있도록 배치하여 결코 그들의 일그러지고 힘든 얼굴을 볼 수 없게 하였다는 것이다.
　여기서 우리는 위의 두 견해가 암암리에 공유하는 기본 전제에 주목할 필요가 있다. 두 견해는 모두 작품이 가진 의미의 생산자를 작가로 보고 있다. 유행을 거부하고 남들이 보지 못한 평범한 농촌의 아름다움을 발견한 '천재' 컨스터블이나 지주 계급 출신으로 불안한 농촌 현실을 직시하지 않으려 한 '반동적' 컨스터블은 결국 동일한 인물로서 작품의 제작자이자 의미의 궁극적 생산자로 간주된다. 그러나 생산자가 있으면 소비자가 있게 마련이다. 기존의 견해는 소비자의 역할에 주목하지 않았다. 하지만 소비자는 생산자가 만들어낸 작품을 수동적으로 수용하는 존재가 아니다. 미술 작품을 포함한 문화적 텍스트의 의미는 그 텍스트를 만들어 낸 생산자나 텍스트 자체에 내재하는 것이 아니라 텍스트를 수용하는 소비자와의 상호 작용에 의해 결정된다. 다시 말해 수용자는 이해와 수용의 과정을 통해 특정 작품의 의미를 끊임없이 재생산하는 능동적 존재인 것이다. 따라서 앞에서 언급한 해석들은 컨스터블 풍경화가 함축한 의미의 일부만 드러낸 것이고 나머지 의미는 그것을 바라보는 감상자의 경험과 기대가 투사되어 채워지는 것이라고 할 수 있다.

> 즉 컨스터블의 풍경화가 지니는 가치는 풍경화 그 자체가 아니라 감상자의 의미 부여에 의해 완성되는 것이다. 이런 관점에서 보면 컨스터블의 풍경화에 담긴 풍경이 실재와 얼마나 일치하는가는 크게 문제가 되지 않는다.

① 목가적인 전원을 그려 당대에 그에게 큰 명성을 안겨 주었다.
② 사실적 화풍으로 제작되어 당시 영국 귀족들에게 선호되지 못했다.
③ 서정적인 농촌 정경을 담고 있는 전형적인 픽처레스크 풍경화이다.
④ 세부 묘사가 결여되어 있어 그가 인물 표현에는 재능이 없었음을 보여준다.

> **해설** '컨스터블의 그림은 당시 풍경화의 주요 구매자였던 영국 귀향의 취향에서 어긋나 그다지 인기를 끌지 못했다. 당시 유행하던 픽처레스크 풍경화는 도식적이고 이상화된, 풍경 묘사에 치중했지만, 컨스터블의 그림은 평범한 시골의 전원 풍경을 사실적으로 묘사한 것처럼 보인다'에서 알 수 있듯이 사실적 화풍으로 제작되어 당시 영국 귀족들에게 선호되지 못했다는 것을 유추할 수 있다.

9 다음의 자료를 활용하여 글을 쓰기 위해 구상한 내용으로 적절하지 않은 것은?

> 우리나라 중학교 여학생의 0.9%, 고등학교 여학생의 7.3%, 남학생의 경우는 중학생의 3.5%, 고등학생의 23.6%가 흡연을 하고 있다. 그리고 매년 청소년 흡연율은 증가하는 추세이다. 청소년보호법에 따르면 미성년자에게 담배를 팔 경우 2년 이하의 징역이나 1천만 원 이하의 벌금, 100만 원 이하의 과징금을 내도록 되어 있다. 그러나 담배 판매상의 잘못된 의식, 시민들의 고발정신 부족 등으로 인해 청소년에게 담배를 판매하는 행위가 제대로 시정되지 않고 있다. 또한 현재 담배 자동판매기의 대부분(96%)이 국민건강증진법에 허용된 장소에 설치되어 있다고는 하나, 그 장소가 주로 공공건물 내의 식당이나 상가 내 매점 등에 몰려 있다. 이런 장소들은 청소년들의 출입이 용이하기 때문에 그들이 성인의 주민등록증을 도용하여 담배를 사더라도 이를 단속하기가 어려운 실정이다.

① 시사점 : 시민의 관심이 소홀하며 시설 관리 체계가 허술하다.
② 원인 분석 : 법규의 실효성이 미흡하고 상업주의가 만연하고 있다.
③ 대책 : 국민건강증진법에 맞는 담배 자동판매기를 설치한다.
④ 결론 : 현실적으로 실효성이 있는 금연 관련법으로 개정한다.

> **해설** 담배 자동판매기가 국민건강증진법에 허용된 장소에 설치되어 있다고 자료에서 이미 밝히고 있으므로 대책에 대한 구상으로 적절하지 않다.

10 다음 글에서 언급된 '합리적 기대이론'에 대한 설명으로 적절하지 않은 것은?

> 과거에 중앙은행들은 자신이 가진 정보와 향후의 정책방향을 외부에 알리지 않는 이른바 비밀주의를 오랜 기간 지켜왔다. 통화정책 커뮤니케이션이 활발하지 않았던 이유는 여러 가지가 있었지만 무엇보다도 통화정책 결정의 영향이 파급되는 경로가 비교적 단순하고 분명하여 커뮤니케이션의 필요성이 크지 않았기 때문이었다. 게다가 중앙은행에게는 권한의 행사와 그로 인해 나타난 결과에 대해 국민에게 설명할 어떠한 의무도 부과되지 않았다.
>
> 중앙은행의 소극적인 의사소통을 옹호하는 주장 가운데는 비밀주의가 오히려 금융시장의 발전을 가져올 수 있다는 견해가 있었다. 중앙은행이 모호한 표현을 이용하여 자신의 정책의도를 이해하기 어렵게 설명하면 금리의 변화 방향에 대한 불확실성이 커지고 그 결과 미래 금리에 대한 시장의 기대가 다양하게 형성된다. 이처럼 미래의 적정금리에 대한 기대의 폭이 넓어지면 금융거래가 더욱 역동적으로 이루어짐으로써 시장의 규모가 커지는 등 금융시장이 발전하게 된다는 것이다. 또한 통화정책의 효과를 극대화하기 위해 커뮤니케이션을 자제해야 한다는 생각이 통화정책 비밀주의를 오래도록 유지하게 한 요인이었다. 합리적 기대이론에 따르면 사전에 예견된 통화정책은 경제주체의 기대 변화를 통해 가격조정이 정책의 변화 이전에 이루어지기 때문에 실질생산량, 고용 등의 변수에 변화를 가져올 수 없다. 따라서 단기간 동안이라도 실질변수에 변화를 가져오기 위해서는 통화정책이 예상치 못한 상황에서 수행되어야 한다는 것이다.
>
> 이 외에 통화정책결정에 있어 중앙은행의 독립성이 확립되지 않은 경우 비밀주의를 유지하는 것이 외부의 압력으로부터 중앙은행을 지키는 데 유리하다는 견해가 있다. 중앙은행의 통화정책이 공개되면 이해관계가 서로 다른 집단이나 정부 등이 정책결정에 간섭할 가능성이 커지고 이들의 간섭이 중앙은행의 독립적인 정책수행을 어렵게 할 수 있다는 것이다.

① 사람들은 현상을 충분히 합리적으로 판단할 수 있으므로 어떠한 정책 변화도 미리 합리적으로 예상하여 행동한다.
② 경제주체들이 자신의 기대형성 방식이 잘못되었다는 것을 알면서도 그런 방식으로 계속 기대를 형성한다고 가정하는 것이다.
③ 예상하지 못한 정책 충격만이 단기적으로 실질변수에 영향을 미친다.
④ 1년 후의 물가가 10% 오를 것으로 예상될 때 10% 이하의 금리로 돈을 빌려 주면 손실을 보게 되기 때문에, 대출 금리를 10% 이상으로 인상시켜 놓게 된다.

> ✔**해설** 제시글을 통해 알 수 있는 합리적 기대이론의 의미는 가계나 기업 등 경제주체들은 활용가능한 모든 정보를 활용해 경제상황의 변화를 합리적으로 예측한다는 것으로, 이에 따르면 공개된 금융, 재정 정책은 합리적 기대이론에 의한 경제주체들의 선제적 반응으로 무력화되고 만다. ②에서 언급된 내용은 이와 정반대로 움직이는 경제주체의 모습을 설명한 것으로, 경제주체들이 드러난 정보를 무시하고 과거의 실적치만으로 기대를 형성하는 기대오류를 범한다고 보는 견해이다.

11 다음은 농어촌 주민의 보건복지 증진을 위해 추진하고 있는 방안을 설명하는 글이다. 주어진 단락 ㈎~㈑ 중 농어촌의 사회 복지 서비스를 소개하고 있는 단락은 어느 것인가?

> ㈎ 「쌀 소득 등의 보전에 관한 법률」에 따른 쌀 소득 등 보전직접 지불금 등은 전액 소득인정액에 반영하지 않으며, 농어민 가구가 자부담한 보육비용의 일부, 농어업 직접 사용 대출금의 상환이자 일부 등을 소득 산정에서 제외하고 있다. 또한 경작농지 등 농어업과 직접 관련되는 재산의 일부에 대해서도 소득환산에서 제외하고 있다.
> ㈏ 농어민에 대한 국민연금보험료 지원을 실시하고 있다. 기준소득 금액은 910천 원으로 본인이 부담할 연금 보험료의 1/2를 초과하지 않는 범위 내에서 2015년 최고 40,950원/월을 지원하였다.
> ㈐ 급격한 농어촌 고령화에 따라 농어촌 지역에 거주하는 보호가 필요한 거동불편노인, 독거노인 등에게 맞춤형 대책을 제공하기 위한 노인돌보기, 농어촌 지역 노인의 장기 요양 욕구 충족 및 부양가족의 부담 경감을 위한 노인요양시설 확충 등을 추진하고 있다.
> ㈑ 농어촌 지역 주민의 암 조기발견 및 조기치료를 유도하기 위한 국가 암 검진 사업을 지속적으로 추진하고, 농어촌 재가암환자서비스 강화를 통하여 농어촌 암환자의 삶의 질 향상, 가족의 환자 보호·간호 등에 따른 부담 경감을 도모하고 있다.

① ㈎
② ㈏
③ ㈐
④ ㈑

✔해설 ㈐의 내용은 농어촌 특성에 적합한 고령자에 대한 복지서비스를 제공하는 모습을 설명하고 있다.

❚12-13❚ 아래의 글을 읽고 물음에 답하시오.

　사진이 등장하면서 회화는 대상을 사실적으로 재현(再現)하는 역할을 사진에 넘겨주게 되었고, 그에 따라 화가들은 회화의 의미에 대해 고민하게 되었다. 19세기 말 등장한 인상주의와 후기 인상주의는 전통적인 회화에서 중시되었던 사실주의적 회화 기법을 거부하고 회화의 새로운 경향을 추구하였다.
　인상주의 화가들은 색이 빛에 의해 시시각각 변화하기 때문에 대상의 고유한 색은 존재하지 않는다고 생각하였다. 인상주의 화가 모네는 대상을 사실적으로 재현하는 회화적 전통에서 벗어나기 위해 빛에 따라 달라지는 사물의 색채와 그에 따른 순간적 인상을 표현하고자 하였다.
　모네는 대상의 세부적인 모습보다는 전체적인 느낌과 분위기, 빛의 효과에 주목했다. 그 결과 빛에 의한 대상의 순간적 인상을 포착하여 대상을 빠른 속도로 그려 내었다. 그에 따라 그림에 거친 붓 자국과 물감을 덩어리로 찍어 바른 듯한 흔적이 남아 있는 경우가 많았다. 이로 인해 대상의 윤곽이 뚜렷하지 않아 색채 효과가 형태 묘사를 압도하는 듯한 느낌을 준다.
　이와 같은 기법은 그가 사실적 묘사에 더 이상 치중하지 않았음을 보여 주는 것이었다. 그러나 모네 역시 대상을 '눈에 보이는 대로' 표현하려 했다는 점에서 이전 회화에서 추구했던 사실적 표현에서 완전히 벗어나지는 못했다는 평가를 받았다.
　후기 인상주의 화가들은 재현 위주의 사실적 회화에서 근본적으로 벗어나는 새로운 방식을 추구하였다. 후기 인상주의 화가 세잔은 "회화에는 눈과 두뇌가 필요하다. 이 둘은 서로 도와야 하는데, 모네가 가진 것은 눈뿐이다."라고 말하면서 사물의 눈에 보이지 않는 형태까지 찾아 표현하고자 하였다. 이러한 시도는 회화란 지각되는 세계를 재현하는 것이 아니라 대상의 본질을 구현해야 한다는 생각에서 비롯되었다.
　세잔은 하나의 눈이 아니라 두 개의 눈으로 보는 세계가 진실이라고 믿었고, 두 눈으로 보는 세계를 평면에 그리려고 했다. 그는 대상을 전통적 원근법에 억지로 맞추지 않고 이중 시점을 적용하여 대상을 다른 각도에서 바라보려 하였고, 이를 한 폭의 그림 안에 표현하였다. 또한 질서 있는 화면 구성을 위해 대상의 선택과 배치가 자유로운 정물화를 선호하였다.
　세잔은 사물의 본질을 표현하기 위해서는 '보이는 것'을 그리는 것이 아니라 '아는 것'을 그려야 한다고 주장하였다. 그 결과 자연을 관찰하고 분석하여 사물은 본질적으로 구, 원통, 원뿔의 단순한 형태로 이루어졌다는 결론에 도달하였다. 이를 회화에서 구현하기 위해 그는 이중 시점에서 더 나아가 형태를 단순화하여 대상의 본질을 표현하려 하였고, 윤곽선을 강조하여 대상의 존재감을 부각하려 하였다. 회화의 정체성에 대한 고민에서 비롯된 ㉠ 그의 이러한 화풍은 입체파 화가들에게 직접적인 영향을 미치게 되었다.

12 윗글의 내용과 일치하지 않는 것은?

① 사진은 화가들이 회화의 의미를 고민하는 계기가 되었다.
② 전통 회화는 대상을 사실적으로 묘사하는 것을 중시했다.
③ 모네의 작품은 색채 효과가 형태 묘사를 압도하는 듯한 느낌을 주었다.
④ 모네는 대상의 고유한 색 표현을 위해서 전통적인 원근법을 거부하였다.

> ✔해설 모네는 인상주의 화가로서 대상의 고유한 색은 존재하지 않는다고 생각했다. 그러므로 모네가 고유한 색을 표현하려 했다는 진술은 적절하지 않다.

13 〈보기〉를 바탕으로 할 때, 세잔의 화풍을 ㉠과 같이 평가한 이유로 가장 적절한 것은?

〈보기〉
입체파 화가들은 사물의 본질을 표현하고자 대상을 입체적 공간으로 나누어 단순화한 후, 여러 각도에서 바라보는 관점으로 사물을 해체하였다가 화폭 위에 재구성하는 방식을 취하였다. 이러한 기법을 통해 관찰자의 위치와 각도에 따라 각기 다르게 보이는 대상의 다양한 모습을 한 화폭에 담아내려 하였다.

① 대상의 본질을 드러내기 위해 다양한 각도에서 바라보아야 한다는 관점을 제공하였기 때문에
② 대상을 복잡한 형태로 추상화하여 대상의 전체적인 느낌을 부각하는 방법을 시도하였기 때문에
③ 사물을 최대한 정확하게 묘사하기 위해 전통적 원근법을 독창적인 방법으로 변용시켰기 때문에
④ 시시각각 달라지는 자연을 관찰하고 분석하여 대상의 인상을 그려 내는 화풍을 정립하였기 때문에

> ✔해설 ② 대상에 대해 복잡한 형태로 추상화하여 대상에 대한 전체적인 느낌을 부각하는 방법을 시도한 것은 세잔의 화풍이 아니므로 적절하지 않다.
> ③ 사물에 대해 최대한 정확히 묘사하기 위해 전통적 원근법을 독창적 방식으로 변용한 것은 세잔의 화풍이 아니므로 이 역시 적절하지 않다.
> ④ 시시각각 달라지는 자연을 관찰 및 분석해 대상에 대한 인상을 그려 내는 화풍을 정립한 것은 세잔이 아니므로 적절하지 않다.

Answer 12.④ 13.①

14 다음 글의 문맥상 빈칸 (가)에 들어갈 가장 적절한 말은 무엇인가?

여름이 빨리 오고 오래 가다보니 의류업계에서 '쿨링'을 컨셉으로 하는 옷들을 앞다퉈 내놓고 있다. 그물망 형태의 옷감에서 냉감(冷感)을 주는 멘톨(박하의 주성분)을 포함한 섬유까지 접근 방식도 제각각이다. 그런데 가까운 미래에는 미생물을 포함한 옷이 이 대열에 합류할지도 모르겠다. 박테리아 같은 미생물은 여름철 땀냄새의 원인이라는데 어떻게 옷에 쓰일 수 있을까.

생물계에서 흡습형태변형은 널리 관찰되는 현상이다. 솔방울이 대표적인 예로 습도가 높을 때는 비늘이 닫혀있어 표면이 매끈한 덩어리로 보이지만 습도가 떨어지면 비늘이 삐죽삐죽 튀어나온 형태로 바뀐다. 밀이나 보리의 열매(낟알) 끝에 달려 있는 까끄라기도 습도가 높을 때는 한 쌍이 거의 나란히 있지만 습도가 낮아지면 서로 벌어진다. 이런 현상은 한쪽 면에 있는 세포의 길이(크기)가 반대 쪽 면에 있는 세포에 비해 습도에 더 민감하게 변하기 때문이다. 즉 습도가 낮아져 세포 길이가 짧아지면 그쪽 면을 향해 휘어지는 것이다.

MIT의 연구자들은 미생물을 이용해서도 이런 흡습형태변형을 구현할 수 있는지 알아보기로 했다. 즉 습도에 영향을 받지 않는 재질인 천연라텍스 천에 농축된 대장균 배양액을 도포해 막을 형성했다. 대장균은 별도의 접착제 없이도 소수성 상호작용으로 라텍스에 잘 달라붙는다. 라텍스 천의 두께는 150~500㎛(마이크로미터. 1㎛는 100만분의 1m)이고 대장균 막의 두께는 1~5㎛다. 이 천을 상대습도 15%인 건조한 곳에 두자 대장균 세포에서 수분이 빠져나가며 대장균 막이 도포된 쪽으로 휘어졌다. 이 상태에서 상대습도 95%인 곳으로 옮기자 천이 서서히 펴지며 다시 평평해졌다. 이 과정을 여러 차례 반복해도 같은 현상이 재현됐다.

연구자들은 원자힘현미경(AFM)으로 대장균 막을 들여다봤고 상대습도에 따라 크기(부피)가 변한다는 사실을 확인했다. 즉 건조한 곳에서는 대장균 세포부피가 30% 정도 줄어드는데 이 효과가 천에서 세포들이 나란히 배열된 쪽을 수축시키는 현상으로 나타나 그 방향으로 휘어지는 것이다. 연구자들은 이런 흡습형태변형이 대장균만의 특성인지 미생물의 일반 특성인지 알아보기 위해 몇 가지 박테리아와 단세포 진핵생물인 효모에 대해서도 같은 실험을 해봤다. 그 결과 정도의 차이는 있었지만 패턴은 동일했다.

다음으로 연구자들은 양쪽 면에 미생물이 코팅된 천이 쿨링 소재로 얼마나 효과적인지 알아보기로 했다. 연구팀은 흡습형태변형이 효과를 낼 수 있도록 독특한 형태로 옷을 디자인했다. 즉,
((가)   )
그 결과 공간이 생기면서 땀의 배출을 돕는다. 측정 결과 미생물이 코팅된 천으로 만든 옷을 입을 경우 같은 형태의 일반 천으로 만든 옷에 비해 피부 표면 공기의 온도가 2도 정도 낮아 쿨링 효과가 있는 것으로 나타났다.

① 체온이 높은 등 쪽으로 천이 휘어지게 되는 성질을 이용해 평상시에는 옷이 바깥쪽으로 더 튀어나오도록 디자인했다.
② 미생물이 코팅된 천이 땀으로 인한 습도의 영향을 잘 받을 수 있도록 옷의 안쪽 면에 부착하여 옷의 바깥쪽과는 완전히 다른 환경을 유지할 수 있도록 디자인했다.
③ 땀이 많이 나는 등 쪽에 칼집을 낸 형태로 만들어 땀이 안 날 때는 평평하다가 땀이 나면 피부 쪽 면의 습도가 높아져 미생물이 팽창해 천이 바깥쪽으로 휘어지도록 디자인했다.

④ 땀이 나서 습도가 올라가면 등 쪽의 세포 길이가 짧아질 것을 고려해 천이 안쪽으로 휘어져 공간이 생길 수 있도록 디자인했다.

> **해설** 흡습형태변형은 한쪽 면에 있는 세포의 길이(크기)가 반대 쪽 면에 있는 세포에 비해 습도에 더 민감하게 변하여, 습도가 낮아져 세포 길이가 짧아지면 그쪽 면을 향해 휘어지는 것을 의미한다고 언급되어 있다. 따라서 등에 땀이 나면 세포 길이가 더 짧은 바깥쪽으로 옷이 휘어지게 되므로 등 쪽 면에 공간이 생기게 되는 원리를 이용한 것임을 알 수 있다.

15 다음 글을 참고할 때, '깨진 유리창의 법칙'이 시사하는 바로 가장 적절한 설명은 무엇인가?

> 1969년 미국 스탠포드 대학의 심리학자인 필립 짐바르도 교수는 아주 흥미로운 심리실험을 진행했다. 범죄가 자주 발생하는 골목을 골라 새 승용차 한 대를 보닛을 열어놓은 상태로 방치시켰다. 일주일이 지난 뒤 확인해보니 그 차는 아무런 이상이 없었다. 원상태대로 보존된 것이다. 이번에는 똑같은 새 승용차를 보닛을 열어놓고, 한쪽 유리창을 깬 상태로 방치시켜 두었다. 놀라운 일이 벌어졌다. 불과 10분이 지나자 배터리가 없어지고 차 안에 쓰레기가 버려져 있었다. 시간이 지나면서 낙서, 도난, 파괴가 연이어 일어났다. 1주일이 지나자 그 차는 거의 고철 상태가 되어 폐차장으로 실려 갈 정도가 되었다. 훗날 이 실험 결과는 '깨진 유리창의 법칙'이라는 이름으로 불리게 된다.
>
> 1980년대의 뉴욕 시는 연간 60만 건 이상의 중범죄가 발생하는 범죄도시로 악명이 높았다. 당시 여행객들 사이에서 '뉴욕의 지하철은 절대 타지 마라'는 소문이 돌 정도였다. 미국 라토가스 대학의 젤링 교수는 '깨진 유리창의 법칙'에 근거하여, 뉴욕 시의 지하철 흉악 범죄를 줄이기 위한 대책으로 낙서를 철저하게 지울 것을 제안했다. 낙서가 방치되어 있는 상태는 창문이 깨져있는 자동차와 같은 상태라고 생각했기 때문이다.

① 범죄는 대중교통 이용 공간에서 발생 확률이 가장 높다.
② 문제는 확인되기 전에 사전 단속이 중요하다.
③ 작은 일을 철저히 관리하면 큰 사고를 막을 수 있다.
④ 낙서는 가장 핵심적인 범죄의 원인이 된다.

> **해설** '깨진 유리창의 법칙'은 깨진 유리창처럼 사소한 것들을 수리하지 않고 방치해두면, 나중에는 큰 범죄로 이어진다는 범죄 심리학 이론으로, 작은 일을 소홀히 관리하면 나중에는 큰일로 이어질 수 있음을 의미한다.

16 다음 글에서 A의 추리가 전제하고 있는 것을 〈보기〉에서 모두 고른 것은?

낭포성 섬유증은 치명적 유전 질병으로 현대 의학이 발달하기 전에는 이 질병을 가진 사람은 어린 나이에 죽었다. 지금도 낭포성 섬유증을 가진 사람은 대개 청년기에 이르기 전에 사망한다. 낭포성 섬유증은 백인에게서 3,000명에 1명 정도의 비율로 나타나며 인구의 약 5% 정도가 이 유전자를 가지고 있다. 진화생물학 이론에 의하면 유전자는 자신이 속하는 종에 어떤 이점을 줄 때에만 남아 있다. 만일 어떤 유전자가 치명적 질병과 같이 생물에 약점으로 작용한다면 이 유전자를 가지고 있는 생물은 그렇지 않은 생물보다 생식할 수 있는 기회가 줄어들기 때문에, 이 유전자는 궁극적으로 유전자 풀(pool)에서 사라질 것이다. 낭포성 섬유증 유전자는 이 이론으로 설명할 수 없는 것으로 보인다.

1994년 미국의 과학자 A는 흥미로운 실험 결과를 발표하였다. 정상 유전자를 가진 쥐에게 콜레라 독소를 주입하자 쥐는 심한 설사로 죽었다. 그러나 낭포성 섬유증 유전자를 1개 가지고 있는 쥐는 독소를 주입한 다음 설사 증상을 보였지만 그 정도는 낭포성 섬유증 유전자가 없는 쥐에 비해 절반 정도였다. 낭포성 섬유증 유전자를 2개 가진 쥐는 독소를 주입한 후에도 전혀 증상을 보이지 않았다. 낭포성 섬유증 증세를 보이는 사람은 장과 폐로부터 염소이온을 밖으로 퍼내는 작용을 정상적으로 하지 못한다. 반면 콜레라 독소는 장으로부터 염소이온을 비롯한 염분을 과다하게 분비하게 하고 이로 인해 물을 과다하게 배출시켜 설사를 일으킨다. 이 결과로부터 A는 낭포성 섬유증 유전자의 작용이 콜레라 독소가 과도한 설사를 일으키는 메커니즘을 막기 때문에, 낭포성 섬유증 유전자를 가진 사람이 콜레라로부터 보호될 수 있을 것이라고 추측하였다. 그러므로 1800년대에 유럽을 강타했던 콜레라 대유행에서 낭포성 섬유증 유전자를 가진 사람이 살아남기에 유리했다고 주장하였다.

〈보기〉
㉠ 쥐에서 나타나는 질병 양상은 사람에게도 유사하게 적용된다.
㉡ 낭포성 섬유증은 백인 외의 인종에서는 드문 유전 질병이다.
㉢ 콜레라 독소는 콜레라균에 감염되었을 때와 같은 증상을 유발한다.
㉣ 낭포성 섬유증 유전자를 가진 모든 사람이 낭포성 섬유증으로 인하여 청년기 전에 사망하는 것은 아니다.

① ㉠, ㉡
② ㉠, ㉢
③ ㉡, ㉣
④ ㉠, ㉢, ㉣

해설 ㉠ A는 낭포성 유전자를 지니고 있는 '쥐'를 이용한 실험을 통해 낭포성 유전자를 가진 '사람' 역시 콜레라로부터 보호받을 것이라는 결론을 내렸다. 이는 쥐에서 나타나는 질병 양상은 사람에게도 유사하게 적용된다는 것을 전제로 한다.
㉢ A는 실험에서 '콜레라 균'에 감염을 시키는 대신에 '콜레라 독소'를 주입하였다. 이는 콜레라 독소의 주입이 콜레라균에 의한 감염과 같은 증상을 유발함을 전제로 한다.
㉣ 만약 낭포성 섬유증 유전자를 가진 모든 사람이 낭포섬 섬유증으로 인하여 청년기 전에 사망한다면 '살아남았다'고 할 수 없을 것이다. 따라서 '낭포성 섬유증 유전자를 가진 모든 사람이 이로 인하여 청년기 전에 사망하는 것은 아니다'라는 전제가 필요하다.

17 두 과학자 진영 A와 B의 진술 내용과 부합하지 않는 것은?

> 우리 은하와 비교적 멀리 떨어져 있는 은하들이 모두 우리 은하로부터 점점 더 멀어지고 있다는 사실이 확인되었다. 이 사실을 두고 우주의 기원과 구조에 대해 서로 다른 견해를 가진 두 진영이 다음과 같이 논쟁하였다.
>
> A진영: 우주는 시간적으로 무한히 오래되었다. 우주가 팽창하는 것은 사실이다. 그렇다고 우리 견해가 틀렸다고 볼 필요는 없다. 우주는 팽창하지만 전체적으로 항상성을 유지한다. 은하와 은하가 멀어질 때 그 사이에서 물질이 연속적으로 생성되어 새로운 은하들이 계속 형성되기 때문이다. 비록 우주는 약간씩 변화가 있겠지만, 우주 전체의 평균 밀도는 일정하게 유지된다. 만일 은하 사이에서 새로 생성되는 은하를 관측한다면, 우리의 가설을 입증할 수 있다. 반면 우주가 자그마한 씨앗으로부터 대폭발에 의해 생겨났다는 주장은 터무니없다. 이처럼 방대한 우주의 물질과 구조가 어떻게 그토록 작은 점에 모여 있을 수 있겠는가?
>
> B진영: A의 주장은 터무니없다. 은하 사이에서 새로운 은하가 생겨난다면 도대체 그 물질은 어디서 온 것이라는 말인가? 은하들이 우리 은하로부터 점점 더 멀어지고 있다는 사실은 오히려 우리 견해가 옳다는 것을 입증할 뿐이다. 팽창하는 우주를 거꾸로 돌린다면 우주가 시공간적으로 한 점에서 시작되었다는 결론을 얻을 수 있다. 만일 우주 안의 모든 물질과 구조가 한 점에 있었다면 초기 우주는 현재와 크게 달랐을 것이다. 대폭발 이후 우주의 물질들은 계속 멀어지고 있으며 우주의 밀도는 계속 낮아지고 있다. 대폭발 이후 방대한 전자기파가 방출되었는데, 만일 우리가 이를 관측한다면, 우리의 견해가 입증될 것이다.

① A에 따르면 물질의 총 질량이 보존되지 않는다.
② A에 따르면 우주는 시작이 없고, B에 따르면 우주는 시작이 있다.
③ A에 따르면 우주는 국소적인 변화는 있으나 전체적으로는 변화가 없다.
④ A와 B는 인접한 은하들 사이의 평균 거리가 커진다는 것을 받아들인다.

> **해설** A는 은하와 은하가 멀어질 때 그 사이에서 물질이 연속적으로 생성되어 새로운 은하들이 계속 형성되기 때문에, 우주가 팽창하지만 전체적으로 항상성을 유지하며 평균 밀도가 일정하게 유지된다고 보고 있다.

Answer 16.④ 17.④

18 다음 글은 사회보장제도와 국민연금에 관한 내용이다. 다음 글을 읽고 정리한 〈보기〉의 내용 중 빈 칸 ㈎, ㈏에 들어갈 적절한 말이 순서대로 나열된 것은 어느 것인가?

> 산업화 이전의 사회에서도 인간은 질병·노령·장애·빈곤 등과 같은 문제를 겪어 왔습니다. 그러나 이 시기의 위험은 사회구조적인 차원의 문제라기보다는 개인적인 문제로 여겨졌습니다. 이에 따라 문제의 해결 역시 사회구조적인 대안보다는 개인이나 가족의 책임 아래에서 이루어졌습니다.
> 그러나 산업사회로 넘어오면서 환경오염, 산업재해, 실직 등과 같이 개인의 힘만으로는 해결하기 어려운 각종 사회적 위험이 부각되었고, 부양 공동체 역할을 수행해오던 대가족 제도가 해체됨에 따라, 개인 차원에서 다루어지던 다양한 문제들이 국가개입 필요성이 요구되는 사회적 문제로 대두되기 시작했습니다.
> 이러한 다양한 사회적 위험으로부터 모든 국민을 보호하여 빈곤을 해소하고 국민생활의 질을 향상시키기 위해 국가는 제도적 장치를 마련하였는데, 이것이 바로 사회보장제도입니다. 우리나라에서 시행되고 있는 대표적인 사회보장제도는 국민연금, 건강보험, 산재보험, 고용보험, 노인장기요양보험 등과 같은 사회보험제도, 기초생활보장과 의료보장을 주목적으로 하는 공공부조제도인 국민기초생활보장제도, 그리고 노인·부녀자·아동·장애인 등을 대상으로 제공되는 다양한 사회복지서비스 등이 있습니다. 우리나라의 사회보장제도는 1970년대까지만 해도 구호 사업과 구빈정책 위주였으나, 1970년대 후반에 도입된 의료보험과 1988년 실시된 국민연금제도를 통해 그 외연을 확장할 수 있었습니다.
> 이처럼 다양한 사회보장제도 중에서 국민연금은 보험원리에 따라 운영되는 대표적인 사회보험제도라고 할 수 있습니다. 즉, 가입자, 사용자로부터 일정액의 보험료를 받고, 이를 재원으로 사회적 위험에 노출되어 소득이 중단되거나 상실될 가능성이 있는 사람들에게 다양한 급여를 제공하는 제도입니다. 국민연금제도를 통해 제공되는 급여에는 노령으로 인한 근로소득 상실을 보전하기 위한 노령연금, 주소득자의 사망에 따른 소득상실을 보전하기 위한 유족연금, 질병 또는 사고로 인한 장기근로능력 상실에 따른 소득상실을 보전하기 위한 장애연금 등이 있으며, 이러한 급여를 지급함으로써 국민의 생활안정과 복지증진을 도모하고자 합니다.

〈보기〉

사회보장 (광의)	사회보장 (협의)	사회보험	건강보험, (가), 고용보험, 노인장기요양보험
			공적연금 - 노령연금, 유족연금, (나)
		공공부조: 생활보장, 의료보장, 재해보장	
		사회복지서비스 (노인·부녀자·아동·장애인복지 등)	
	관련제도	주택 및 생활환경, 지역사회개발, 공중보건 및 의료	
		영양, 교육, 인구 및 고용대책	

① 연금급여, 사회보험
② 산재보험, 장애연금
③ 사회보험, 연금급여
④ 사회보험, 장애연금

> **해설** 사회보험의 종류에는 공적연금, 건강보험, 산재보험, 고용(실업)보험, 노인장기요양보험 등이 있으며 공적연금은 다시 노령연금, 유족연금, 장애연금으로 구분되어 있다.

19 다음은 에너지 신산업에 대한 글이다. 다음 글의 밑줄 친 부분이 의미하는 변화를 이루기 위해 가장 핵심적으로 요구되는 두 가지 기술 요소를 적절하게 연결한 것은 어느 것인가?

> 우리나라는 에너지 신산업의 일환으로 에너지 프로슈머 사업을 적극적으로 추진한다는 계획 하에 소규모 시범사업부터 대규모 프로슈머의 시범사업을 추진하고 있다. 기본적으로 에너지 프로슈머 사업이 활성화되기 위해서는 소비자 스스로 태양광 발전설비를 설치하고, 이웃과 거래할 수 있는 유인이 있어야 한다. 이러한 유인이 존재하려면 전력회사가 제공하는 전기의 요금보다 신재생에너지 발전단가가 낮아야 할 것이다. 앞으로도 소비자들의 프로슈머화는 가속화될 것이고 궁극적으로는 <u>자급자족 에너지 시스템으로의 변화</u>로 이어질 것으로 예상되고 있다.
>
> 에너지 프로슈머는 전력회사로부터 전력을 공급받아 단순히 소비만 하던 에너지 사용방식에서 탈피하여 신재생에너지원을 활용하여 직접 생산하여 소비한 후 남는 전력을 판매하기도 하는 소비자를 일컫는다. 소비자는 주로 태양광 발전설비를 이용하여 낮에 전력을 생산하여 자가 소비 후 잉여전력을 전력회사나 이웃에게 판매하는 방식으로 처리할 수 있다. 이 과정에서 소비자는 생산된 전력량으로부터 자가 소비량과 잉여전력량을 조절하는 한편, 전력회사로부터의 전력구입량도 관리하는 등 에너지 관리에 대한 선택이 확대된다. 더구나 전력저장장치가 결합된다면 저녁시간대의 전력 활용에 대한 선택이 커지므로 더욱 전략적으로 에너지 관리를 할 수 있을 것이다.
>
> 소비자의 에너지 사용에 대한 행동변화는 소비자의 에너지 프로슈머화를 촉진시킬 뿐만 아니라 현재 대규모 설비위주의 중앙집중적 에너지 공급시스템을 분산형 전원을 활용하여 자급자족이 가능한 에너지 시스템으로 변화되도록 유도하고 있다. 그리고 소비자의 에너지 활용과 관련한 선택의 범위가 확대됨에 따라 다양한 에너지 서비스의 활성화에도 기여하고 있다. 소비자의 행동변화에 따라 에너지 사용 데이터를 기반으로 공급자들도 에너지 수요관리와 관련된 다양한 서비스를 제공하는 한편, 에너지 프로슈머와의 경쟁적 환경에 놓이게 될 것이다.

① 전력저장장치, 전력구입량 관리 설비
② 전력저장장치, 분산형 전원
③ 중앙집중적 에너지 공급시스템, 전력구입량 관리 설비
④ 에너지 사용데이터 관리 시스템, 전력저장장치

> ✔해설 신재생에너지를 활용한 에너지 신산업의 핵심은 전력저장장치(Energy Storage System)와 분산형 전원(Distributed Resources)의 구축에 있다. 태양광 설비 등을 이용하여 에너지를 생산할 뿐만 아니라 이를 저장하여 사용 및 판매에 이르는 활동에까지 소비자들이 직접 참여할 수 있는, 이른바 에너지 자립을 단위 지역별로 가능하도록 하는 것이 핵심 내용이다. 이것은 기존의 중앙집중적인 에너지 공급 방식에서 탈피하여 에너지 자급자족이 가능한 분산형 전원 설비를 갖추어야만 가능한 일이다. 따라서 전력저장장치와 분산형 전원의 기술 개발과 보급은 에너지 신산업의 필수적이고 기본적인 조건이라고 할 수 있다.

20 다음 글을 올바르게 이해하지 못한 설명은 어느 것인가?

□ 육아휴직이란?
육아휴직이란 근로자가 만 8세 이하 또는 초등학교 2학년 이하의 자녀를 양육하기 위하여 신청, 사용하는 휴직을 말합니다.

□ 육아휴직기간
육아휴직의 기간은 1년 이내입니다.
* 자녀 1명당 1년 사용 가능하므로 자녀가 2명이면 각각 1년씩 2년 사용 가능
* 근로자의 권리이므로 부모가 모두 근로자면 한 자녀에 대하여 아빠도 1년, 엄마도 1년 사용 가능

□ 육아휴직급여 지급대상
- 사업주로부터 30일 이상 육아휴직을 부여받아야 합니다.
  ※ ① 근로한 기간이 1년 미만인 근로자, ② 같은 자녀에 대하여 배우자가 육아휴직을 하고 있는 근로자에 대하여는 사업주가 육아휴직을 거부할 수 있으니 유의하세요.
- 육아휴직 개시일 이전에 피보험단위기간(재직하면서 임금 받은 기간)이 모두 합해서 180일 이상이 되어야 합니다.
  ※ 단, 과거에 실업급여를 받았을 경우 인정받았던 피보험기간은 제외
- 같은 자녀에 대해서 피보험자인 배우자가 동시에 육아휴직(30일 미만은 제외) 중인 경우에는 중복된 기간에 대하여는 1명만 지급합니다.

□ 육아휴직급여 지급액
- 육아휴직기간 동안 매월 통상임금의 100분의 40을 육아휴직급여로 지급하고(상한액 : 월 100만 원, 하한액 : 월 50만 원), 육아휴직급여액 중 100분의 25는 직장 복귀 6개월 후에 일시불로 지급합니다.
- 또한, 육아휴직 기간 중 사업주로부터 육아휴직을 이유로 금품을 지급받은 경우로서 매월 단위로 육아휴직기간 중 지급받은 금품과 육아휴직 급여의 100분의 75에 해당하는 금액(그 금액이 50만 원 미만인 경우에는 하한액 50만 원)을 합한 금액이 육아휴직 시작일 기준으로 한 월 통상임금을 초과한 경우에는 그 초과한 금액을 육아휴직 급여의 100분의 75에 해당하는 금액에서 빼고 지급합니다.
- 육아 휴직 시작일이 2015년 7월 1일 이전은 육아휴직 급여의 100분의 85에 해당하는 금액(그 금액이 50만 원 미만인 경우에는 하한액 50만 원)을 합한 금액이 육아 휴직 시작일 기준으로 한 월 통상임금을 초과한 경우에는 그 초과한 금액을 육아휴직 급여의 100분의 85에 해당하는 금액에서 빼고 지급합니다.

□ 신청 시기
육아휴직을 시작한 날 이후 1개월부터 매월 단위로 신청하되, 당월 중에 실시한 육아휴직에 대한 급여의 지급 신청은 다음 달 말일까지 해야 합니다. 매월 신청하지 않고 기간을 적치하여 신청 가능합니다(사전 신청한 경우). 단, 육아휴직이 끝난 날 이후 12개월 이내에 신청하지 않을 경우 동 급여를 지급하지 않습니다.

① 해당 연령대 자녀가 2명인 부모가 사용할 수 있는 총 육아휴직 합산 기간은 4년이다.
② 통상임금이 200만 원인 근로자의 경우, 직장복귀 6개월 후 50만 원을 지급받게 된다.
③ 육아휴직급여를 받기 위해서는 이전 재직기간이 최소한 180일 이상이어야 한다.
④ 통상임금이 200만 원인 근로자가 사업주로부터 육아휴직을 이유로 150만 원의 격려금을 지급받았을 경우, 해당 월의 육아휴직급여액은 50만 원이 된다.

> ✔ 해설 통상임금이 200만 원이면 육아휴직급여는 100분의 40인 80만 원이 되며, 이 금액의 100분의 25인 20만 원이 직장 복귀 6개월 후 지급받는 금액이 된다.

Answer 20.②

21 글의 내용을 참고할 때, 빈칸에 들어갈 가장 적절한 말은 어느 것인가?

> 사람을 비롯한 포유류에서 모든 피를 만드는 줄기세포는 뼈에 존재한다. 그러나 물고기의 조혈 줄기세포(조혈모세포)는 신장에 있다. 신체의 특정 위치 즉 '조혈 줄기세포 자리(blood stem cell niche)'에서 피가 만들어진다는 사실을 처음 알게 된 1970년대 이래, 생물학자들은 생물들이 왜 서로 다른 부위에서 이 기능을 수행하도록 진화돼 왔는지 궁금하게 여겨왔다. 그 40년 뒤, 중요한 단서가 발견됐다. 조혈 줄기세포가 위치한 장소는 (   ) 진화돼 왔다는 사실이다.
>
> 이번에 발견된 '조혈 줄기세포 자리' 퍼즐 조각은 조혈모세포 이식의 안전성을 증진시키는데 도움이 될 것으로 기대된다. 연구팀은 실험에 널리 쓰이는 동물모델인 제브라피쉬를 관찰하다 영감을 얻게 됐다.
>
> 프리드리히 카프(Friedrich Kapp) 박사는 "현미경으로 제브라피쉬의 조혈 줄기세포를 관찰하려고 했으나 신장 위에 있는 멜라닌세포 층이 시야를 가로막았다"고 말했다. 멜라닌세포는 인체 피부 색깔을 나타내는 멜라닌 색소를 생성하는 세포다.
>
> 카프 박사는 "신장 위에 있는 멜라닌세포의 모양이 마치 파라솔을 연상시켜 이 세포들이 조혈줄기세포를 자외선으로부터 보호해 주는 것이 아닐까 하는 생각을 하게 됐다"고 전했다. 이런 생각이 들자 카프 박사는 정상적인 제브라피쉬와 멜라닌세포가 결여된 변이 제브라피쉬를 각각 자외선에 노출시켰다. 그랬더니 변이 제브라피쉬의 조혈 줄기세포가 줄어드는 현상이 나타났다. 이와 함께 정상적인 제브라피쉬를 거꾸로 뒤집어 자외선을 쬐자 마찬가지로 줄기세포가 손실됐다.
>
> 이 실험들은 멜라닌세포 우산이 물리적으로 위에서 내리쬐는 자외선으로부터 신장을 보호하고 있다는 사실을 확인시켜 주었다.

① 줄기세포가 햇빛과 원활하게 접촉할 수 있도록
② 줄기세포에 일정한 양의 햇빛이 지속적으로 공급될 수 있도록
③ 멜라닌 색소가 생성되기에 최적의 공간이 형성될 수 있도록
④ 햇빛의 자외선으로부터 이 줄기세포를 보호하도록

> **해설** 제브라피쉬의 실험은 햇빛의 자외선으로부터 줄기세포를 보호하는 멜라닌 세포를 제거한 후 제브라피쉬를 햇빛에 노출시켜 본 사실이 핵심적인 내용이라고 할 수 있다. 따라서 이를 통하여 알 수 있는 결론은, 줄기세포가 존재하는 장소는 햇빛의 자외선으로부터 보호받을 수 있는 방식으로 진화하게 되었다는 것이 타당하다고 볼 수 있다.

22 글의 문맥상 빈칸에 들어갈 말로 가장 적절한 것은?

> 기본적으로 전기차의 충전수요는 주택용 및 직장용 충전방식을 통해 상당 부분 충족될 수 있다. 집과 직장은 우리가 하루 중 대부분의 시간을 보내는 장소이며, 그만큼 우리의 자동차가 가장 많은 시간을 보내는 장소이다. 그러나 서울 및 대도시를 포함하여, 전국적으로 주로 아파트 등 공동주택에 거주하는 가구비중이 높은 국내 현실을 감안한다면, 주택용 충전방식의 제약은 단기적으로 해결하기는 어려운 것이 또한 현실이다. 더욱이 우리가 자동차를 소유하고 활용할 때 직장으로의 통근용으로만 사용하지는 않는다. 때론 교외로 때론 지방으로 이동할 때 자유롭게 활용 가능해야 하며, 이때 (   ), 전기차의 시장침투는 그만큼 제약될 수밖에 없다. 직접 충전을 하지 않더라도 적어도 언제 어디서나 충전이 가능하다는 인식이 자동차 운전자들에게 보편화되지 않는다면, 배터리에 충전된 전력이 다 소진되어, 도로 한가운데서 꼼짝달싹할 수 없게 될 수도 있다는 두려움, 즉 주행가능거리에 대한 우려로 인해 기존 내연기관차에서 전기차로의 전환은 기피대상이 될 수밖에 없다.
>
> 결국 누구나 언제 어디서나 접근이 가능한 공공형 충전소가 도처에 설치되어야 하며, 이를 체계적으로 운영 관리하여 전기차 이용자들이 편하게 사용할 수 있는 분위기 마련이 시급하다. 이를 위해서는 무엇보다 전기차 충전서비스 시장이 두터워지고, 잘 작동해야 한다.

① 이동하고자 하는 거리가 너무 멀다면
② 충전 요금이 과도하게 책정된다면
③ 전기차 보급이 활성화되어 있지 않다면
④ 기존 내연기관차보다 불편함이 있다면

> **해설** 전기차의 시장침투가 제약을 받게 되는 원인이 빈칸에 들어갈 가장 적절한 말이 될 것이며, 이것은 전후의 맥락으로 보아 기존의 내연기관차와의 비교를 통하여 파악되어야 할 것이다. 따라서 '단순히 전기차가 주관적으로 불편하다는 이유가 아닌 기존 내연기관차에 비해 더 불편한 점이 있을 경우'에 해당하는 말이 위치해야 한다.

Answer 21.④ 22.④

[23~24] 글을 읽고 물음에 답하시오.

　이것은 퍽 우려할 일이다. 즉, 위에서 본 현대 사회의 중요한 문제들에 접해서 많은 선택과 결정을 내려야 할 사람들이 이들 문제의 바탕이 되는 과학의 내용을 이해하기는커녕, 접근하기조차 힘들 정도로 과학이 일반 지식인들로부터 유리(遊離)된 것은 커다란 문제인 것이다. 더구나 이런 실정이 쉽게 해결되기가 힘든 뚜렷한 이유, 즉 과학의 내용 자체가 가지는 어려움은 계속 존재하거나 심해질 것이기 때문에 문제는 더욱 심각하다.
　그러나 이러한 과학의 유리 상태를 심화시키는 데에 과학 내용의 어려움보다도 더 크게 작용하는 것은 과학에 관해 널리 퍼져 있는 잘못된 생각이다. 흔히들 현대 사회의 많은 문제들이 과학의 책임인 것으로 생각한다. 즉, 과학이 인간의 윤리나 가치 같은 것은 무시한 채 맹목적으로 발전해서 많은 문제들 예를 들어, 무기 개발, 전쟁 유발, 환경 오염, 인간의 기계화, 생명의 존귀성 위협을 야기(惹起)시키면서도 이에 대해서 아무런 책임을 지지 않고 있다는 생각이 그것이다.
　대부분의 경우, 이런 생각의 바탕에는 과학이 가치 중립적(價値中立的)이거나 혹은 가치와 무관하다는 명제(命題)가 깔려 있다. 물론, 과학이 가치 중립적이라는 생각은 여러 의미에서 타당한 생각이며 실제로 많은 사람들이 받아들이는 생각이다. 최근에 와서 이에 회의(懷疑)를 표시하는 사람들도 거의 대부분 이 명제 자체를 부정하는 것보다는 과학에 가치 중립적이 아닌 측면도 있음을 보이는 데에 그친다. 그러나 일반 사람들이 위의 문제들에 관한 책임을 과학에 돌리면서 흔히 가지는 생각은 과학의 가치 중립성에 대한 잘못된 이해에서 연유할 때가 많다.
　과학이 가치 중립적이라는 말은 크게 보아서 다음 두 가지의 의미를 지니고 있다. 첫째는 자연 현상을 기술하는 데에 있어서 얻게 되는 과학의 법칙이나 이론으로부터 개인적 취향(趣向)이나 가치관에 따라 결론을 취사 선택할 수 없다는 점이고, 둘째는 과학으로부터 얻은 결론, 즉 과학 지식이 그 자체로서 가치에 대한 판단이나 결정을 내려 주지 못한다는 점이다.
　사람에 따라서는 이 중 첫째는 수긍하면서 둘째에 대해서는 반론(反論)을 제기하기도 한다. 예를 들어, 그들은 인간의 질병 중 어떤 것이 유전(遺傳)한다는 유전학의 지식이 유전성 질병이 있는 사람은 아기를 낳지 못하게 해야 한다는 결론을 내린다고 생각한다. 즉, 과학적 지식이 인간의 문제에 관하여 결정을 내려 준다고 생각한다. 그러나 주의 깊게 살펴보면 이것이 착각이라는 것은 분명하다.

23　이 글의 내용과 일치하지 않는 것은?

① 과학은 가치중립적이다.
② 과학은 인간의 문제에 대해 결정을 내려주지 못한다.
③ 현대의 모든 문제는 과학으로부터 해결 방안을 찾을 수 있다.
④ 흔히 현대 사회의 많은 문제들이 과학의 책임이라고 생각한다.

　　✔해설　과학으로부터 많은 문제가 발생하고 있음을 밝히고 있지만 과학으로부터 해결 방안을 찾을 수 있다는 내용은 언급되어 있지 않다.

24 이 글 다음에 이어질 내용으로 적절한 것은?

① 과학의 발달 과정을 자세히 살펴보아야 한다.
② 인간에 관한 모든 문제는 과학이 책임져야 한다.
③ 인간과 사회의 모든 문제점을 검토해 봐야 한다.
④ 인간 문제에 관해 결정을 내리는 것은 인간 자신이다.

> **해설** 마지막 문장에서 과학적 지식이 인간의 문제에 관하여 결정을 내려주는 것은 착각이라고 말한 것으로 볼 때, 결정을 내리는 것은 인간이라는 내용이 이어져야 한다.

25 제시된 문장을 글의 흐름이 자연스럽도록 순서대로 배열한 것을 고르면?

> (가) 그 덕분에 인류의 문명은 발달될 수 있었다.
> (나) 그 대신 사람들은 잠을 빼앗겼고 생물들은 생체 리듬을 잃었다.
> (다) 인간은 오랜 세월 태양의 움직임에 따라 신체 조건을 맞추어 왔다.
> (라) 그러나 밤에도 빛을 이용해 보겠다는 욕구가 관솔불, 등잔불, 전등을 만들어 냈고, 이에 따라 밤에 이루어지는 인간의 활동이 점점 많아졌다.

① (가)-(나)-(다)-(라)   ② (나)-(가)-(라)-(다)
③ (다)-(라)-(가)-(나)   ④ (라)-(다)-(나)-(가)

> **해설** (다) 인간은 태양의 움직임에 따라 신체 조건을 맞춤
> (라) 그러나 전등의 발명으로 밤에도 활동
> (가) 인류의 문명이 발달
> (나) 생체 리듬을 잃음

Answer 23.③ 24.④ 25.③

【26-27】 글을 읽고 물음에 답하시오.

> 수련이라는 꽃을 아시나요? 수련은 연꽃과 비슷하게 생긴 수생 식물로, 연꽃과 마찬가지로 연못이나 늪에서 자랍니다. 우리나라에서는 중부 이남 지역에서, 해외에서는 일본과 중국, 인도 등에서 살지요. 연꽃과 수련은 모두 통상적으로 개화 시기는 늦봄에서 여름까지입니다. 꽃이 피는 시기도 비슷하네요. 그렇다면 연꽃과 수련을 어떻게 구분할 수 있을까요?
>
> 먼저, 꽃의 크기입니다. 연꽃보다 수련이 꽃의 크기가 좀 더 작습니다. 다음으로는 잎이 있습니다. 연꽃의 잎은 커다란 원 모양인데, 수련은 이가 빠진 원 모양이지요. (㉠) 연꽃잎은 줄기가 수면 위로 언뜻 보이는데 수련은 잎만 덩그러니 떠 있답니다. 또 연꽃잎은 먹을 수 있지만, 수련잎은 먹을 수 없다는 차이점도 있습니다. 생김새 외에는 또 어떤 차이점이 있을까요? 바로 아침이나 저녁때에 보는 것입니다. 수련은 연꽃과 다르게 정오경에 피었다가 저녁때에 오므라든다는 특징이 있습니다. 마치 잠을 자는 것처럼 말입지요. (㉡) 수련이라는 이름이 붙은 것입니다. 수련은 한자로는 睡蓮(잠잘 수, 연꽃 연)이라고 쓰는데요, 풀이하자면 잠자는 연꽃이라는 뜻입니다. 연꽃과 비슷하게 생겼으면서 밤에 잠을 자는 것처럼 오므라드는 수련의 특징을 잘 표현한 이름이라고 할 수 있습니다.

26 이 글에 대한 설명으로 적절하지 않은 것은?

① 수련과 연꽃에 대해 설명하고 있다.
② 연꽃의 이름에 대해 설명하고 있다.
③ 연꽃과 수련의 차이점에 대해 설명하고 있다.
④ 수련이 연꽃과 어떻게 비슷한지 설명하고 있다.

✔해설 수련의 이름에 대한 풀이는 있지만, 연꽃의 이름에 대한 내용은 없다.

27 ㉠과 ㉡에 들어갈 말로 적절한 것을 고른 것은?

	㉠	㉡
①	특히	그런데
②	그리고	그래서
③	하지만	그렇기 때문에
④	또한	그럼에도 불구하고

✔해설 ㉠의 앞과 뒤에서는 연꽃과 수련의 차이점에 대한 내용이 계속 이어지고 있다. 그러므로 순접의 접속어인 '그리고'나 '또한'이 들어가는 게 적절하다. ㉡은 앞 문장에서 이유를, 뒤의 문장에서 그 결과를 설명하고 있다. 그렇기 때문에 인과의 접속어인 '그래서' 또는 '그렇기 때문에'가 들어가는 것이 자연스럽다.

28 다음 글을 읽고 알 수 있는 게 아닌 것은?

> 돌고래는 고래 중에서 몸의 크기가 중소형인 고래를 통칭하는 말이다. 우리말로는 물돼지라고도 한다. 돌고래들은 지능이 높고 사회생활을 하는 게 특징이다. 종에 따라서 연안이나 강, 먼 바다 등지에 널리 분포해 있다. 돌고래들은 머리에 멜론이라는 기관을 가지고 있는데, 이 기관을 통해서 초음파를 발사한다. 초음파를 통해서 장애물을 파악할 뿐만 아니라 무리의 다른 돌고래들과도 의사소통을 주고받을 수 있다.

① 돌고래의 법인격
② 돌고래의 서식지
③ 돌고래의 우리말 이름
④ 돌고래의 의사소통 방법

> **해설** ① 글에서 언급되고 있지 않다.
> ② 종에 따라 연안, 강, 먼 바다 등지에서 서식한다.
> ③ 물돼지라고 한다.
> ④ 머리의 멜론이라는 기관을 통해 초음파를 발사하고, 초음파로 의사소통을 주고받을 수 있다.

Answer 26.② 27.② 28.①

29 (가)~(라)의 중심 내용으로 적절하지 않은 것은?

> (가) 표준어는 맞춤법이나 표준 발음의 대상이 된다. 즉, '한글맞춤법'은 "표준어를 소리대로 적되, 어법에 맞도록 함을 원칙으로 한다."고 하였으며, '표준 발음법'은 "표준어의 실제 발음을 따르되, 국어의 전통성과 합리성을 고려하여 정함을 원칙으로 한다."고 하였으니, 올바른 한글 표기와 표준 발음을 하기 위해서 표준어를 꼭 알아야 함은 물론이다.
>
> (나) 표준어를 정해서 쓰면, 모든 국민이 의사소통이 원활하게 되어, 통합이 용이해진다. 또한 표준어를 통하여 지식이나 정보를 얻을 수 있고, 문화생활도 누릴 수 있다. 그리고 교육적인 면에서도 효율적이며, 국어 순화에도 기여할 수 있다.
>
> (다) 표준어가 아닌 말은 모두 방언이라고 하는데, 방언 중에서 지역적 요인에 의한 것을 지역 방언이라고 하고, 사회적 요인에 의한 것을 사회 방언 또는 계급 방언이라고 한다. 그러나 좁은 의미에서의 방언은 지역 방언만을 의미한다. 지역 방언은 동일한 언어를 사용하는 사람들이 서로 다른 지역에서 살게 되면서 변이된 것이다. 그러므로 가까운 거리의 지역보다는 먼 지역 간의 방언 차이가 더 크며, 교통이 잘 발달되지 않은 지역이나, 옛날에 다른 나라에 속했던 지역 간에도 방언의 차이가 크게 나타난다.
>
> (라) 사회 방언은 언어의 사회적 요인에 의한 변이가 나타난 것인데, 대체로 계층, 세대, 성별, 학력, 직업 등이 중요한 사회적 요인이다. 사회 방언의 예를 들면, '물개'는 군인들이 '해군'을 의미하는 말로 쓰며, '낚다, 건지다'는 신문이나 방송에 종사하는 사람들이 '(좋은) 기사를 취재하다'라는 의미로 사용한다.

① (가): 표준어의 기능
② (나): 표준어 사용의 이점
③ (다): 방언의 분류
④ (라): 방언의 폐해

> ✔ 해설 (라)는 사회적 방언에 대해 설명하고 있다.

30 다음 상황을 나타내는 말로 가장 적절한 것은?

> 생체를 얼리고 녹이는 기술이 빠른 속도로 발전하면서 냉동 인간의 소생 가능성에 대한 관심이 높아지고 있다. 현재의 저온 생물학 기술은 1948년 인간의 정자를 최초로 냉동하는 데 성공한 이래, 크기가 가장 큰 세포인 난자에 대해서도 성공을 거두고 있다.
>
> 지금까지 개발된 세계 최고의 생체 냉동 기술은 세포 수준을 넘은 강낭콩 크기만한 사람의 난소를 얼려 보관한 뒤 이를 다시 녹여서 이식해 임신하도록 하는 수준이다. 이것 역시 한국의 의사들이 일궈낸 것이다. 이제 냉동 인간에 대한 꿈은 세포 수준을 넘어 조직까지 그 영역을 넓히고 있다. 하지만 인체가 이보다 수백, 수천 배 큰 점을 감안하면 통째로 얼린 뒤 되살리는 기술의 개발에는 얼마나 긴 세월이 필요할지 짐작하기 힘들다. 한편 냉동 인간은 기술 개발과는 별개로 윤리적 문제도 야기하리라 예상된다. 냉동시킨 사람이 나중에 살아난 경우 친인척 사이에 연배 혼란이 생길 수 있고, 한 인간으로서의 존엄성을 인정받기가 곤란하다는 것이다. 특히 뇌만 냉동 보관하는 경우 뇌세포에서 체세포 복제 기술로 몸을 만들어 내야 하는 문제도 발생할 수 있다. 어쩌면 냉동 인간은 최근의 생명 복제 기술처럼 또 다른 윤리적 문제를 잉태한 채 탄생을 준비하고 있는지도 모른다.

① 양날의 칼
② 물 위의 기름
③ 어둠 속의 등불
④ 유리벽 속의 보석

✔ **해설** 인체 냉동 기술은 인체의 소생 가능성을 높인다는 점에서 긍정적 측면이 있는 기술이다. 그러나 냉동 인간은 기술 개발과는 별도로 윤리적 문제도 야기될 수 있는 기술이다. 이렇게 보면 인체 냉동 기술은 '양날의 칼'에 비유할 수 있다.

Answer 29.④ 30.①

31 다음 글에 나타난 글쓴이의 태도로 적절한 것은?

> 　삶을 수동적으로만 받아들이던 옛 사람이 아니더라도 구름의 모습에 관심을 가질 때, 그 구름이 갖는 어떤 상징을 느끼면, 고르지 못한 인생에 새삼 개탄을 하게 된다. 과학의 발달에 따라 인간의 이지(理智)가 모든 불합리성을 거부하게 되었다 할지라도, 이 '느낌'이란 것을 어찌할 수 없어, 우리는 지금도 달이라면 천체(天體) 사진을 통하여 본 달의 죽음의 지각(地殼)보다도, 먼저 계수나무의 환상을 머리에 떠올린다.
> 　고도한 과학력은 또 인공운(人工雲)을 조성하여, 인공 강우까지도 가능케 하리라 한다. 그러나 인간의 의지로 발생한 인공 수정(人工受精)된 생명도 자연 생명과 같은 삶을 이어 갈 수밖에 없듯이, 인공으로 이루어졌다 하더라도 우리에게 오는 느낌은 자연운(自然雲)과 같은 허무(虛無) 그것일 뿐이다.
> 　식자(識者)는 혹 이런 느낌을 황당하다고 웃을지 모르나, 그 옛날 나의 어린 정서를 흔들고 키워 준 구름에서 이제 나이 먹어 지친 지금은 또 다른 의미를 찾고자 한다. 흐르는 물과 일었다 스러지는 구름의 모습은 나에게 가르치는 것이 많다고 생각하는 것이다. 물은 언제나 흐르되 그 자리에 있고, 항상 그 자리를 채우는 것은 같은 물이 아니듯이, 하늘에 뜬 구름 역시 일었다 스러지나, 같은 모습을 띠우되 같은 것은 아니라는 것 - 그리고 모든 것은 그렇게 있게 마련이라는 것을 깨우쳐 준다. 이런 상념은 체념이 아니고 달관(達觀)이었으면 하는 것이 이즈음의 나의 소망인 것이다.

① 자연과 일체가 되는 조화로운 삶을 살고자 한다.
② 자연을 스승으로 삼아서 인생의 교훈을 얻고자 한다.
③ 자연에 순응하지 않는 적극적인 삶의 태도를 갖고자 한다.
④ 인간이 만든 과학의 성과에 대해 비판적으로 생각하고 있다.

　✔해설 글쓴이는 구름을 통해 무상(無常)한 삶의 본질을 깨닫고, 달관하는 삶의 자세를 배우고 있음을 알 수 있다.

32 다음 글의 중심 내용으로 적절한 것은?

> 정보 사회라고 하는 오늘날, 우리는 실제적 필요와 지식 정보의 획득을 위해서 독서하는 경우가 많다. 일정한 목적 의식이나 문제 의식을 안고 달려드는 독서일수록 사실은 능률적인 것이다. 르네상스적인 만능의 인물이었던 괴테는 그림에 열중하기도 했다. 그는 그림의 대상이 되는 집이나 새를 더 관찰하기 위해서 그리는 것이라고, 의아해 하는 주위 사람에게 대답했다고 전해진다. 그림을 그리겠다는 목적의식을 가지고 집이나 꽃을 관찰하면 분명하고 세밀하게 그 대상이 떠오를 것이다. 마찬가지로 일정한 주제 의식이나 문제 의식을 가지고 독서를 할 때 더욱 창조적이고 주체적인 독서 행위가 성립될 것이다.
>
> 오늘날 기술 정보 사회의 시민이 취득해야 할 상식과 정보는 무량하게 많다. 얼마 전까지만 하더라도 간단한 읽기, 쓰기와 셈하기 능력만 갖추고 있으면 문맹(文盲)상태를 벗어날 수 있었다. 오늘날 사정은 동일하지 않다. 자동차 운전이나 컴퓨터 조작이 바야흐로 새 시대의 '문맹' 탈피 조건으로 부상하고 있다. 현대인 앞에는 그만큼 구비해야 할 기본적 조건과 자질이 수없이 기다리고 있다.
>
> 사회가 복잡해짐에 따라 신경과 시간을 바쳐야 할 세목도 증가하게 마련이다. 그러나 어느 시인이 얘기한 대로 인간 정신이 마련해 낸 가장 위대한 세계는 언어로 된 책의 마법 세계이다. 그 세계 속에서 현명한 주민이 되기 위해서는 무엇보다도 자기 삶의 방향에 맞게 시간을 잘 활용해야 할 것이다.

① 정보량의 증가에 비례한 서적의 증가
② 시대에 따라 변화하는 문맹의 조건
③ 목적의식을 가진 독서의 필요성
④ 정보 사회에서 르네상스의 시대적 의미

> **해설** 첫 문단의 '일정한 목적의식이나 문제의식을 안고 달려드는 독서일수록 사실은 능률적인 것이다.', '마찬가지로 일정한 주제 의식이나 문제의식을 가지고 독서를 할 때 보다 창조적이고 주체적인 독서 행위가 성립될 것이다.' 등의 문장을 통해 주제를 유추할 수 있다.

33 다음에 제시된 글을 흐름이 자연스럽도록 순서대로 배열한 것을 고르면?

> (가) 진화는 반드시 이상적이고 완벽한 구조를 창출해 내는 방향으로만 이루어지는 것은 아니다.
> (나) 그래서 진화는 불가피하게 타협적인 구조를 선택하는 방향으로 이루어지며, 순간순간의 필요에 대응한 결과가 축적되는 과정이라고 할 수 있다.
> (다) 진화 과정에서는 새로운 환경에 적응하기 위한 최선의 구조가 선택되지만, 그 구조는 기존의 구조를 허물고 처음부터 다시 만들어 낸 최상의 구조와는 차이가 있다.
> (라) 질식의 원인이 되는 교차된 기도와 식도의 경우처럼, 진화의 산물이 우리가 보기에는 납득할 수 없는 불합리한 구조를 지니게 되는 이유가 바로 여기에 있다.

① (가)-(라)-(다)-(나)
② (나)-(라)-(가)-(다)
③ (가)-(다)-(나)-(라)
④ (나)-(라)-(다)-(가)

> ✔해설 가장 먼저 (가)에서 진화의 과정이 이상적이고, 완벽하지 않음을 제시하고 있으며 (다)와 (나)에서 진화의 과정에 대해 설명하고, (라)에서 그 과정이 (가)의 이유임을 제시하고 있다.

34 다음 제시된 글의 주제로 알맞은 것은?

> 한 개인의 창의성 발휘는 자기 영역의 규칙이나 내용에 대한 이해뿐만 아니라 현장에서 적용되는 평가기준과도 밀접한 관련을 가지고 있다. 어떤 미술 작품이 창의적인 것으로 평가받기 위해서는 당대 미술가들이나 비평가들이 작품을 바라보는 잣대에 들어맞아야 한다. 마찬가지로 문학 작품의 창의성 여부도 당대 비평가들의 평가기준에 따라 달라질 수 있다. 예를 들면, 라파엘로의 창의성은 미술사학, 미술 비평이론, 그리고 미적 감각의 변화에 따라 그 평가가 달라진다. 라파엘로는 16세기와 19세기에는 창의적이라고 여겨졌으나, 그 사이 기간이나 그 이후에는 그렇지 못했다. 라파엘로는 사회가 그의 작품에서 감동을 받고 새로운 가능성을 발견할 때 창의적이라 평가받을 수 있었다. 그러나 만일 그의 그림이 미술을 아는 사람들의 눈에 도식적이고 고리타분하게 보인다면, 그는 기껏해야 뛰어난 제조공이나 꼼꼼한 채색가로 불릴 수 있을 뿐이다.

① 창의성은 본질적으로 신비하고 불가사의한 영역이다.
② 상징에 의해 전달되는 지식은 우리의 외부에서 온다.
③ 창의성은 일정한 준비 기간을 필요로 한다.
④ 창의성의 발휘는 평가 기준과 밀접한 관련이 있다.

> ✔해설 창의성의 발휘는 자기 영역의 규칙이나 내용에 대한 이해뿐만 아니라 현장에서 적용되는 평가 기준과 밀접한 관련이 있다는 것이 이 글이 전달하고자 하는 중심적인 내용이다.

35 다음 글의 빈칸에 들어갈 문장으로 가장 적절한 것은?

> 전통 예술의 현대화나 민족 예술의 세계화라는 명제와 관련하여 흔히 사물놀이를 모범 사례로 든다. 전통의 풍물놀이 '농악'을 무대 연주 음악으로 탈바꿈시킨 사물놀이는 짧은 역사에도 불구하고 한국 현대 예술에서 당당히 한 자리를 잡은 가운데 우리 전통 음악의 신명을 세계에 전하는 구실을 하고 있다.
>
> 그러나 문화계 일각에서는 사물놀이에 대한 비판적 관점도 제기되고 있다. 특히 전통 풍물을 살리기 위한 노력을 전개하는 쪽에서 적지 않은 우려를 나타내고 있다. 그들은 무엇보다도 사물놀이가 풍물놀이의 굿 정신을 잃었거나 또는 잃어 가고 있다는 데 주목한다. 풍물놀이는 흔히 '풍물굿'으로 불리는 것으로서 모두가 마당에서 함께 어울리는 가운데 춤·기예(技藝)와 더불어 신명나는 소리를 펼쳐내는 것이 본질적인 특성인데, 사물놀이는 리듬악이라는 좁은 세계에 안착함으로써 풍물놀이 본래의 예술적 다양성과 생동성을 약화시켰다는 것이다. 사물놀이에 의해 풍물놀이가 대체되는 흐름은 우리 민족 예술의 정체성 위기로까지도 이어질 수 있다는 의견이다. 사물놀이에 대한 우려는 그것이 창조적 발전을 거듭하지 못한 채 타성에 젖어 들고 있다는 측면에서도 제기된다. 많은 사물놀이 패가 새로 생겨났지만, 사물놀이의 창안자들이 애초에 이룩한 음악 어법이나 수준을 넘어서서 새로운 발전을 이루어 내지 못한 채 그 예술적 성과와 대중적 인기에 안주하고 있다는 것이다. 이는 사물놀이가 민족 예술로서의 정체성을 뚜렷이 갖추지 못한 데에 따른 결과로 분석되기도 한다. 이런 맥락에서 비판자들은 혹시라도 사물놀이가 _____으로 흘러갈 경우 머지않아 위기를 맞게 될지도 모른다고 경고하고 있다.

① 본래의 예술성과 생동성을 찾아가는 방향
② 대중의 일시적인 기호에 영합하는 방향
③ 서양 음악과의 만남을 시도하는 방향
④ 형식과 전통을 뛰어 넘는 방향

> **해설** 빈칸이 있는 문장의 시작에 "이런 맥락에서"라고 제시되어 있으므로 앞의 문맥을 살펴야 한다. 앞에서 사물놀이의 창안자들이 새로운 발전을 이루어 내지 못한 채 그 예술적 성과와 대중적 인기에 안주하고 있다는 것에 대해 이야기하고 있으므로 빈칸에 들어갈 가장 적절한 것은 ②이다.

Answer 33.③ 34.④ 35.②

36 제시된 글을 흐름이 자연스럽도록 순서대로 배열한 것을 고르면?

> (가) 목청껏 소리를 지르고 손뼉을 치고 싶은 충동 같은 것 말이다.
> (나) 나는 가끔 충동을 느낄 때가 있다.
> (다) 환호가 아니라도 좋으니 속이 후련하게 박장대소라도 할 기회나마 거의 없다.
> (라) 마음속 깊숙이 잠재한 환호에의 갈망 같은 게 이런 충동을 느끼게 하는지도 모르겠다.
> (마) 그러나 요샌 좀처럼 이런 갈망을 풀 기회가 없다.

① (가)-(라)-(나)-(마)-(다)
② (나)-(가)-(라)-(마)-(다)
③ (나)-(가)-(마)-(다)-(라)
④ (다)-(가)-(라)-(마)-(나)

> **해설** (나)에서 화제를 제시하고 (가)에서 예를 들어 설명한다. (라)는 (가) 같은 충동을 느끼는 짐작이다. (마), (다)에서는 '그러나'를 통해 내용을 전환하여 충동을 풀 기회가 없다는 것을 아쉬워하고 있다.

37 제시된 글에서 추론할 수 있는 것은?

> 가격분산이 발생하는 원인은 크게 판매자의 경제적인 이유에 의한 요인, 소비자 시장구조에 의한 요인, 재화의 특성에 따른 요인, 소비자에 의한 요인으로 구분할 수 있다. 첫째, 판매자 측의 경제적인 이유로는 소매상점의 규모에 따른 판매비용의 차이와 소매상인들의 가격 차별화 전략의 두 가지를 들 수 있다. 상점의 규모가 클수록 대량으로 제품을 구매할 수 있으므로 판매비용이 절감되어 보다 낮은 가격에 제품을 판매할 수 있다. 가격 차별화 전략은 소비자의 지불 가능성에 맞추어 그때그때 최고 가격을 제시함으로써 이윤을 극대화하는 전략을 말한다. 둘째, 소비자 시장구조에 의한 요인으로 소비자 시장의 불완전성과 시장 규모의 차이에서 기인하는 것이다. 새로운 판매자가 시장에 진입하거나 퇴거할 때 각종 가격 세일을 실시하는 것과 소비자의 수가 많고 적음에 따라 가격을 다르게 정할 수 있는 것을 예로 들 수 있다. 셋째, 재화의 특성에 따른 요인으로 하나의 재화가 얼마나 다른 재화와 밀접하게 관련되어 있느냐에 관한 것, 즉 보완재의 여부에 따라 가격분산을 가져올 수 있다. 넷째, 소비자에 의한 요인으로 가격과 품질에 대한 소비자의 그릇된 인지를 들 수 있다. 소비자가 가격분산의 정도를 잘못 파악하거나 가격분산을 과소평가하게 되면 정보 탐색을 적게 하고 이는 시장의 규율을 늦춤으로써 가격분산을 지속시키는 데 기여하게 되는 것이다.

① 가격분산이 큰 제품일수록 가격에 대한 신뢰도는 낮을 것이다.
② 대체할 재화의 유무에 따라 가격분산이 발생할 수 있을 것이다.
③ 정부의 엄격한 규제가 있으면 가격분산을 막을 수 있을 것이다.
④ 정보력의 부재는 가격분산에 따른 소비자의 피해를 키우는 원인이 될 것이다.

> **해설** '셋째, 재화의 특성에 따른 요인으로 하나의 재화가 얼마나 다른 재화와 밀접하게 관련되어 있느냐에 관한 것, 즉 보완재의 여부에 따라 가격분산을 가져올 수 있다.'에서 유추할 수 있는 내용이다.

38 제시된 글을 흐름이 자연스럽도록 순서대로 배열한 것을 고르면?

> (가) 이러한 활성화 에너지를 낮추는 것이 정촉매이고, 활성화 에너지를 높이는 것이 부촉매이다.
> (나) 촉매는 정촉매와 부촉매로 구분되는데, 활성화 에너지와 반응 속도를 통해 설명할 수 있다.
> (다) 이 화학 반응의 속도를 변화시키는 물질이 촉매이다.
> (라) 활성화 에너지란 어떤 물질이 화학 반응을 일으키기 위해 필요한 최소한의 에너지이다. 활성화 에너지가 낮아지면 반응 속도가 빨라지고, 활성화 에너지가 높아지면 반응 속도가 느려지게 된다.
> (마) 우리가 섭취한 영양소로부터 생활에 필요한 에너지를 얻거나 몸에 필요한 물질을 합성하는 과정은 모두 화학 반응에 의해 이루어진다.

① (마)-(다)-(나)-(라)-(가)
② (다)-(마)-(나)-(라)-(가)
③ (다)-(마)-(나)-(가)-(라)
④ (마)-(가)-(나)-(라)-(다)

> **해설** (마) 영양소로부터 에너지를 얻거나 몸에 필요한 물질을 합성하는 과정이 모두 화학 반응에 의해 이루어짐을 제시
> (다) 촉매의 정의
> (나) 정촉매와 부촉매로 촉매를 구분
> (라) 활성화 에너지의 정의 및 활성화 에너지와 반응 속도의 관계 설명
> (가) 정촉매와 부촉매에 대한 설명

39 주어진 글의 빈칸에 들어갈 문장으로 가장 적절한 것을 고르면?

> 문화 상품의 저작권 보호를 위해 기본적으로 필요한 요소는 _____. 하지만 우리 소비자들은 수년간의 면역 효과로 인해 공짜 문화 상품의 맛에서 헤어 나오지 못하고 있다. 저작권에 대한 소비자의 의식에 획기적인 변화가 없는 한 문화 상품에 대한 가치는 어디서고 인정받지 못하게 될 것이고 문화 산업계가 꿈꾸고 있는 장밋빛 미래도 없을 것이라고 단언한다.

① 제작자의 관대한 태도이다.
② 제작자와 소비자의 대화와 화해이다.
③ 저작권 가치에 대한 소비자의 인식이다.
④ 수출업자의 적극적인 홍보이다.

> **해설** 빈칸 이후의 문장에서 소비자 의식의 문제점에 대해 이야기하고 있으므로 빈칸에 가장 적절한 문장은 ③이다.

Answer 36.② 37.② 38.① 39.③

40 주어진 글의 빈칸에 들어갈 문장으로 가장 적절한 것을 고르면?

> 우리 속담 가운데 '콩 심은 데 콩 나고, 팥 심은 데 팥 난다.' 라는 말이 있다. 공부하지 않고 성적이 향상되기를 바라는 사람에게 주는 교훈이다. 농부가 씨앗을 잘 간수해 두었다가 때를 맞추어 뿌리고, 심고, 가꾸어야 풍성한 결실을 거둘 수 있다. 돈을 낭비하면 가난뱅이가 되고, 시간을 낭비하면 낙오자가 된다.
>
> 논밭을 망치는 것은 잡초요, 사람을 망치는 것은 허영이다. 모든 일은 심은 대로 거두는 것이다. 우리는 심은 것을 거두는 _____(을)를 마음속에 되새겨야 할 것이다.

① 자연이 주는 혜택
② 인과응보의 진리
③ 긍정적 사고방식
④ 낭비하지 않는 습관

> ✔해설 제시된 글의 주제는 모든 일은 원인에 따라 결과를 맺는다.

41 주어진 글의 빈칸에 들어갈 문장으로 가장 적절한 것을 고르면?

> 웹 만화의 특징으로 들 수 있는 것은 인터넷상에서 두루마리처럼 아래로 길게 펼쳐 읽는 것이다. 일반적인 출판 만화는 한 편을 오른쪽에서 왼쪽으로 장을 넘겨 가며 읽는 책의 형식인 반면, 웹 만화는 마우스를 이용해 위에서 아래로 내려가며 읽는 형식을 취하고 있다. 이와 같은 웹 만화의 세로 읽기는 한 회의 만화를 끊김 없이 읽어 내려가게 함으로써 _____. 출판 만화의 경우 긴장이 고조된 장면이라고 할지라도 한 장 한 장 넘기며 읽어야 하기 때문에 감정의 흐름이 끊길 수 있지만, 웹 만화는 장면을 연속적으로 이어 볼 수 있으므로 긴장감을 지속적으로 유지해 나갈 수 있다.

① 궁금증을 유발할 수 있다.
② 독자의 피곤함을 덜 수 있다.
③ 더 빠르게 읽을 수 있다.
④ 독자의 흥미를 배가시킬 수 있다.

> ✔해설 지문의 마지막 문장 '웹 만화는 장면을 연속적으로 이어 볼 수 있으므로 긴장감을 지속적으로 유지해 나갈 수 있다.'를 통해 빈칸에는 독자의 흥미를 배가시킬 수 있다가 들어가는 것이 가장 적절하다.

｜42-43｜ 다음 글을 읽고 물음에 답하시오.

> 도덕이나 윤리는 원만한 사회생활을 위한 지혜이며, 나를 포함한 모든 사람들을 위하여 매우 소중하고 보배로운 것이다. 그런데 우리 사회에는 윤리와 도덕을 존중하는 것이 오히려 손해를 보는 것이라는 인식이 널리 퍼져 있다. 사람들은 왜 도덕적 삶이 자신에게 손해를 가져온다고 생각하는 것일까?
> 첫째, 이유는 그러한 주장을 하는 사람들의 계산법이 근시안적이기 때문이다. 당장 눈앞에 보이는 이해관계만을 계산할 때 우리는 윤리를 존중하는 사람은 손해를 본다는 결론을 내리게 된다. 근시안적인 관점에서 눈에 보이는 이해관계만을 눈여겨볼 때, 정직하고 성실한 사람은 손해를 본다는 인상을 받기 쉽다. 그러나 긴 안목으로 볼 때는, 정직하고 성실한 사람이 불행한 생애의 주인공이 된 경우보다는 부도덕하기로 소문난 사람이 말년을 비참하게 보낸 사례가 더 많을 것이다. ⊙ (이)라는 말이 언제나 적중한다고는 보기 어려우나 전혀 근거 없는 허사(虛辭)라고 보기는 더욱 어렵다.
> 둘째, 이유는 우리 사회에 도덕률을 어기는 사람들이 너무나 많기 때문이다. 도덕률 또는 윤리가 삶의 지혜로서의 진가를 발휘하는 것은 대부분의 사회 성원이 그것을 준수할 경우이다. 대부분의 사람들이 도덕률을 실천으로써 존중할 경우에 나를 포함한 모든 사람들이 도덕률의 혜택을 입게 되는 것이며, 대부분의 사람들이 그것을 지키지 않고 소수만이 그것을 지킬 경우에는 도덕을 지키는 소수의 사람들은 피해자가 될 염려가 있다.
> 셋째, 이유는 시대상 또는 사회상이 급변하는 과정에서 옛날의 전통 윤리가 오늘의 우리 현실에 적합하지 않을 경우도 많기 때문이다. 삶의 지혜로서의 윤리는 행복한 삶을 위한 행위의 원칙 또는 그 처방에 해당한다. 그 행위의 처방은 상황에 적합해야 하거니와, 시대상 또는 사회상이 크게 바뀌고 생활의 조건이 크게 달라지면, 행복을 위한 행위의 처방도 따라서 달라져야 할 경우가 많다. 그런데 우리가 윤리와 도덕성을 강조할 때 사람들의 머리에 떠오르는 것은 대체로 전통 윤리의 규범들이다. 그 전통 윤리의 규범 가운데는 현대의 생활 조건에 맞지 않는 것도 흔히 있으며, 오늘의 상황에 맞지 않는 윤리의 규범을 맹목적으로 지키는 사람들은 현대의 생활 조건에 적응하지 못하고 어려움을 겪게 된다. 이러한 경우에 '윤리를 지키는 사람은 손해를 본다'. 라는 말이 나올 수 있는 여지가 생기는 것이다.

42 이 글의 중심 내용으로 가장 적절한 것은?

① 바뀌는 시대상과 도덕성의 관계
② 도덕적 삶이 손해라고 인식하는 까닭
③ 전통 윤리에 깃들어 있는 도덕적 가치
④ 손해를 무릅쓰고 도덕을 지켜야 하는 이유

> ✓ 해설 처음 문단에서 도덕적 삶을 손해라고 생각하는 인식이 널리 퍼지게 된 까닭이 무엇인지에 대해 문제를 제기하고, 이어지는 문단에서 그 이유를 밝히고 있다.

Answer 40.② 41.④ 42.②

43 문맥상 ㉠에 들어갈 알맞은 한자 성어는?

① 사필귀정(事必歸正) ② 권선징악(勸善懲惡)
③ 적자생존(適者生存) ④ 선공후사(先公後私)

> ✅ 해설 ㉠의 바로 앞에 쓰인 문장은 정직하고 성실한 사람이 말년에 비참하게 보내지 않을 확률이 더 높다는 뜻으로 해석할 수 있다.
> ① 사필귀정(事必歸正) : 모든 일은 반드시 바른길로 돌아감
> ② 권선징악(勸善懲惡) : 착한 일을 권장하고 악한 일을 징계함
> ③ 적자생존(適者生存) : 환경에 적응하는 생물만이 살아남고, 그렇지 못한 것은 도태되어 멸망하는 현상
> ④ 선공후사(先公後私) : 공적인 일을 먼저 하고 사사로운 일은 뒤로 미룸

44 다음 중 언어적인 의사소통과 비교한 문서적 측면으로서 의사소통의 특징이 아닌 것은?

① 권위감이 있다.
② 정확성을 기하기 쉽다.
③ 전달성이 높다.
④ 상대방의 반응이나 감정을 살필 수 있다.

> ✅ 해설 언어적인 측면으로서 의사소통의 특징이다.

45 괄호에 알맞은 한자성어는?

> 일을 하다 보면 균형과 절제가 필요하다는 것을 알게 된다. 일의 수행 과정에서 부분적 잘못을 바로잡으려다 정작 일 자체를 뒤엎어 버리는 경우가 왕왕 발생하기 때문이다. 흔히 속담에 "빈대 잡으려다 초가삼간 태운다."라는 말은 여기에 해당할 것이다. 따라서 부분적 결점을 바로잡으려다 본질을 해치는 (   )의 어리석음을 저질러서는 안 된다.

① 개과불린 ② 경거망동
③ 교각살우 ④ 부화뇌동

> ✅ 해설 ③ 교각살우(矯角殺牛) : 소의 뿔을 바로잡으려다가 소를 죽인다는 뜻으로, 잘못된 점을 고치려다 그 방법이나 정도가 지나쳐 오히려 일을 그르침을 이르는 말
> ① 개과불린(改過不吝) : 허물을 고침에 인색하지 않음을 이르는 말
> ② 경거망동(輕擧妄動) : 경솔하여 생각 없이 망령되게 행동함. 또는 그런 행동
> ④ 부화뇌동(附和雷同) : 우레 소리에 맞춰 함께 한다는 뜻으로, 자신의 뚜렷한 소신 없이 그저 남이 하는 대로 따라가는 것을 이르는 말

46 다음은 □□전자의 스마트폰 사용에 관한 조사 설계의 일부분이다. 본 설문조사의 목적으로 적합하지 않은 것은?

---

1. 조사목적

2. 과업 범위
   ① 조사 대상 : 서울과 수도권에 거주하고 있으며 최근 5년 이내에 스마트폰 변경 이력이 있고, 향후 1년 이내에 스마트폰 변경 의향이 있는 만 20~30세의 성인 남녀
   ② 조사 방법 : 구조화된 질문지를 이용한 온라인 조사
   ③ 표본 규모 : 총 1,000명
3. 조사 내용
   ① 시장 환경 파악 : 스마트폰 시장 동향 (사용기기 브랜드 및 가격, 기기 사용 기간 등)
   ② 과거 스마트폰 변경 현황 파악 : 변경 횟수, 변경 사유 등
   ③ 향후 스마트폰 변경 잠재 수요 파악 : 변경 사유, 선호 브랜드, 변경 예산 등
   ④ 스마트폰 구매자를 위한 개선 사항 파악 : 스마트폰 구매자를 위한 요금 할인, 사은품 제공 등 개선 사항 적용 시 스마트폰 변경 의향
   ⑤ 배경정보 파악 : 인구사회학적 특성 (연령, 성별, 거주 지역 등)
4. 결론 및 기대효과

---

① 스마트폰 구매자를 위한 요금 할인 프로모션 시행의 근거 마련
② 평균 스마트폰 기기 사용 기간 및 주요 변경 사유 파악
③ 광고 매체 선정에 참고할 자료 구축
④ 스마트폰 구매 시 사은품 제공 유무가 구입 결정에 미치는 영향 파악

> **✓ 해설** 제시된 설문조사에는 광고 매체 선정에 참고할 만한 조사 내용이 포함되어 있지 않다. 따라서 ③은 이 설문조사의 목적으로 적합하지 않다.

47 다음 보도자료 작성 요령을 참고할 때, 적절한 보도자료 문구를 〈보기〉에서 모두 고른 것은?

1. 인명과 호칭
〈우리나라 사람의 경우〉
- 우리나라 사람의 인명은 한글만 쓴다. 동명이인 등 부득이한 경우에만 괄호 안에 한자를 써준다.
- 직함은 소속기관과 함께 이름 뒤에 붙여 쓴다.
- 두 명 이상의 이름을 나열할 경우에는 맨 마지막 이름 뒤에 호칭을 붙인다.

〈외국인의 경우〉
- 중국 및 일본 사람의 이름은 현지음을 한글로 외래어 표기법에 맞게 쓰고 괄호 안에 한자를 쓴다. 한자가 확인이 안 될 경우에는 현지음만 쓴다.
- 기타 외국인의 이름은 현지 발음을 외래어 표기법에 맞게 한글로 적고 성과 이름 사이를 띄어 쓴다.

2. 지명
- 장소를 나타내는 국내 지명은 광역시·도→시·군·구→동·읍·면·리 순으로 표기한다.
- 시·도명은 줄여서 쓴다.
- 자치단체명은 '서울시', '대구시', '경기도', '전남도' 등으로 적는다.
- 중국과 일본 지명은 현지음을 한글로 외래어 표기법에 맞게 쓰고 괄호 안에 한자를 쓴다(확인이 안 될 경우엔 현지음과 한자 중 택 1).
- 외국 지명의 번역명이 통용되는 경우 관용에 따른다.

3. 기관·단체명
- 기관이나 단체 이름은 처음 나올 때는 정식 명칭을 적고 약칭이 있으면 괄호 안에 넣어주되 행정부처 등 관행화된 것은 넣지 않는다. 두 번째 표기부터는 약칭을 적는다.
- 기관이나 단체명에 대표 이름을 써야 할 필요가 있을 때는 괄호 안에 표기한다.
- 외국의 행정부처는 '부', 부처의 장은 '장관'으로 표기한다. 단, 한자권 지역은 그 나라에서 쓰는 정식명칭을 따른다.
- 국제기구나 외국 단체의 경우 처음에는 한글 명칭과 괄호 안에 영문 약어 표기를 쓴 다음 두 번째부터는 영문 약어만 표기한다.
- 언론기관 명칭은 AP, UPI, CNN 등 잘 알려진 경우는 영문을 그대로 사용하되 잘 알려지지 않은 기관은 그 앞에 설명을 붙여 준다.
- 약어 영문 이니셜이 우리말로 굳어진 것은 우리말 발음대로 표기한다.

〈보기〉
㈎ '최한국 사장, 조대한 사장, 강민국 사장을 등 재계 주요 인사들은 모두 ~'
㈏ '도날드트럼프 미국 대통령의 임기는 ~'
㈐ '절강성 온주에서 열리는 박람회에는 ~'
㈑ '국제노동기구(ILO) 창설 기념일과 때를 같이하여 ILO 회원국들은 ~'

① (나)
② (라)
③ (가), (나)
④ (가), (다), (라)

> ✔해설
> (가) 두 명 이상의 이름을 나열할 경우에는 맨 마지막 이름 뒤에 호칭을 붙인다는 원칙에 따라 '최한국, 조대한, 강민국 사장을 등 재계 주요 인사들은 모두 ~'로 수정해야 한다.
> (나) 외국인의 이름은 현지 발음을 외래어 표기법에 맞게 한글로 적고 성과 이름 사이를 띄어 쓴다는 원칙에 따라 '도널드 트럼프 미국 대통령의 임기는 ~'으로 수정해야 한다.
> (다) 중국 지명이므로 현지음을 한글로 외래어 표기법에 맞게 쓰고 괄호 안에 한자를 써야한다는 원칙에 따라, '저장성(浙江省) 원저우(溫州)'로 수정해야 한다.
> (라) 국제기구나 외국 단체의 경우 처음에는 한글 명칭과 괄호 안에 영문 약어 표기를 쓴 다음 두 번째부터는 영문 약어만 표기한다는 원칙에 따른 올바른 표기이다.

48 다음 사례를 통해 알 수 있는 소셜미디어의 특징으로 가장 적절한 것은?

○○일보

2025년 1월 15일

소셜미디어의 활약, 너무 눈이 부셔!
자연재해 시마다 소셜미디어의 활약이 눈부시다. 지난 14일 100년만의 폭설로 인해 지하철 운행이 중단되고 곳곳의 도로가 정체되는 등 교통대란이 벌어졌지만 많은 사람들이 스마트폰의 도움으로 최악의 상황을 피할 수 있었다.
누리꾼들은, '폭설로 인한 전력 공급 중단으로 지하철 정차 중', 'A대로 상행선 B대교부터 C대교까지 정체 중' 등 서로 소셜미디어를 통해 실시간 피해상황을 주고받았으며 이로 인해 출근 준비 중이던 대부분의 시민들은 다른 교통수단으로 혼란 없이 회사로 출근할 수 있었다.

---

① 정보 전달 방식이 일방적이다.
② 상위 계층만 누리던 고급 문화가 대중화된 사례이다.
③ 정보의 무비판적 수용을 조장한다.
④ 정보 수용자와 제공자 간의 경계가 모호하다.

> ✔해설 제시된 글은 누구나 쉽게 정보를 생산하고 공유할 수 있는 소셜미디어의 장점이 부각된 기사로 ①②③의 보기들은 사례 내용과 관련이 없다.

Answer 47.② 48.④

49 다음 글의 문맥으로 보아 밑줄 친 단어의 쓰임이 올바른 것은?

> 우리나라의 저임금 근로자가 소규모 사업체 또는 자영업자에게 많이 고용되어 있기 때문에 최저 임금의 급하고 과도한 인상은 많은 자영업자의 추가적인 인건비 인상을 ㉠<u>표출할</u> 것이다. 이것은 최저임금위원회의 심의 과정에서 지속적으로 논의된 사안이며 ㉡<u>급박한</u> 최저 임금 인상에 대한 가장 강력한 반대 논리이기도 하다. 아마도 정부가 최저 임금 결정 직후에 매우 포괄적인 자영업 지원 대책을 발표한 이유도 이것 때문으로 보인다. 정부의 대책에는 기존의 자영업 지원 대책을 비롯하여 1차 분배를 개선하기 위한 장·단기적인 대책과 단기적 충격 완화를 위한 현금 지원까지 포함되어 있다. 현금 지원의 1차적인 목적은 자영업자 보호이지만 최저임금제도가 근로자 보호를 위한 제도이기 때문에 궁극적인 목적은 근로자의 고용 안정 도모이다. 현금지원에 고용안정자금이라는 꼬리표가 달린 이유도 이 때문일 것이다.
>
> 정부의 현금 지원 발표 이후 이에 대한 비판이 쏟아졌다. 비판의 요지는 자영업자에게 최저임금 인상으로 인한 추가적인 인건비 부담을 현금으로 지원할거면 최저 임금을 덜 올리고 현금지원 예산으로 근로 장려세제를 ㉢<u>축소하면</u> 되지 않느냐는 것이다. 그러나 이는 두 정책의 대상을 ㉣<u>혼동하기</u> 때문에 제기되는 주장이라고 판단된다. 최저임금은 1차 분배 단계에서 임금 근로자를 보호하기 위한 제도적 틀이고 근로 장려세제는 취업의 의지가 낮은 노동자의 노동시장 참여를 유보하기 위해 고안된 사회부조(2차 분배)라는 점을 기억해야 할 것이다. 물론 현실적으로 두 정책의 적절한 조합이 필요할 것이다.

① ㉠   ② ㉡
③ ㉢   ④ ㉣

✔해설 '구별하지 못하고 뒤섞어서 생각하다.'의 '혼동'은 올바르게 사용된 단어이며, '혼돈'으로 잘못 쓰지 않도록 주의한다.
① 최저 임금 인상이 자영업자의 추가적인 인건비 인상을 발생시키는 원인이 된다는 내용이므로 '표출'이 아닌 '초래'하는 것이라고 표현해야 한다.
② 앞의 내용으로 보아 급하고 과도한 최저임금인상에 대한 수식어가 될 것이므로 '급격한'이 올바른 표현이다.
③ 최저임금인상 대신 그만큼에 해당하는 근로 장려세제를 '확대'하는 것의 의미를 갖는 문장이다.

50 ㉠~㉤에 들어갈 알맞은 말을 순서대로 나열한 것은?

> • 선약이 있어서 모임에 (㉠)이(가) 어렵게 되었다.
> • 홍보가 부족했는지 사람들의 (㉡)이(가) 너무 적었다.
> • 그 모임에는 (㉢)하는 데에 의의를 두자.
> • 손을 뗀다고 했으면 (㉣)을(를) 말아라.
> • 애 학교에서 하는 공개 수업에 (㉤)할 예정이다.

① 참여, 참석, 참가, 참견, 참관
② 참석, 참여, 참관, 참견, 참가
③ 참석, 참가, 참여, 참견, 참관
④ 참석, 참여, 참가, 참견, 참관

> **해설** '참여'는 '어떤 일에 끼어들어 관계함', '참석'은 '모임이나 회의 따위의 자리에 참여함', '참가'는 '모임이나 단체 또는 일에 관계하여 들어감'의 뜻을 지닌다. 이를 보면 각각 그 의미의 초점의 다르다는 것을 알 수 있는데, '참여'는 '어떤 일에 관계하다'의 의미로서 쓰여 그 일의 진행 과정에 개입해 있는 경우를 드러내는 데에 쓰이는 것인데 반해서, '참석'은 모임이나 회의에 출석하는 것의 의미를 지니는 경우에 사용되며, '참가'는 단순한 출석의 의미가 아니라 '참여'의 단계로 들어가는 과정을 나타내는 것으로 이해하여 볼 수 있다.
> '참견'은 '자기와 별로 관계없는 일이나 말 따위에 끼어들어 쓸데없이 아는 체하거나 이래라저래라 함'을 의미하며, '참관'은 '어떤 자리에 직접 나아가서 봄'의 의미이다.

Answer 49.④ 50.④

CHAPTER 02 문제해결능력

1 A학교의 국어과, 수학과, 체육과, 영어과에는 이 선생, 최 선생, 정 선생, 강 선생이 근무한다. 다음 조건을 참고할 때, 최 선생은 어느 과인가? (네 사람은 각각 1명씩 네 개 교과의 선생님이다.)

- 이 선생은 체육과와 영어과 중 하나의 교과 담당이다.
- 최 선생은 수학과가 아니다.
- 정 선생와 강 선생은 국어과와 체육과가 아니다.

① 국어과
② 수학과
③ 영어과
④ 체육과

✔ 해설 세 번째 조건에 의하면 정 선생와 강 선생는 국어과 담당도 체육과 담당도 아니므로 수학과와 영어과 담당이 된다. 따라서 이 선생과 최 선생은 국어과와 체육과 중 하나이다. 첫 번째 조건에 의하면 이 선생이 체육과와 영어과 중 한 곳의 담당이며 세 번째 조건에 의해 영어과를 제외한 체육과 담당임을 알 수 있다. 따라서 남은 한 곳인 국어과가 최 선생이 담당하는 교과임을 알 수 있다.

2 두 사건은 별개의 사건으로, 다음의 조건을 따를 때 옳은 것은?

〈사건 1〉

A : 저는 빵을 훔치지 않았어요.
B : 다영이는 절대 빵을 훔치지 않았어요.
C : 제가 빵을 훔쳤습니다.
　그런데 나중에 세 명 중 두 명은 거짓말을 했다고 자백하였고, 빵을 훔친 사람은 한 명이라는 것이 밝혀졌다.

〈사건 2〉

甲 : 저는 결코 창문을 깨지 않았습니다.
乙 : 甲의 말이 맞습니다.
丙 : 제가 창문을 깼습니다.
　그런데 나중에 창문을 깬 사람은 한 명이고 그 범인은 거짓말을 했다는 것이 밝혀졌다.

---

① A의 진술은 참이었다.
② 사건 2에서 참을 말한 사람이 1명 이상이다.
③ 乙은 창문을 깬 범인이다.
④ B는 거짓을 말하지 않았다.

> ✔ **해설** 주어진 조건에 따라 범인을 가정하여 진술을 판단하면 다음과 같다.
>
> 〈사건 1〉
>
> | 진술＼범인 | A | B | C |
> |---|---|---|---|
> | A | 거짓 | 참 | 참 |
> | B | 참 | 참 | 거짓 |
> | C | 거짓 | 거짓 | 참 |
>
> 〈사건 2〉
>
> | 진술＼범인 | 甲 | 乙 | 丙 |
> |---|---|---|---|
> | 甲 | 거짓 | 참 | 참 |
> | 乙 | 거짓 | 참 | 참 |
> | 丙 | 거짓 | 거짓 | 참 |
>
> 따라서 〈사건 1〉의 범인은 A, 〈사건 2〉의 범인은 甲이다.
> ① A의 진술을 거짓이다.
> ② 사건 2에서 참을 말한 사람은 없다.
> ③ 乙는 창문을 깬 범인이 아니다.

Answer 1.① 2.④

3 기초 대사량에 대한 다음 설명을 참고할 때, 제시된 두 남녀의 일일 칼로리 요구량이 순서대로 올바르게 나열된 것은 어느 것인가? (단, 모든 계산은 반올림하여 소수 둘째 자리까지 표시한다.)

> 기초 대사량은 성별, 나이, 체중, 개인의 신진 대사율이나 근육량 등 신체적인 요소에 따라 차이가 있지만, 일반적으로 남성은 체중 1kg당 1시간에 1kcal를 소모하고, 여성은 0.9kcal를 소모하는 것으로 알려졌다. 기초 대사량은 우리가 하루 소모하는 총 에너지의 60~70%를 차지할 정도로 중요하다. 체중 조절을 위해 무리하게 굶게 되면 우리 몸에서는 에너지가 부족하다는 것을 느끼게 되고 에너지가 고갈되지 않게 하려고 기초 대사량을 줄여나간다. 따라서 에너지 소모가 활발하게 이루어지지 않아, 장기적으로 보면 오히려 다이어트에 역효과를 주게 된다. 굶기보다는 꾸준한 운동을 통해 근육량을 증가시켜 기초 대사량을 높이는 것이 도움이 된다.
>
> 기초 대사량 산출 방법은 남녀가 다른데, 남자의 경우 66.47+(13.75×체중)+(5×키)-(6.76×나이)를 계산하면 된다. 여자는 655.1+(9.56×체중)+(1.85×키)-(4.68×나이)를 계산하면 기초 대사량이 나온다.
>
> 기초 대사량을 구한 후에는 칼로리 지수를 곱하여 일일 칼로리 요구량을 계산할 수 있다. 거의 운동을 하지 않는 사람은 기초 대사량에 1.2를 곱하면 일일 칼로리 요구량을 얻을 수 있다. 가벼운 운동을 하는 사람은 1.375를 곱해야 하고 적당한 운동을 하는 사람은 1.55를 곱한다. 심한 운동을 하는 사람은 1.725를 곱하고 아주 심한 운동을 하는 사람은 1.9를 곱한다.

- A(남, 48세) : 체중 75kg, 신장 175cm, 운동선수로 매우 심한 운동을 함
- B(여, 36세) : 체중 52kg, 신장 165cm, 적당한 운동을 하는 일반인

① 1,997.93칼로리, 1,648.24칼로리
② 1,648.24칼로리, 1,288.99칼로리
③ 1,288.99칼로리, 1,648.24칼로리
④ 3,131.66칼로리, 1,997.93칼로리

> ✔해설 제시된 계산 방법을 활용하여 운동량에 따른 칼로리 지수를 곱하여 각각 다음과 같이 계산할 수 있다.
> A : 66.47+(13.75×75)+(5×175)-(6.76×48)=1,648.24
>   → 일일 칼로리 요구량: 1,648.24×1.9=3,131.66칼로리
> B : 655.1+(9.56×52)+(1.85×165)-(4.68×36)=1,288.99
>   → 일일 칼로리 요구량: 1,288.99×1.55=1,997.93칼로리

【4-5】다음은 W병원 신경외과의 진료 현황에 대한 안내이다. 다음 안내를 보고 이어지는 물음에 답하시오.

<이번 달 담당의사별 진료 시간 안내>

구분	신경외과							
	A과장		B과장		C과장		D과장	
	오전	오후	오전	오후	오전	오후	오전	오후
월요일	진료	수술	진료	수술	수술	진료	진료	수술
화요일	수술	진료	진료	수술	진료	수술	진료	수술
수요일	진료	수술	수술	진료	진료	수술	진료	수술
목요일	수술	진료	진료	수술	수술	진료	진료	수술
금요일	진료	수술	수술	진료	진료	수술	진료	수술
토요일	진료 또는 수술		진료		진료 또는 수술		수술	
토요일 휴무	넷째 주		둘째 주		첫째 주		셋째 주	

* 토요일 진료시간: 09:00~13:00
* 평일 진료시간: 09:00~12:30 / 14:00~18:00
* 접수마감 시간: 오전 12:00, 오후 17:30

<기타 안내사항>
- 이번 달 15일(수)~18일(토)은 병원 내부 공사로 인해 외래진료 및 수술, 신규 환자 접수는 불가합니다.
- MRI 및 CT 촬영은 최소 3일 전 예약을 하셔야 합니다.
- 외래진료 시 MRI 등 영상 자료가 있어야 합니다(필요한 경우에 한함).
- 초진의 경우, 건강보험증을 지참하시고 원무과에서 접수를 하시기 바랍니다. 접수 후 진료실에서 진료를 마친 환자분께서는 다시 원무과로 오셔서 진료비를 수납 후 P창구에서 처방전을 받아 약을 받아 가시기 바랍니다. 예약 또는 재진하시는 환자분은 곧바로 진료실로 가셔서 진료 후 원무과에 수술 또는 영상 촬영 여부를 알려주시고 수술이신 경우 H창구에서 입원 수속을 하시고, 영상 촬영이 필요하신 분은 영상 센터로 가시어 안내를 받으시기 바랍니다.

4 위의 안내문에 대한 올바른 설명이 아닌 것은 어느 것인가?

① 일주일 전 예약을 하고 찾아 온 환자는 원무과를 거치지 않고 곧장 진료를 받으면 된다.
② 오전은 진료시간과 접수 가능 시간이 모두 오후보다 30분 더 짧다.
③ 처음 내원한 환자는 '원무과 → 진료실 → 원무과 → P창구 → 약국'의 동선으로 이동하게 된다.
④ 평일의 경우, D과장을 제외한 나머지 세 명은 모두 진료와 수술 일정이 오전과 오후에 고르게 분배되어 있다.

> ✔해설 평일의 경우, D과장을 제외한 나머지 세 명은 모두 오전에 진료하는 날이 3일, 오후에 수술하는 날이 3일씩이므로 네 명 모두 오전에는 진료를, 오후에는 수술을 더 많이 하고 있음을 알 수 있다.
> ① 예약과 재진 환자의 경우 진료실을 곧바로 찾아가면 된다.
> ② 진료시간은 오전과 오후가 각각 3시간 30분, 4시간이며, 접수 가능 시간은 이보다 30분씩 짧은 것을 알 수 있다.
> ③ 안내 사항에 언급되어 있다.

5 K씨는 평소 앓고 있던 허리 디스크를 고치기 위하여 '이번 달'에 수술을 하기로 결정하였다. W병원 신경외과의 A과장이나 C과장에게 꼭 수술을 받고자 하며, 가급적 오전에 수술하기를 원하는 K씨의 상황에 대한 다음 설명 중 올바른 것은 어느 것인가?

① 20일에 MRI 촬영 예약을 하여 23일에 MRI 촬영 및 진료 후 다음 날인 24일에 수술을 하면 된다.
② 25일에 A과장에게 수술을 받을 수 있다.
③ 평일 중 원하는 시간에 수술을 받을 수 있는 요일은 월요일과 목요일뿐이다.
④ 수요일과 금요일에는 K씨가 원하는 시간에 수술을 받을 수 없다.

> ✔해설 15일이 수요일이라 했으므로 '이번 달'의 달력을 그려 B과장과 C과장의 수술 일정(오전/오후)을 확인해 보면 다음과 같다.
>
> | 일 | 월 | 화 | 수 | 목 | 금 | 토 |
> |---|---|---|---|---|---|---|
> | | | | 1 | 2 | 3 | 4 C과장 X |
> | 5 | 6 C / A | 7 A / C | 8 X / A, C | 9 A, C / X | 10 X / A, C | 11 |
> | 12 | 13 | 14 | 15 공사 | 16 공사 | 17 공사 | 18 공사 |
> | 19 | 20 | 21 | 22 | 23 | 24 | 25 A과장 X |
> | 26 | 27 | 28 | 29 | 30 | (31) | |
>
> 따라서 수요일과 금요일은 A과장과 C과장이 모두 오전 수술 일정이 없어 K씨가 원하는 시간에 수술을 받을 수 없는 요일이 된다.
> ① 24일은 금요일이므로 A과장이나 C과장의 오전 수술 일정이 없는 날이다.
> ② 25일은 넷째 주 토요일이므로 A과장 휴무일이다.
> ③ 화요일 오전에도 A과장에게 수술을 받을 수 있다.

6 다음 조건에 따를 때, 각 팀의 신사업 제안서 검토 순서의 가능한 조합으로 옳은 것은?

> A 팀과 B 팀은 가~바 총 6개의 제안서를 각각 6주 동안 검토할 것이다. 가, 나, 다 3개 제안서는 문화예술에 관한 제안서이고, 라, 마, 바 3개 제안서는 관광정책에 관한 제안서이다. A 팀과 B 팀은 다음과 같은 원칙대로 제안서를 검토한다.
> ○ B 팀은 A 팀이 먼저 검토하지 않은 문화예술에 관한 제안서는 검토할 수 없다.
> ○ A 팀은 B 팀이 먼저 검토하지 않은 관광정책에 관한 제안서는 검토할 수 없다.
> ○ B 팀은 문화예술에 관한 제안서 2개를 연속으로 검토할 수 없다.
> ○ A 팀은 4주 차에 라 제안서를 검토해야 한다.
> ○ 각 팀은 6주에 걸쳐 매주 하나의 제안서를 검토한다.
> ○ 어떤 제안서도 같은 주에 A, B 팀에서 동시에 검토하지 않는다.

　　　　　　1주　2주　3주　4주　5주　6주
① A팀 : 가 – 나 – 라 – 바 – 다 – 마
　 B팀 : 라 – 가 – 바 – 나 – 마 – 다
② A팀 : 나 – 바 – 가 – 라 – 다 – 마
　 B팀 : 바 – 가 – 라 – 나 – 마 – 다
③ A팀 : 나 – 다 – 가 – 라 – 마 – 바
　 B팀 : 라 – 나 – 다 – 마 – 바 – 가
④ A팀 : 가 – 마 – 나 – 라 – 다 – 바
　 B팀 : 마 – 가 – 라 – 나 – 바 – 다

✔해설 ① A팀은 4주차에 라 제안서를 검토해야 한다.
② B팀은 A팀보다 먼저 가 제안서를 검토할 수 없다.
③ B팀은 문화예술에 관한 제안서를 2개 연속 검토할 수 없다.

Answer 4.④ 5.④ 6.④

7 甲은 이번 여름휴가에 친구들과 강릉으로 여행을 계획하고 있다. 그러던 중 여러 가지 교통수단을 생각하게 되었다. 아래의 표를 참조하여 보완적 평가방식을 활용해 甲과 친구들이 강릉까지 이동 가능한 교통운송 수단을 고르면 어떤 대안이 선택될 수 있는가?

평가 기준	중요도	교통운송수단에 관한 평가			
		비행기	기차	고속버스	승용차
경제성	20	4	5	4	3
디자인	30	4	4	5	7
승차감	40	7	5	7	8
속도	50	9	8	5	6

① 기차
② 비행기
③ 고속버스
④ 승용차

> ✔ **해설** 보완적 평가방식은 각 상표에 있어 어떤 속성의 약점을 다른 속성의 강점에 의해 보완하여 전반적인 평가를 내리는 방식을 의미한다. 한 가지 예로서 비행기의 경우 속성별 평가점수가 4, 4, 7, 9점이며, 각 속성이 평가에서 차지하는 중요도는 20, 30, 40, 50이므로, 이러한 가중치를 각 속성별 평가점수에 곱한 후에 이를 모두 더하면 930이 된다. 이러한 방식으로 계산하면 그 결과는 아래와 같다.
> - 비행기 : (20×4)+(30×4)+(40×7)+(50×9) = 930
> - 기차 : (20×5)+(30×4)+(40×5)+(50×8) = 820
> - 고속버스 : (20×4)+(30×5)+(40×7)+(50×5) = 760
> - 승용차 : (20×3)+(30×7)+(40×8)+(50×6) = 890

8 김 대리는 모스크바 현지 영업소로 출장을 갈 계획이다. 4일 오후 2시 모스크바에서 회의가 예정되어 있어 모스크바 공항에 적어도 오전 11시 이전에는 도착하고자 한다. 인천에서 모스크바까지 8시간이 걸리며, 시차는 인천이 모스크바보다 6시간이 더 빠르다. 김 대리는 인천에서 늦어도 몇 시에 출발하는 비행기를 예약하여야 하는가?

① 3일 09 : 00
② 3일 19 : 00
③ 4일 09 : 00
④ 4일 11 : 00

> ✔ **해설** 인천에서 모스크바까지 8시간이 걸리고, 6시간이 인천이 더 빠르므로
> 09 : 00 출발 비행기를 타면 9+(8-6)=11시 도착
> 19 : 00 출발 비행기를 타면 19+(8-6)=21시 도착
> 02 : 00 출발 비행기를 타면 2+(8-6)=4시 도착

9 서원전자는 영업팀 6명의 직원(A~F)과 관리팀 4명의 직원(갑~정)이 매일 각 팀당 1명씩 총 2명이 당직 근무를 선다. 2일 날 A와 갑 직원이 당직 근무를 서고 팀별 순서(A~F, 갑~정)대로 돌아가며 근무를 선다면, E와 병이 함께 근무를 서는 날은 언제인가? (단, 근무를 서지 않는 날은 없다고 가정한다.)

① 10일 ② 11일
③ 12일 ④ 13일

> **해설** 주어진 조건에 따라 선택지의 날짜에 해당하는 당직 근무표를 정리해 보면 다음과 같다.
>
> | 구분 | 갑 | 을 | 병 | 정 |
> |---|---|---|---|---|
> | A | 2일, 14일 | | 8일 | |
> | B | | 3일 | | 9일 |
> | C | 10일 | | 4일 | |
> | D | | 11일 | | 5일 |
> | E | 6일 | | 12일 | |
> | F | | 7일 | | 13일 |
>
> 따라서 A와 갑이 2일 날 당직 근무를 섰다면 E와 병은 12일 날 당직 근무를 서게 된다.

10 A사에서는 새롭게 출시한 제품의 판매율 제고를 위한 프로모션 아이디어 회의를 진행 중이다. 브레인스토밍을 통하여 다양한 아이디어를 수집하려는 회의 운영 방식에 적절하지 않은 의견은 어느 것인가?

① "팀장인 나는 그냥 참관인 자격으로 지켜볼 테니 거침없이 의견들을 마음껏 제시해 보세요."
② "많은 의견이 나올수록 좋으며, 중요하다 싶은 의견은 그때그때 집중 논의하여 적용 여부를 결정하고 넘어가야 해요."
③ "엊그제 입사한 신입사원들도 적극적으로 의견을 개진해 주세요. 아직 회사 사정을 잘 몰라도 상관없어요."
④ "우선 책상 배열을 좀 바꿔보면 어떨까요? 서로를 쳐다볼 수 있도록 원형 배치가 좋을 것 같습니다."

> **해설** 우수한 의견을 즉석에서 판단하려는 것은 다듬어지지 않은 많은 양의 아이디어를 도출해내고자 하는 브레인스토밍에 해로운 방식이다.
> ① 직원들에게 부담 없이 자유롭게 의견을 개진할 수 있는 분위기를 만들어주는 바람직한 방법으로 볼 수 있다.
> ③ 신선하고 참신한 아이디어를 얻을 수 있고 모든 구성원을 참여시킬 수 있는 방법으로 브레인스토밍에 적절하다.
> ④ 브레인스토밍은 서로를 쳐다보며 동등한 위치에서 회의를 진행할 수 있는 원형 좌석배치가 적절한 방법이다.

Answer 7.② 8.③ 9.③ 10.②

11 다음에 제시된 정보를 종합할 때, 서류장 10개와 의자 10개의 가격은 테이블 몇 개의 가격과 같은가?

- 홍보팀에서는 테이블, 의자, 서류장을 다음과 같은 수량으로 구입하였다.
- 테이블 5개와 의자 10개의 가격은 의자 5개와 서류장 10개의 가격과 같다.
- 의자 5개와 서류장 15개의 가격은 의자 5개와 테이블 10개의 가격과 같다.

① 8개
② 9개
③ 10개
④ 11개

해설 두 번째 정보에서 테이블 1개+의자 1개=서류장 2개임을 알 수 있다. 세 번째 정보에서 두 번째 정보를 대입하면 서류장 1개=의자 2개가 되며 테이블 1개=의자 3개가 된다. 따라서 서류장 10개+의자 10개=의자 30개이며, 의자 30개=테이블 10이다.

12 〈보기〉는 문제를 지혜롭게 처리하기 위한 단계별 방법을 나열한 것이다. 올바른 문제 처리 절차에 따라 (가)~(마)의 순서를 재배열한 것은 어느 것인가?

〈보기〉
(가) 당초 장애가 되었던 문제의 원인들을 해결안을 사용하여 제거한다.
(나) 문제로부터 도출된 근본 원인을 효과적으로 해결할 수 있는 최적의 해결방안을 수립한다.
(다) 파악된 핵심문제에 대한 분석을 통해 근본 원인을 도출해 본다.
(라) 선정된 문제를 분석하여 해결해야 할 것이 무엇인지를 명확히 결정한다.
(마) 해결해야 할 전체 문제를 파악하여 우선순위를 정하고, 선정문제에 대한 목표를 명확히 한다.

① (마)-(라)-(다)-(나)-(가)
② (라)-(마)-(다)-(가)-(나)
③ (라)-(다)-(나)-(가)-(마)
④ (가)-(나)-(마)-(라)-(다)

해설 문제처리능력이란 목표와 현상을 분석하고 이 분석결과를 토대로 문제를 도출하여 최적의 해결책을 찾아 실행, 평가 처리해 나가는 일련의 활동을 수행하는 능력이라 할 수 있다. 이러한 문제처리능력은 문제해결절차를 의미하는 것으로, 일반적인 문제해결절차는 문제 인식, 문제 도출, 원인 분석, 해결안 개발, 실행 및 평가의 5단계를 따른다. ① 주어진 〈보기〉의 (가)~(마)의 내용은 문제해결절차 5단계를 역순으로 제시해 놓았다.

13 영업팀 직원인 갑, 을, 병 3명은 어젯밤 과음을 한 것으로 의심되고 있다. 이에 대한 이들의 진술이 다음과 같을 때, 과음을 한 것이 확실한 직원과 과음을 하지 않은 것이 확실한 직원을 순서대로 바르게 짝지은 것은? (단, 과음을 한 직원은 거짓말을 하고, 과음을 하지 않은 직원은 사실을 말하였다.)

> 갑 : "우리 중 1명만 거짓말을 하고 있습니다."
> 을 : "우리 중 2명이 거짓말을 하고 있습니다."
> 병 : "갑, 을 중 1명만 거짓말을 하고 있습니다."

① 갑, 을
② 을, 아무도 없음
③ 갑, 아무도 없음
④ 갑과 을, 병

✔ 해설 갑, 을, 병의 진술과 과음을 한 직원의 수를 기준으로 표를 만들어 보면 다음과 같다.

과음직원 진술자	0명	1명	2명	3명
갑	거짓	참	거짓	거짓
을	거짓	거짓	참	거짓
병	거짓	참	참	거짓

• 과음을 한 직원의 수가 0명인 경우, 갑, 을, 병 모두 거짓을 말한 것이 되어 결국 모두 과음을 한 것이 된다. 따라서 이 경우는 과음을 한 직원의 수가 0명이라는 전제와 모순이 생기게 된다.
• 과음을 한 직원의 수가 1명인 경우, 을만 거짓을 말한 것이므로 과음을 한 직원의 수가 1명이라는 전제에 부합한다. 이 경우에는 을이 과음을 한 것이 되며, 갑과 병은 과음을 하지 않은 것이 된다.
• 과음을 한 직원의 수가 2명인 경우, 갑만 거짓을 말한 것이 되므로 과음을 한 직원의 수가 1명이 된다. 따라서 이 역시 과음을 한 직원의 수가 2명이라는 전제와 모순이 생기게 된다.
• 과음을 한 직원의 수가 3명인 경우, 갑, 을, 병 모두 거짓을 말한 것이 되어 과음을 한 직원의 수가 3명이 될 것이며, 이는 전제와 부합하게 된다.
따라서 4가지의 경우 중 모순 없이 발생 가능한 경우는 과음을 한 직원의 수가 1명 또는 3명인 경우가 되는데, 이 두 경우에 모두 거짓을 말한 을은 과음을 한 직원이라고 확신할 수 있다. 그러나 이 두 경우에 모두 사실을 말한 사람은 없으므로, 과음을 하지 않은 것이 확실한 직원은 아무도 없다.

Answer 11.③ 12.① 13.②

14 다음 기사를 읽고 밑줄 친 부분과 관련한 내용으로 가장 거리가 먼 것은?

> 최근 정부의 일학습병행제가 본격 추진되면서 큰 관심을 보이고 있는 가운데 A사의 자기업인 甲사는 지난 15일 직무개발훈련장의 개소식을 열고 첫 걸음을 뗐다. 청년층의 실업난 해소와 고용 창출의 해법으로 정부가 시행하는 일학습병행제는 기업이 청년 취업희망자를 채용해 이론 및 실무교육을 실시한 뒤 정부로부터 보조금을 받을 수 있는 제도로, 甲사는 최근 취업희망자를 선발했고, 오는 1일부터 본격적인 실무교육에 나설 전망이다.
> 甲사의 인사 담당자는 "사업 전 신입사원 <u>OJT</u>는 단기간 수료 후 현장 배치 및 직무 수행을 하면서 직무능력수준 및 조직적응력 저하, 안전사고 발생위험 등 여러 가지 문제가 있었다."라며 "이번 사업을 통해 2~3년 소요되던 직무 능력을 1년 만에 갖출 수 있어 생산성과 조직만족도가 모두 향상될 것"이라고 밝혔다.

① 전사적인 교육 훈련이 아닌 통상적으로 각 부서의 장이 주관하여 업무에 관련된 계획 및 집행의 책임을 지는 일종의 부서 내 교육훈련이다.
② 교육 훈련에 대한 내용 및 수준에 있어서의 통일성을 기하기 어렵다.
③ 상사 또는 동료 간 이해 및 협조 정신 등을 높일 수 있다.
④ 다수의 종업원을 훈련하는 데에 있어 가장 적절한 훈련기법이다.

✓해설 OJT(On the Job Training ; 사내교육훈련)는 다수의 종업원을 훈련하는 데에 있어 부적절하다.

15 다음 글에서 엿볼 수 있는 문제의 유형과 사고력의 유형이 알맞게 짝지어진 것은?

> A상사는 가전제품을 수출하는 기업이다. 주요 거래처가 미주와 유럽에 있다 보니 A상사는 늘 환율 변동에 대한 리스크를 안고 있다. 최근 세계의 급변하는 정세 때문에 연일 환율이 요동치고 있어 A상사는 도저히 향후 손익 계획을 가늠해 볼 수 없는 상황이다. 이에 따라 가격 오퍼 시 고정 환율을 적용하거나 현지에 생산 공장을 설립하는 문제를 심각하게 검토하고 있다.

	문제의 유형	사고력 유형
①	탐색형 문제	논리적 사고
②	설정형 문제	논리적 사고
③	탐색형 문제	비판적 사고
④	설정형 문제	창의적 사고

✓해설 현재 발생하지 않았지만 장차 발생할지 모르는 문제를 예상하고 대비하는 일, 보다 나은 미래를 위해 새로운 문제를 스스로 설정하여 도전하는 일은 조직과 개인 모두에게 중요한 일이다. 이러한 형태의 문제를 설정형 문제라고 한다. 설정형 문제를 해결하기 위해서는 주변의 발생 가능한 문제들의 움직임을 관심을 가지고 지켜보는 자세가 필요하며, 또한 문제들이 발생했을 때 그것이 어떤 영향을 가져올지에 대한 논리적 추론이 가능해야 한다. 이러한 사고의 프로세스는 논리적 연결고리를 생성시킬 수 있는 추론의 능력이 요구된다고 볼 수 있다.

16 K지점으로부터 은행, 목욕탕, 편의점, 미용실, 교회 건물이 각각 다음과 같은 조건에 맞게 위치해 있다. 모두 K지점으로부터 일직선상에 위치해 있다고 할 때, 다음 설명 중 올바른 것은 어느 것인가? (언급되지 않은 다른 건물은 없다고 가정한다.)

> • K지점으로부터 50m 이상 떨어져 있는 건물은 목욕탕, 미용실, 은행이다.
> • 목욕탕과 교회 건물 사이에는 편의점을 포함한 2개의 건물이 있다.
> • 5개의 건물은 각각 K지점에서 15m, 40m, 60m, 70m, 100m 떨어진 거리에 있다.

① 목욕탕과 편의점과의 거리는 40m이다.
② 연이은 두 건물 간의 거리가 가장 먼 것은 은행과 편의점이다.
③ 미용실과 편의점의 사이에는 1개의 건물이 있다.
④ K지점에서 미용실이 가장 멀리 있다면 은행과 교회는 45m 거리에 있다.

✔해설 첫 번째 조건을 통해 목욕탕, 미용실, 은행은 C, D, E 중 한 곳, 교회와 편의점은 A, B 중 한 곳임을 알 수 있다. 두 번째 조건에 의하면 목욕탕과 교회 사이에 편의점과 또 하나의 건물이 있어야 한다. 이 조건을 충족하려면 A가 교회, B가 편의점이어야 하며 또한 D가 목욕탕이어야 한다. C와 E는 어느 곳이 미용실과 은행의 위치인지 주어진 조건만으로 알 수 없다. 따라서 보기 ④에서 언급된 바와 같이 미용실이 E가 된다면 은행은 C가 되어 교회인 A와 45m 거리에 있게 된다.

```
K지점 ┠──A───B────C─D──────E
       15m  40m  60m 70m  100m
```

Answer 14.④ 15.② 16.④

17 외국계 은행인 A 은행 서울지사에 근무하는 甲과, 런던지사에 근무하는 乙, 시애틀지사에 근무하는 丙은 같은 프로젝트를 진행하면서 다음과 같이 영상업무회의를 진행하였다. 회의 시각은 런던을 기준으로 11월 1일 오전 9시이고, 런던은 GMT+0, 서울은 GMT+9, 시애틀은 GMT-7을 표준시로 사용한다. 회의록을 바탕으로 할 때 빈칸에 들어갈 일시는?

> 甲 : 제가 프로젝트에서 맡은 업무는 오늘 오후 10시면 마칠 수 있습니다. 런던에서 받아서 1차 수정을 부탁드립니다.
> 乙 : 네, 저는 甲님께서 제시간에 끝내 주시면 다음날 오후 3시면 마칠 수 있습니다. 시애틀에서 받아서 마지막 수정을 부탁드립니다.
> 丙 : 알겠습니다. 저는 앞선 두 분이 제시간에 끝내 주신다면 서울을 기준으로 모레 오전 10시면 마칠 수 있습니다. 제가 업무를 마치면 프로젝트가 최종 마무리 되겠군요.
> 甲 : 잠깐, 다들 말씀하신 시각의 기준이 다른 것 같은데요? 저는 처음부터 런던을 기준으로 이해하고 말씀드렸습니다.
> 乙 : 저는 처음부터 시애틀을 기준으로 이해하고 말씀드렸는데요?
> 丙 : 저는 처음부터 서울을 기준으로 이해하고 말씀드렸습니다. 그렇다면 계획대로 진행될 때 서울을 기준으로 ( )에 프로젝트를 최종 마무리할 수 있겠네요.
> 甲, 乙 : 네, 맞습니다.

① 11월 2일 오후 11시
② 11월 3일 오전 10시
③ 11월 3일 오후 3시
④ 11월 3일 오후 7시

✓해설 회의 시간이 런던을 기준으로 11월 1일 9시이므로, 이때 서울은 11월 1일 18시, 시애틀은 11월 1일 2시이다.
- 甲은 런던을 기준으로 말했으므로 甲이 프로젝트에서 맡은 업무를 마치는 시간은 런던 기준 11월 1일 22시로, 甲이 맡은 업무를 마치는 데 필요한 시간은 22-9=13시간이다.
- 乙은 시애틀을 기준으로 이해하고 말했으므로 乙은 甲이 말한 乙이 말한 다음날 오후 3시는 시애틀 기준 11월 2일 15시이다. 乙은 甲이 시애틀을 기준으로 11월 1일 22시에 맡은 일을 끝내 줄 것이라고 생각하였으므로, 乙이 맡은 업무를 마치는 데 필요한 시간은 2+15=17시간이다.
- 丙은 서울을 기준으로 말했으므로 丙이 말한 모레 오전 10시는 11월 3일 10시이다. 丙은 乙이 서울을 기준으로 11월 2일 15시에 맡은 일을 끝내 줄 것이라고 생각하였으므로, 丙이 맡은 업무를 마치는 데 필요한 시간은 9+10=19시간이다. 따라서 계획대로 진행될 경우 甲, 乙, 丙이 맡은 업무를 끝내는 데 필요한 총 시간은 13+17+19=49시간으로, 2일하고 1시간이라고 할 수 있다. 이를 서울 기준으로 보면 11월 1일 18시에서 2일하고 1시간이 지난 후이므로, 11월 3일 19시이다.

18 다음은 5가지의 영향력을 행사하는 방법과 A, B의 발언이다. A와 B의 발언은 각각 어떤 방법에 해당하는가?

〈영향력을 행사하는 방법〉
- 합리적 설득 : 논리와 사실을 이용하여 제안이나 요구가 실행 가능하고, 그 제안이나 요구가 과업 목표 달성을 위해 필요하다는 것을 보여주는 방법
- 연합 전술 : 영향을 받는 사람들이 제안을 지지하거나 어떤 행동을 하도록 만들기 위해 다른 사람의 지지를 이용하는 방법
- 영감에 호소 : 이상에 호소하거나 감정을 자극하여 어떤 제안이나 요구사항에 몰입하도록 만드는 방법
- 교환 전술 : 제안에 대한 지지에 상응하는 대가를 제공하는 방법
- 합법화 전술 : 규칙, 공식적 방침, 공식 문서 등을 제시하여 제안의 적법성을 인식시키는 방법

〈발언〉
- A : 이번에 내가 제안한 기획안이 이사회의 허락을 얻으면 당신이 오랜 기간 공들인 사업이 폐지될 수 있다는 것을 잘 알고 있습니다. 하지만 이번에 당신이 나를 도와 이 기획안을 지지해준다면 이번 기획을 통해 성사되는 계약의 성과 중 일부를 당신과 나누도록 하겠습니다.
- B : 이 계획은 앞서 본부에서 한 달 전에 각 지사에 시달한 공문에 근거한 것입니다. 또한 이 계획을 시행될 사업과 관련한 세부적인 방법도 이미 본부에서 마련하였고, 절차상 아무 문제도 없습니다.

A	B
① 교환 전술	영감에 호소
② 교환 전술	합법화 전술
③ 영감에 호소	합법화 전술
④ 합리적 설득	연합 전술

 해설 ㉠ A : 계약의 성과 중 일부를 나눈다고 하였으므로 지지에 상응하는 대가를 제공하는 '교환 전술'에 해당한다.
㉡ B : 공문에 근거한 것이고 절차상 아무 문제도 없다고 하였으므로 제안의 적법성을 인식시키는 '합법화 전술'에 해당한다.

Answer 17.④ 18.②

19 Z회사에 근무하는 7명의 직원이 교육을 받으려고 한다. 교육실에서 직원들이 앉을 좌석의 조건이 다음과 같을 때 직원 중 빈자리 바로 옆 자리에 배정받을 수 있는 사람은?

〈교육실 좌석〉

첫 줄	A	B	C
중간 줄	D	E	F
마지막 줄	G	H	I

〈조건〉

- 직원은 A, B, C, D, E, F, G 7명이다.
- 서로 같은 줄에 있는 좌석들끼리만 바로 옆자리일 수 있다.
- F의 자리는 마지막 줄에 있다.
- C의 자리는 D의 바로 옆 자리이며, 또한 빈 자리 바로 옆이다.
- D의 자리는 A의 바로 뒷 자리이다.
- E와 G는 같은 줄의 좌석을 배정받았다.
- E나 G는 누구도 A의 바로 옆 자리에 배정받지 않았다.

① D　　　　　　　　　　　② E
③ B　　　　　　　　　　　④ F

해설 주어진 조건을 정리해 보면 마지막 줄에는 E, F, G가 앉게 되면 중간 줄에는 C와 D가 앉게 된다. 그러나 C가 A의 바로 옆 자리이며, 또한 빈 자리가 바로 옆이라고 했으므로 D는 빈 자리 옆에 앉지 못한다. 첫 줄에는 A와 B가 앉게 되고 빈 자리가 하나 있다. 따라서 B는 빈 자리 옆에 배정 받을 수 있다.

20 직장인인 갑, 을, 병, 정은 아침을 못먹어서 출근길에 우유를 사먹었다. 자신이 먹은 우유에 대한 진술과 주어진 정보를 종합했을 때 A~D 중 병이 먹은 우유는 무엇인가?

〈진술〉
- 갑 : 나는 흰우유를 먹었어.
- 을 : 내가 먹은 우유는 정이가 먹은 우유보다 용량이 많았어.
- 병 : 내가 먹은 우유는 가장 비싼 우유는 아니야.
- 정 : 내가 먹은 우유는 다른 누군가가 먹은 우유와 종류가 같았어.

〈정보〉

	종류	용량(ml)	가격(원)
A	흰우유	190	1,100
B	흰우유	200	1,200
C	딸기우유	200	1,200
D	바나나우유	350	1,500

① A
② B
③ C
④ D

✔해설 갑과 정의 진술로 인해 갑과 정은 흰우유(A 또는 B)를 먹었다. 을은 정보다 용량이 많은 우유를 먹었으므로 을이 먹은 우유는 D이고 나머지 C는 을이 먹은 우유가 된다.

21 편의점에 우유, 콜라, 사이다, 이온음료, 오렌지주스로 구성된 다섯 가지 음료가 진열돼 있다. 아래 조건을 만족시킬 때 왼쪽에서 두 번째에 진열될 수 있는 음료가 아닌 것은?

- 우유는 오렌지주스보다 왼쪽에 진열돼 있다.
- 콜라와 사이다 사이에는 반드시 음료 하나가 진열돼야 한다.
- 이온음료는 가장 오른쪽에 진열돼 있다.

① 우유
② 콜라
③ 사이다
④ 오렌지주스

✔해설 진열되는 음료는 다음과 같다.

콜라/사이다	우유	사이다/콜라	오렌지주스	이온음료
우유	콜라/사이다	오렌지주스	사이다/콜라	이온음료

Answer 19.③ 20.③ 21.④

22 빨간색, 파란색, 노란색 구슬이 각각 한 개씩 있다. 이 세 개의 구슬을 A, B, C 세 사람에게 하나씩 나누어 주고, 세 사람 중 한 사람만 진실을 말하도록 하였더니 구슬을 받고 난 세 사람이 다음과 같이 말하였다.

> A : 나는 파란색 구슬을 가지고 있다.
> B : 나는 파란색 구슬을 가지고 있지 않다.
> C : 나는 노란색 구슬을 가지고 있지 않다.

빨간색, 파란색, 노란색의 구슬을 받은 사람을 차례대로 나열한 것은?

① A, B, C
② A, C, B
③ B, A, C
④ C, B, A

✔ 해설
1) A가 진실을 말할 때,
   A : 파란색 구슬, B : 파란색 구슬, C : 노란색 구슬
   이 경우, 빨간색 구슬을 가진 사람이 없어서 모순이다.
2) B가 진실을 말할 때,
   A : 빨간색 또는 노란색 구슬, B : 빨간색 또는 노란색 구슬, C : 노란색 구슬
   이 경우, 파란색 구슬을 가진 사람이 없어서 모순이다.
3) C가 진실을 말할 때,
   A : 빨간색 또는 노란색 구슬, B : 파란색 구슬, C : 빨간색 또는 파란색 구슬
   이로부터, A는 노란색 구슬, B는 파란색 구슬, C는 빨간색 구슬을 가지고 있다.
1), 2), 3)에 의하여 빨간색, 파란색, 노란색 구슬을 받은 사람을 차례로 나열하면 C, B, A이다.

23 용의자 A, B, C, D 4명이 있다. 이들 중 A, B, C는 조사를 받는 중이며 D는 아직 추적 중이다. 4명 중에서 한 명만이 진정한 범인이며, A, B, C의 진술 중 한 명의 진술만이 참일 때 범인은 누구인가?

> • A : B가 범인이다.
> • B : 내가 범인이다.
> • C : D가 범인이다.

① A
② B
③ C
④ D

✔ 해설 만약 B가 범인이라면 A와 B의 진술이 참이어야 한다. 하지만 문제에서 한 명의 진술만이 참이라고 했으므로 A, B는 거짓을 말하고 있고 C의 진술이 참이다. 따라서 범인은 D이다.

24 다음 제시문을 읽고 바르게 추론한 것을 〈보기〉에서 모두 고른 것은?

> A회사에서는 1,500명의 소속 직원들이 마실 생수를 구입하기로 하였다. 모든 조건이 동일한 두 개의 생수회사가 최종 경쟁을 하게 되었다. 구입 담당자는 직원들에게 시음하게 하여 직원들이 가장 좋아하는 생수를 선정하고자 하였다. 다음과 같은 절차를 통하여 구입 담당자가 시음회를 주관하였다.
> - 직원들로부터 더 많이 선택 받은 생수회사를 최종적으로 선정한다.
> - 생수 시음회 참여를 원하는 직원을 대상으로 신청자를 접수하고 그 중 남자 15명과 여자 15명을 무작위로 선정하였다.
> - 두 개의 컵을 마련하여 하나는 1로 표기하고 다른 하나는 2로 표기하여 회사 이름을 가렸다.
> - 참가 직원들은 1번 컵의 생수를 마신 후 2번 컵의 생수를 마시고 둘 중 어느 쪽을 선호하는지 표시하였다.

〈보기〉
㉠ 참가자들이 특정 번호를 선호할 가능성을 고려하지 못하였다.
㉡ 참가자가 무작위로 선정되었으므로 전체 직원에 대한 대표성이 확보되었다.
㉢ 참가자의 절반은 2번 컵을 먼저 마시고 1번 컵을 나중에 마시도록 했어야 한다.
㉣ 우리나라의 남녀 비율이 50대 50이므로 남자직원과 여자직원을 동수로 뽑은 것은 적절하였다.

① ㉠㉡
② ㉠㉢
③ ㉡㉢
④ ㉡㉣

✔해설 ㉡ 참가자는 무작위로 선정한 것이 아니라 시음회의 참여를 원하는 직원을 대상으로 선정하였기 때문에 전체 직원에 대한 대표성이 확보되었다고 보기는 어렵다.
㉣ 대표성을 확보하기 위해서는 우리나라의 남녀 비율이 아닌 A회사의 남녀 비율을 고려하여 선정하는 것이 더 적절하다.

Answer 22.④ 23.④ 24.②

25 다음은 A의 소비상황과 각종 신용카드 혜택 정보이다. A가 가장 유리한 하나의 신용카드만을 결제수단으로 사용할 때 적절한 소비수단은?

- 뮤지컬, ○○테마파크 및 서점은 모두 B 신용카드의 문화 관련업에 해당한다.
- 신용카드 1포인트는 1원이고, 문화상품권 1매는 1만 원으로 가정한다.
- 혜택을 금전으로 환산하여 액수가 많을수록 유리하다.
- 액수가 동일한 경우 할인혜택, 포인트 적립, 문화상품권 지급 순으로 유리하다.
- 혜택의 액수 및 혜택의 종류가 동일한 경우 혜택 부여시기가 빠를수록 유리하다(현장 할인은 결제 즉시 할인되는 것을 말하며, 청구할인은 카드대금 청구 시 할인 되는 것을 말한다).

〈A의 소비상황〉

서점에서 여행서적(정가 각 3만 원) 3권과 DVD 1매(정가 1만 원)를 구입(직전 1개월 간 A신용카드 사용금액은 15만 원이며, D신용카드는 가입 후 미사용 상태임)

〈각종 신용카드의 혜택〉

A 신용카드	○○테마파크 이용 시 본인과 동행 1인의 입장료의 20% 현장 할인(단, 직전 1개월 간 A신용카드 사용금액이 30만 원 이상인 경우에 한함)
B 신용카드	문화 관련 가맹업 이용 시 총액의 10% 청구 할인(단, 할인되는 금액은 5만 원을 초과할 수 없음)
C 신용카드	이용 시마다 사용금액의 10%를 포인트로 즉시 적립. 사용금액이 10만 원을 초과하는 경우에는 사용금액의 20%를 포인트로 즉시 적립
D 신용카드	가입 후 2만 원 이상에 상당하는 도서류(DVD 포함) 구매 시 최초 1회에 한하여 1만 원 상당의 문화상품권 증정(단, 문화상품권은 다음달 1일에 일괄 증정)

① A 신용카드
② B 신용카드
③ C 신용카드
④ D 신용카드

> **해설** A의 소비상황을 봤을 때 A 신용카드 혜택이 없으며, B 신용카드는 1만 원 청구할인, C 신용카드는 1만 포인트 적립, D 신용카드는 1만 원 문화상품권을 증정한다. 액수가 동일한 경우 할인혜택, 포인트 적립, 문화상품권 지급 순으로 유리하다고 했으므로 A는 B 신용카드를 선택한다.

26 甲회사 인사부에 근무하고 있는 H부장은 각 과의 요구를 모두 충족시켜 신규 직원을 배치하여야 한다. 각 과의 요구가 다음과 같을 때 홍보과에 배정되는 사람은 누구인가?

> 〈신규 직원 배치에 대한 각 과의 요구〉
> • 관리과 : 5급이 1명 배정되어야 한다.
> • 홍보과 : 5급이 1명 배정되거나 6급이 2명 배정되어야 한다.
> • 재무과 : B가 배정되거나 A와 E가 배정되어야 한다.
> • 총무과 : C와 D가 배정되어야 한다.
> 〈신규 직원〉
> • 5급 2명(A, B)
> • 6급 4명(C, D, E, F)

① A
② B
③ C와 D
④ E와 F

✅ 해설   주어진 조건을 보면 관리과와 재무과에는 반드시 각각 5급이 1명씩 배정되고, 총무과에는 6급 2명이 배정된다. 인원수를 따져보면 홍보과에는 5급을 배정할 수 없기 때문에 6급이 2명 배정된다. 6급 4명 중에 C와 D는 총무과에 배정되므로 홍보과에 배정되는 사람은 E와 F이다. 각 과별로 배정되는 사람을 정리하면 다음과 같다.

관리과	A
홍보과	E, F
재무과	B
총무과	C, D

Answer   25.② 26.④

❙27-28❙ 다음은 ○○협회에서 주관한 학술세미나 일정에 관한 것으로 다음 세미나를 준비하는 데 필요한 일, 각각의 일에 걸리는 시간, 일의 순서 관계를 나타낸 표이다. 제시된 표를 바탕으로 물음에 답하시오. (단, 모든 작업은 동시에 진행할 수 없다.)

■ 세미나 준비 현황

구분	작업	작업시간(일)	먼저 행해져야 할 작업
가	세미나 장소 세팅	1	바
나	현수막 제작	2	다, 마
다	세미나 발표자 선정	1	라
라	세미나 기본계획 수립	2	없음
마	세미나 장소 선정	3	라
바	초청자 확인	2	라

27 현수막 제작을 시작하기 위해서는 최소 며칠이 필요하겠는가?

① 3일 ② 4일
③ 5일 ④ 6일

✔해설 현수막을 제작하기 위해서는 라, 다, 마가 선행되어야 한다. 따라서 세미나 기본계획 수립(2일)+세미나 발표자 선정(1일)+세미나 장소 선정(3일)=최소한 6일이 소요된다.

28 세미나 기본계획 수립에서 세미나 장소 세팅까지 모든 작업을 마치는 데 필요한 시간은?

① 10일 ② 11일
③ 12일 ④ 13일

✔해설 각 작업에 걸리는 시간을 모두 더하면 총 11일이다.

|29-30| 다음 글은 어린이집 입소기준에 대한 규정이다. 다음 글을 읽고 물음에 답하시오.

어린이집 입소기준

- 어린이집의 장은 당해시설에 결원이 생겼을 때마다 '명부 작성방법' 및 '입소 우선순위'를 기준으로 작성된 명부의 선 순위자를 우선 입소조치 한다.

명부작성방법
- 동일 입소신청자가 1·2순위 항목에 중복 해당되는 경우, 해당 항목별 점수를 합하여 점수가 높은 순으로 명부를 작성함
- 1순위 항목 당 100점, 2순위 항목 당 50점 산정
- 다만, 2순위 항목만 있는 경우 점수합계가 1순위 항목이 있는 자보다 같거나 높더라도 1순위 항목이 있는 자보다 우선순위가 될 수 없으며, 1순위 항목점수가 동일한 경우에 한하여 2순위 항목에 해당될 경우 추가합산 가능함
- 영유아가 2자녀 이상인 가구가 동일 순위일 경우 다자녀가구 자녀가 우선입소
- 대기자 명부 조정은 매분기 시작 월 1일을 기준으로 함

입소 우선순위
- 1순위
 - 국민기초생활보장법에 따른 수급자
 - 국민기초생활보장법 제24조의 규정에 의한 차상위계층의 자녀
 - 장애인 중 보건복지부령이 정하는 장애 등급 이상에 해당하는 자의 자녀
 - 아동복지시설에서 생활 중인 영유아
 - 다문화가족의 영유아
 - 자녀가 3명 이상인 가구 또는 영유아가 2자녀 가구의 영유아
 - 산업단지 입주기업체 및 지원기관 근로자의 자녀로서 산업 단지에 설치된 어린이집을 이용하는 영유아
- 2순위
 - 한부모 가족의 영유아
 - 조손 가족의 영유아
 - 입양된 영유아

Answer 27.④ 28.②

29 어린이집에 근무하는 A씨가 점수 합계를 내보니, 두 영유아가 1순위 항목에서 동일한 점수를 얻었다. 이 경우에는 어떻게 해야 하는가?

① 두 영유아 모두 입소조치 한다.
② 다자녀가구 자녀를 우선 입소조치 한다.
③ 한부모 가족의 영유아를 우선 입소조치 한다.
④ 2순위 항목에 해당될 경우 1순위 항목에 추가 합산 한다.

> ✔해설 명부작성방법에서 1순위 항목 점수가 동일한 경우에 한하여 2순위 항목에 해당될 경우 추가 합산 가능하다고 나와 있다.

30 다음에 주어진 영유아들의 입소 순위로 높은 것부터 나열한 것은?

> ㉠ 혈족으로는 할머니가 유일하나, 현재는 아동복지시설에서 생활 중인 영유아
> ㉡ 아버지를 여의고 어머니가 근무하는 산업단지에 설치된 어린이집을 동생과 함께 이용하는 영유아
> ㉢ 동남아에서 건너온 어머니와 가장 높은 장애 등급을 가진 한국인 아버지가 국민기초생활보장법에 의한 차상위 계층에 해당되는 영유아

① ㉠-㉡-㉢
② ㉡-㉠-㉢
③ ㉡-㉢-㉠
④ ㉢-㉡-㉠

> ✔해설 ㉢ 300점
> ㉡ 250점
> ㉠ 150점

31 다음 조건을 읽고 〈보기〉에서 옳은 설명을 고르면?

> - 과일 A에는 씨가 2개, 과일 B에는 씨가 1개 있다.
> - 철수와 영수는 각각 과일 4개씩을 먹었다.
> - 철수는 영수보다 과일 A를 1개 더 먹었다.
> - 철수는 같은 수로 과일 A와 B를 먹었다.

> 〈보기〉
> A : 영수는 B과일을 3개 먹었다.
> B : 두 사람이 과일을 다 먹고 나온 씨의 개수 차이는 1개이다.

① A만 옳다.
② B만 옳다.
③ A와 B 모두 옳다.
④ A와 B 모두 그르다.

> ✔해설 철수는 같은 수로 과일 A와 B를 먹었으므로 각각 2개씩 먹었다는 것을 알 수 있다. 철수는 영수보다 과일 A를 1개 더 먹었으므로, 영수는 과일 A를 1개 먹었다.

32 다음 중 밑줄 친 ㉠, ㉡ 사회관에 대한 분석으로 옳은 것은?

> 개인과 사회의 관계를 바라보는 상반된 관점이 있다. 하나는 ㉠ 개인은 사회라는 생명체의 한 부분이라는 견해로, 개인은 사회를 배경으로 저마다의 역할을 수행하며 사회를 떠나서는 존재할 수 없다고 본다. 다른 하나는 사회는 개인들이 자신들의 권리를 더 안전하게 지키고 향유하기 위해서 개개인들이 합의하여 만든 존재이기 때문에 ㉡ 개인이 없으면 사회도 존재할 수 없다는 견해이다.

① ㉠에 따르면 개인의 자유와 권리는 제한될 수 없다.
② ㉠에 따르면 개인 간의 상호 작용 분석을 통해 사회를 이해할 수 있다.
③ ㉡은 자유주의, 개인주의와 맥락을 함께 한다.
④ ㉡에 따르면 사회는 개인의 외부에서 영향력을 발휘한다.

> ✔해설 사회 명목론은 사회 전체의 이익보다는 개인의 권리를 중시한다는 점에서 자유주의, 개인주의와 맥락을 함께 한다.

Answer 29.④ 30.④ 31.③ 32.③

33 다음 조건을 읽고 옳은 설명을 고르면?

> - 날씨가 시원하면 기분이 좋다.
> - 배고프면 라면이 먹고 싶다.
> - 기분이 좋으면 마음이 차분하다.
> - '마음이 차분하면 배고프다'는 명제는 참이다.

> A : 날씨가 시원하면 라면이 먹고 싶다.
> B : 배고프면 마음이 차분하다.

① A만 옳다.
② B만 옳다.
③ A와 B 모두 옳다.
④ A와 B 모두 그르다.

> **해설** 날씨가 시원함→기분이 좋음→마음이 차분함→배고픔→라면이 먹고 싶음
> 따라서 A만 옳다.

34 A교육연구소 아동청소년연구팀에 근무하는 甲은 다음과 같은 연구를 시행하여 결과를 얻었다. 연구 결과를 상사에게 구두로 보고하자 결과를 뒷받침할 만한 직접적인 근거를 추가하여 보고서를 작성해 오라는 지시를 받았다. 다음 〈보기〉 중 근거로 추가할 수 있는 자료를 모두 고른 것은?

> [연구개요] 한 아동이 다른 사람을 위하여 행동하는 매우 극적인 장면이 담긴 'Lassie'라는 프로그램을 매일 5시간 이상 시청한 초등학교 1~2학년 아동들은 이와는 전혀 다른 내용이 담긴 프로그램을 시청한 아동들보다 훨씬 더 협조적이고 타인을 배려하는 행동을 보여주었다. 반면에 텔레비전을 통해 매일 3시간 이상 폭력물을 시청한 아동과 청소년들은 텔레비전 속에서 보이는 성인들의 폭력행위를 빠른 속도로 모방하였다.
> [연구결과] 텔레비전 속에서 보이는 폭력이 아동과 청소년의 범죄행위를 유발시킬 가능성이 크다.

〈보기〉
㉠ 전국의 소년교도소에 폭행죄로 수감되어 있는 재소자들은 6세 이후 폭력물을 매일 적어도 4시간 이상씩 시청했었다.
㉡ 전국의 성인교도소에 폭행죄로 수감되어 있는 재소자들은 6세 이후 폭력물을 매일 적어도 6시간 이상씩 시청했었다.
㉢ 전국의 소년교도소에 폭행죄로 수감되어 있는 청소년들은 매일 저녁 교도소 내에서 최소한 3시간씩 폭력물을 시청한다.
㉣ 6세에서 12세 사이에 선행을 많이 하는 아동들이 성인이 되어서도 선행을 많이 한다.

① ㉠
② ㉠, ㉡
③ ㉠, ㉡, ㉢
④ ㉡, ㉢, ㉣

✔해설 ㉠은 [연구개요] 중 '3시간 이상 폭력물을 시청한 아동과 청소년들은 텔레비전 속에서 보이는 성인들의 폭력행위를 빠른 속도로 모방하였다.'와 같은 맥락으로 볼 수 있는 자료로, [연구결과]를 뒷받침하는 직접적인 근거가 된다.
㉡ 성인의 범죄 행위 유발과 관련 자료이다.
㉢ 이미 범죄 행위를 저지르고 난 후 폭력물을 시청하는 조건이다.
㉣ 텔레비전 프로그램 시청이 선행에 영향을 미침을 증명하는 자료가 아니다.

Answer 33.① 34.①

35 다음 진술이 참이 되기 위해 꼭 필요한 전제를 〈보기〉에서 고르면?

〈진술〉
반장은 반에서 인기가 많다.

〈보기〉
㉠ 머리가 좋은 친구 중 몇 명은 반에서 인기가 많다.
㉡ 얼굴이 예쁜 친구 중 몇 명은 반에서 인기가 많다.
㉢ 반장은 머리가 좋다.
㉣ 반장은 얼굴이 예쁘다.
㉤ 머리가 좋거나 얼굴이 예쁘면 반에서 인기가 많다.
㉥ 머리가 좋고 얼굴이 예쁘면 반에서 인기가 많다.

① ㉠㉢
② ㉡㉣
③ ㉢㉥
④ ㉣㉤

✔해설 반장은 머리가 좋다. 또는 반장은 얼굴이 예쁘다(㉢ 또는 ㉣).
머리가 좋거나 얼굴이 예쁘면 반에서 인기가 많다(㉤).
∴ 반장은 반에서 인기가 많다.
※ ㉥의 경우 머리도 좋고 얼굴도 예뻐야 반에서 인기가 많다는 의미이므로 주어진 진술이 반드시 참이 되지 않는다.

36 다음 중 주어진 글의 빈칸에 들어갈 단어나 문장으로 가장 적절한 것을 고르면?

현대 사회에서 국가는 개인의 권리와 이익에 영향을 주는 다양한 행정 작용을 한다. 이에 따라 국가 활동으로 인해 손해를 입은 개인을 보호할 필요성이 커지게 되었다. 국가배상 제도는 국가 활동으로부터 손해를 입은 개인을 보호하기 위해 국가에게 손해배상 책임을 지운다. 이 제도는 19세기 후반 프랑스에서 법원의 판결 곧 판례에 의해 도입된 이래, 여러 나라에서 법률 또는 판례에 의해 인정되었다. 우리나라도 국가배상법을 제정하여 공무원의 법을 위반한 직무 집행으로 _____.

① 재판에 대한 국가배상 책임을 제한할 필요성이 인정되고 있다.
② 법관이 소신껏 재판 업무에 임할 수 있도록 독립을 보장하고 있다.
③ 법을 위반한 공무원에게 과중한 징계를 내리도록 하고 있다.
④ 손해를 입은 개인에게 국가가 그 손해를 배상하도록 하고 있다.

✔해설 문장의 첫머리에 우리나라도~ 라고 제시하고 있으므로 빈칸에는 문장 앞의 내용인 국가 활동으로 인해 손해를 입은 개인을 보호하는 것에 대한 내용이 나와야 하므로 ④가 정답이 된다.

37 다음은 5가지의 영향력을 행사하는 방법과 갑, 을의 발언이다. 갑과 을의 발언은 각각 어떤 방법에 해당하는가?

〈영향력을 행사하는 방법〉
- 합리적 설득 : 논리와 사실을 이용하여 제안이나 요구가 실행 가능하고, 그 제안이나 요구가 과업 목표 달성을 위해 필요하다는 것을 보여주는 방법
- 연합 전술 : 영향을 받는 사람들이 제안을 지지하거나 어떤 행동을 하도록 만들기 위해 다른 사람의 지지를 이용하는 방법
- 영감에 호소 : 이상에 호소하거나 감정을 자극하여 어떤 제안이나 요구사항에 몰입하도록 만드는 방법
- 교환 전술 : 제안에 대한 지지에 상응하는 대가를 제공하는 방법
- 합법화 전술 : 규칙, 공식적 방침, 공식 문서 등을 제시하여 제안의 적법성을 인식시키는 방법

〈발언〉
- 갑 : 이 기획안에 대해서는 이미 개발부와 재정부가 동의했습니다. 여러분들만 지지해준다면 계획을 성공적으로 완수할 수 있을 것입니다.
- 을 : 이 기획안은 우리 기업의 비전과 핵심가치들을 담고 있습니다. 이 계획이야말로 우리가 그동안 염원했던 가치를 실현함으로써 회사의 발전을 이룩할 수 있는 기회라고 생각합니다. 여러분이 그동안 고생한 만큼 이 계획은 성공적으로 끝마쳐야 합니다.

① 갑 : 합리적 설득, 을 : 영감에 호소
② 갑 : 연합 전술, 을 : 영감에 호소
③ 갑 : 연합 전술, 을 : 합법화 전술
④ 갑 : 영감에 호소, 을 : 합법화 전술

✔해설 ㉠ 갑 : 다른 사람들의 지지를 이용하기 때문에 '연합 전술'에 해당한다.
㉡ 을 : 기업의 비전과 가치를 언급함으로써 이상에 호소하여 제안에 몰입하도록 하기 때문에 '영감에 호소'에 해당한다.

Answer 35.④ 36.④ 37.②

38 다음 대화에 대한 분석으로 옳은 것은?

> 갑: 여성도 군대에 가는 것이 당연하다고 생각해. 여성도 남성과 마찬가지로 대한민국 국민이잖아.
> 을: 여성은 군대에 의무적으로 가지 않는 대신, 출산과 양육으로 인해 남성보다 임금이나 승진에서 불평등한 대우를 받고 있어.
> 병: 내 주변 사람들은 거의 다 여성이 군대에 가는 것에 찬성하던데?
> 정: 그보다 징병제가 우리 사회에 적합한지에 대해 먼저 생각해 봐야 하지 않을까?

① 갑의 진술은 사실 진술로만 구성되어 있다.
② 을의 진술은 경험적으로 증명이 어렵다.
③ 병은 객관적 태도를 취하고 있다.
④ 정은 성찰적 태도를 취하고 있다.

> ✔해설 모두가 당연시 하는 징병제의 적합성 자체를 비판적 시각으로 재고하려는 태도는 성찰적 태도에 해당한다.

39 다음 글에 나타난 일탈 이론에 해당하는 내용으로 옳은 것은?

> 사회에는 법 위반에 호의적인 가치와 비호의적인 가치가 모두 존재한다. 따라서 주위 사람들을 보면 법 위반에 호의적인 사람들이 있는가 하면 그렇지 않은 사람들도 있다. 그런데 어떤 사람이 주위 사람들 중에 법 위반에 호의적인 사람과 더 자주 만나고 상호 작용을 하게 되면 법 위반에 호의적인 가치를 갖게 되고 그러한 연유로 범죄를 저지르게 된다.

① 일탈 행동은 상대적으로 규정된다.
② 일탈 행동은 급격한 사회 변화가 원인이 된다.
③ 사회 규범의 통제력 회복을 통해 일탈이 억제된다.
④ 일탈자와의 접촉을 제한함으로써 일탈을 억제할 수 있다.

> ✔해설 차별적 교제 이론에서 일탈에 대한 해결책으로 제시하는 것은 일탈 행위자와의 접촉을 제한하는 것이다.

40 사회·문화 현상을 바라보는 관점 A, B에 대한 설명으로 옳지 않은 것은?

> A는 사회 체계를 공통적 가치 아래 안정되어 있다고 보는 데 비해, B에서는 갈등이 내재되어 있어 사회 체계가 근본적으로 불안정하므로 체제 유지보다는 체제의 구조적 변화가 불가피하다고 본다. 또한 A는 사회의 안정과 가치 합의에 관심을 갖는 데 비해, B는 사회 갈등으로 인한 사회 변동에 주로 관심을 갖는다.

① A는 B와 달리 현존하는 사회 체계의 유지를 강조한다.
② B는 A와 달리 사회적 역할이 강제적으로 배분되었다고 본다.
③ B는 A와 달리 지배 집단의 합의에 의해 사회 규범이 제정되었다고 본다.
④ A는 거시적 관점, B는 미시적 관점에 해당한다.

해설 기능론과 갈등론은 모두 거시적 관점에 해당한다.

41 다음에서 설명하는 일탈 이론에 부합하는 사례로 옳은 것은?

> 같은 행동이라도 아무 일 없으면 그냥 '일상'이 되고 문제가 생기면 '일탈'이 된다. 누구나 살면서 잘못을 저지르지만 적발되지 않으면 별 문제 없이 지나간다. 하지만 그것이 다른 사람들에게 적발되고 세상에 알려지면 상황은 급격히 변화한다. 자신을 대하는 사회적 시선이 예전과 달라졌음을 인식하게 되면서 그는 점점 일탈을 내면화하고 정상적인 사회 규범과 멀어진다.

① 실직 가장이 일확천금을 꿈꾸며 도박판에 뛰어들어 남은 재산을 모두 탕진한다.
② 폭행을 당한 피해자가 법에 호소하는 대신 친구들을 동원해 가해자에게 보복을 한다.
③ 교도소에서 소매치기 기술을 배운 전과자가 출소한 후 길거리에서 다른 사람의 지갑을 훔친다.
④ 부유층 아이의 싸움은 자연스러운 성장 과정으로, 빈민층 아이의 싸움은 비행으로 가는 과정으로 간주한다.

해설 동일한 행동이라도 일탈에 대한 기준이 서로 다르게 적용될 수 있음을 보여 주는 사례로, 이는 낙인 이론의 사례로 적절하다.

Answer 38.④ 39.④ 40.④ 41.④

42 A, B 두 조직에 대한 옳은 설명을 〈보기〉에서 고른 것은?

- A와 B는 모두 인위적으로 형성되었다.
- A는 목표 달성을 위해 능률의 논리에 따라 구성되나, B는 감정의 논리에 따라 구성된다.
- A는 그 조직의 모든 구성원들을 포함하는 데 비해, B는 A의 일부 구성원들만으로 이루어지며 소집단의 성격을 띤다.

〈보기〉
㉠ A는 구성원의 역할과 책임이 명확하다.
㉡ A보다 B는 가입과 탈퇴가 자유롭다.
㉢ A와 달리 B는 2차적 관계가 형성된다.
㉣ B는 A의 경직성을 강화하는 데 기여한다.

① ㉠, ㉡
② ㉠, ㉢
③ ㉡, ㉢
④ ㉡, ㉣

✔ 해설 ㉠ 공식 조직은 구성원의 역할과 책임이 분명하다.
㉡ 비공식 조직은 공식 조직보다 가입과 탈퇴가 자유롭다.

43 노인 문제를 바라보는 A~C의 대화에 대한 설명으로 옳은 것은?

A : 산업화로 인해 가족의 기능이 약화되면서 생기는 문제야.
B : 중년층 중심의 사회 구조로 인해 중년층이 노인들의 사회적 역할을 빼앗아 가기 때문에 발생하는 문제야.
C : 사람들이 노인들을 늙고 의존적인 존재로 인식하고 있으며, 노인들도 자신을 쓸모없는 존재로 인식하기 때문에 발생하는 문제야.

① A는 개인에게 영향을 미치는 사회 구조의 힘을 간과한다.
② B는 사회를 유기체에 비유할 것이다.
③ C는 개인을 구속하는 사회 구조의 힘에 주목한다.
④ A는 B와 달리 사회적 역할이 대다수 성원의 합의에 의한 것이라고 본다.

✔ 해설 사회적 역할이 대다수 사회 구성원의 합의에 의한 것이라고 보는 관점은 기능론이다.

44 두 사례에서 공통적으로 부각되어 있는 문화의 속성에 대한 진술로 가장 적절한 것은?

> • 우리나라 사람들이 돌무더기 탑을 지날 때 돌 하나를 얹는 이유를 외국 사람들은 알지 못한다.
> • 요즘 청소년들이 여러 단어의 첫 음절만을 이용하여 만든 줄임말의 의미를 기성세대는 알지 못한다.

① 문화는 환경의 특수성과 관계없이 공통성을 갖는다.
② 문화는 부분들이 모여 전체로서 하나의 체계를 이룬다.
③ 문화는 경험과 상징을 통해 세대 간에 전승되고 축적된다.
④ 문화는 구성원 간에 사고와 행동의 동질성을 형성하게 해 준다.

> ✔해설 두 사례는 같은 문화를 공유하는 사람들끼리 공통적인 생활양식을 가지고 있다는 점에서 공유성을 보여 주고 있다.

45 ㉠~㉣ 중 글의 흐름으로 볼 때 삭제해도 되는 문장은?

> 토의는 어떤 공통된 문제에 대해 최선의 해결안을 얻기 위하여 여러 사람이 의논하는 말하기 양식이다. ㉠패널 토의, 심포지엄 등이 그 대표적 예이다. ㉡토의가 여러 사람이 모여 공동의 문제를 해결하는 것이라면 토론은 의견을 모으지 못한 어떤 쟁점에 대하여 찬성과 반대로 나뉘어 각자의 주장과 근거를 들어 상대방을 설득하는 것이라 할 수 있다. ㉢패널 토의는 3~6인의 전문가들이 사회자의 진행에 따라, 일반 청중 앞에서 토의 문제에 대한 정보나 지식, 의견이나 견해 등을 자유롭게 주고받는 유형이다. ㉣심포지엄은 전문가가 참여한다는 점, 청중과 질의·응답 시간을 갖는다는 점에서는 패널토의와 비슷하다. 다만 전문가가 토의 문제의 하위 주제에 대해 서로 다른 관점에서 연설이나 강연의 형식으로 10분 정도 발표한다는 점에서는 차이가 있다.

① ㉠ ② ㉡
③ ㉢ ④ ㉣

> ✔해설 다음 글에서는 토의를 정의하고 토의의 종류에는 무엇이 있는지 예시를 들어 설명하고 있으므로 토론에 대해 정의하고 있는 ㉡은 삭제해도 된다.

Answer 42.① 43.④ 44.④ 45.②

46 (가)~(다)는 관료제에서 나타날 수 있는 일반적인 문제점이다. 이와 관련한 설명으로 옳지 않은 것은?

> (가) 복잡한 규정으로 많은 서류가 만들어지는 과정에서 본연의 업무 처리가 지연될 수 있다.
> (나) 의사 결정권이 상위 직급에 집중되어 권력의 남용이나 쏠림이 일어날 수 있다.
> (다) 승진 시 경력을 중시하므로 무능한 사람이 자기 능력 이상의 자리를 차지할 수 있다.

① (나)는 다양한 의사 결정 구조와 방식을 적용함으로써 완화할 수 있다.
② (다)는 인사 관리에서 연공서열보다 성과를 중시함으로써 완화할 수 있다.
③ (가)는 업무 처리의 형식적 절차를, (나)는 의사 결정의 일방성을 강조하는 과정에서 발생한다.
④ (나), (다)는 조직의 과업과 목적에 따라 조직 형태가 수시로 변화하는 과정에서 발생한다.

✔해설 조직의 과업과 목적에 따라 수시로 조직 형태가 변화하는 것은 탈관료제의 특징이다.

47 포항으로 홀로 여행을 떠난 A는 오후 늦게서야 배고픔을 느끼게 되어 주변 A횟집으로 들어갔다. 하지만 메뉴판을 보는 순간 너무나 많은 종류의 회를 보고 A는 무엇을 선택해야 할지 고민하고 있다. 다음 중 아래와 같은 선택에 대한 평가기준이 제시된 경우 보완적 평가방식에 의해 A가 선택하게 되는 횟감의 종류는 무엇인가?

평가기준	중요도	횟감 종류에 대한 평가			
		광어	우럭	물회	참치
가격	40	2	2	1	7
반찬 종류	30	2	3	1	5
서비스 수준	50	2	2	2	4

① 광어
② 우럭
③ 물회
④ 참치

✔해설 보완적 평가방식은 각 상표에 있어 어떤 속성의 약점을 다른 속성의 강점에 의해 보완하여 전반적인 평가를 내리는 방식을 의미한다. 이를 계산하면 다음과 같다.
• 광어=(40×2)+(30×2)+(50×2)=240
• 우럭=(40×2)+(30×3)+(50×2)=270
• 물회=(40×1)+(30×1)+(50×2)=170
• 참치=(40×7)+(30×5)+(50×4)=630
그러므로 A는 보완적 평가방식에 의해 가장 높은 값이 나온 참치회를 선택하게 된다.

48 다음과 같은 문제 상황을 인지한 A사는 甲의 행위를 절도로 판단하고 이를 위한 대책을 수립하려고 한다. 이러한 문제 상황에 봉착한 A사가 가장 먼저 해야 할 일로 적절한 것은 다음 보기 중 어느 것인가?

> 甲은 A사의 기술연구소 기술고문으로 근무하면서 주도적으로 첨단기술 제조공법을 개발했음에도 뚜렷한 상여금이나 인센티브를 받지 못하고 승진에서도 누락된 사실을 알고 불만을 품게 됐다. 당시 반도체 분야에 새로이 진출하고자 하는 경쟁업체인 B사에서 이와 같은 사실을 알고 甲이 A사에서 받던 급여조건보다 월등하게 좋은 연봉, 주택제공 등의 조건을 제시하여 甲을 영입하기로 했다.
> 甲은 B사의 상무이사로 입사하기로 하고, A사의 기술 및 영업 자료를 향후 B사의 생산 및 판매 자료로 활용할 것을 마음먹고 A사 사무실에서 회사의 기술상·영업상의 자료들인 매출단가 품의서, 영업추진계획, 반도체 조립공정 문제점 및 개선대책 등을 서류가방에 넣어 가지고 나와 이를 B사에 넘겨주었다.

① 자료 유출 시의 전 직원에 대한 강화되고 엄격해진 규정을 마련하여 즉시 실시한다.
② 강화된 보안 대책과 함께 컴퓨터 파일 유출을 방지할 수 있는 기술 도입을 검토한다.
③ 인센티브나 승진 문제 등 甲의 행위가 촉발된 근본 원인을 찾아낸다.
④ 어떻게 자료 유출이 가능했는지를 확인하고 甲과 B사에 대한 대응방안을 정확히 수립한다.

> **해설** 문제를 해결하기 위해서는 다음과 같은 5단계를 거치게 되는 것이 일반적이다.
> • 문제 인식 : 해결해야 할 전체 문제를 파악하여 우선순위를 정하고, 선정문제에 대한 목표를 명확히 하는 단계
> • 문제 도출 : 선정된 문제를 분석하여 해결해야 할 것이 무엇인지를 명확히 하는 단계
> • 원인 분석 : 파악된 핵심문제에 대한 분석을 통해 근본 원인을 도출하는 단계
> • 해결안 개발 : 문제로부터 도출된 근본원인을 효과적으로 해결할 수 있는 최적의 해결방안을 수립하는 단계
> • 실행 및 평가 : 해결안 개발을 통해 만들어진 실행계획을 실제 상황에 적용하는 활동으로 당초 장애가 되는 문제의 원인들을 해결안을 사용하여 제거하는 단계
> 따라서 보기 ④와 같이 해결할 문제가 무엇인지를 확인하고 甲과 B사에 대한 대응의 목표를 명확히 수립하는 것이 최우선 되어야 할 일이라고 할 수 있다.
> ① 실행 및 평가의 단계에 해당된다.
> ② 해결안 개발의 단계에 해당된다.
> ③ 원인 분석의 단계에 해당된다.

Answer 46.④ 47.④ 48.④

49 8층에서 엘리베이터를 타게 된 갑, 을, 병, 정, 무 5명은 5층부터 내리기 시작하여 마지막 다섯 번째 사람이 1층에서 내리게 되었다. 다음 〈조건〉을 만족할 때, 1층에서 내린 사람은 누구인가?

〈조건〉
- 2명이 함께 내린 층은 4층이며, 나머지는 모두 1명씩만 내렸다.
- 을이 내리기 직전 층에서는 아무도 내리지 않았다.
- 무는 정의 바로 다음 층에서 내렸다.
- 갑과 을은 1층에서 내리지 않았다.

① 갑
② 을
③ 병
④ 정

✔ 해설 문제의 내용과 조건의 내용에서 알 수 있는 것은 다음과 같다.
- 5층과 1층에서는 적어도 1명이 내렸다.
- 4층에서는 2명이 내렸다. → 2층 또는 3층 중 아무도 내리지 않은 층이 한 개 있다.

그런데 네 번째 조건에 따라 을은 1층에서 내리지 않았고, 두 번째 조건에 따라 을이 내리기 직전 층에서는 아무도 내리지 않아야 하므로, 을은 2층에서 내렸고 3층에서는 아무도 내리지 않은 것이 된다(∵ 2층 또는 3층 중 아무도 내리지 않은 층이 한 개 있으므로)

또한 무는 정의 바로 다음 층에서 내렸다는 세 번째 조건에 따르면, 정이 5층에서 내리고 무가 4층에서 내린 것이 된다.

네 번째 조건에서 갑은 1층에서 내리지 않았다고 하였으므로, 2명이 함께 내린 층인 4층에서 무와 함께 내린 것이고, 결국 1층에서 내릴 수 있는 사람은 병이 된다.

50 다음 SWOT 분석기법에 대한 설명과 분석 결과 사례를 토대로 한 대응 전략으로 가장 적절한 것은?

> SWOT 분석은 내부 환경요인과 외부 환경요인의 2개의 축으로 구성되어 있다. 내부 환경요인은 자사 내부의 환경을 분석하는 것으로 분석은 다시 자사의 강점과 약점으로 분석된다. 외부환경요인은 자사 외부의 환경을 분석하는 것으로 분석은 다시 기회와 위협으로 구분된다. 내부환경요인과 외부환경요인에 대한 분석이 끝난 후에 매트릭스가 겹치는 SO, WO, ST, WT에 해당되는 최종 분석을 실시하게 된다. 내부의 강점과 약점을, 외부의 기회와 위협을 대응시켜 기업의 목표를 달성하려는 SWOT 분석에 의한 발전전략의 특성은 다음과 같다.
> • SO전략 : 외부 환경의 기회를 활용하기 위해 강점을 사용하는 전략 선택
> • ST전략 : 외부 환경의 위협을 회피하기 위해 강점을 사용하는 전략 선택
> • WO전략 : 자신의 약점을 극복함으로써 외부 환경의 기회를 활용하는 전략 선택
> • WT전략 : 외부 환경의 위협을 회피하고 자신의 약점을 최소화하는 전략 선택
>
> [분석 결과 사례]
>
> | 강점(Strength) | • 해외 조직 관리 경험 풍부
• 자사 해외 네트워크 및 유통망 다수 확보 |
> |---|---|
> | 약점(Weakness) | • 순환 보직으로 인한 잦은 담당자 교체로 업무 효율성 저하
• 브랜드 이미지 관리에 따른 업무 융통성 부족 |
> | 기회(Opportunity) | • 현지에서 친숙한 자사 이미지
• 현지 정부의 우대 혜택 및 세제 지원 약속 |
> | 위협(Threat) | • 경쟁업체와의 본격 경쟁체제 돌입
• 환율 불안에 따른 환차손 우려 |

내부환경 외부환경	강점(Strength)	약점(Weakness)
기회(Opportunity)	① 세제 혜택을 통하여 환차손 리스크 회피 모색	② 타 해외 조직의 운영 경험을 살려 업무 효율성 벤치마킹
위협(Threat)	③ 다양한 유통채널을 통하여 경쟁체제 우회 극복	④ 해외 진출 경험으로 축적된 우수 인력 투입으로 업무 누수 방지

 네트워크와 유통망이 다양한 것은 자사의 강점이며 이를 통하여 심화되고 있는 경쟁업체와의 경쟁을 우회하여 돌파할 수 있는 전략은 주어진 환경에서 적절한 ST전략이라고 볼 수 있다.
① 세제 혜택(O)을 통하여 환차손 리스크 회피 모색(T)
② 타 해외 조직의 운영 경험(S)을 살려 업무 효율성 벤치마킹(W)
④ 해외 진출 경험으로 축적된 우수 인력(S) 투입으로 업무 누수 방지(W)

Answer 49.③ 50.③

CHAPTER 03 자원관리능력

┃1-2┃ 다음은 각 업종에 따른 지구별 기초 수익과 인접 지구 업종에 따른 시너지 효과를 나타낸 것이다. 주어진 자료를 참고하여 물음에 답하시오.

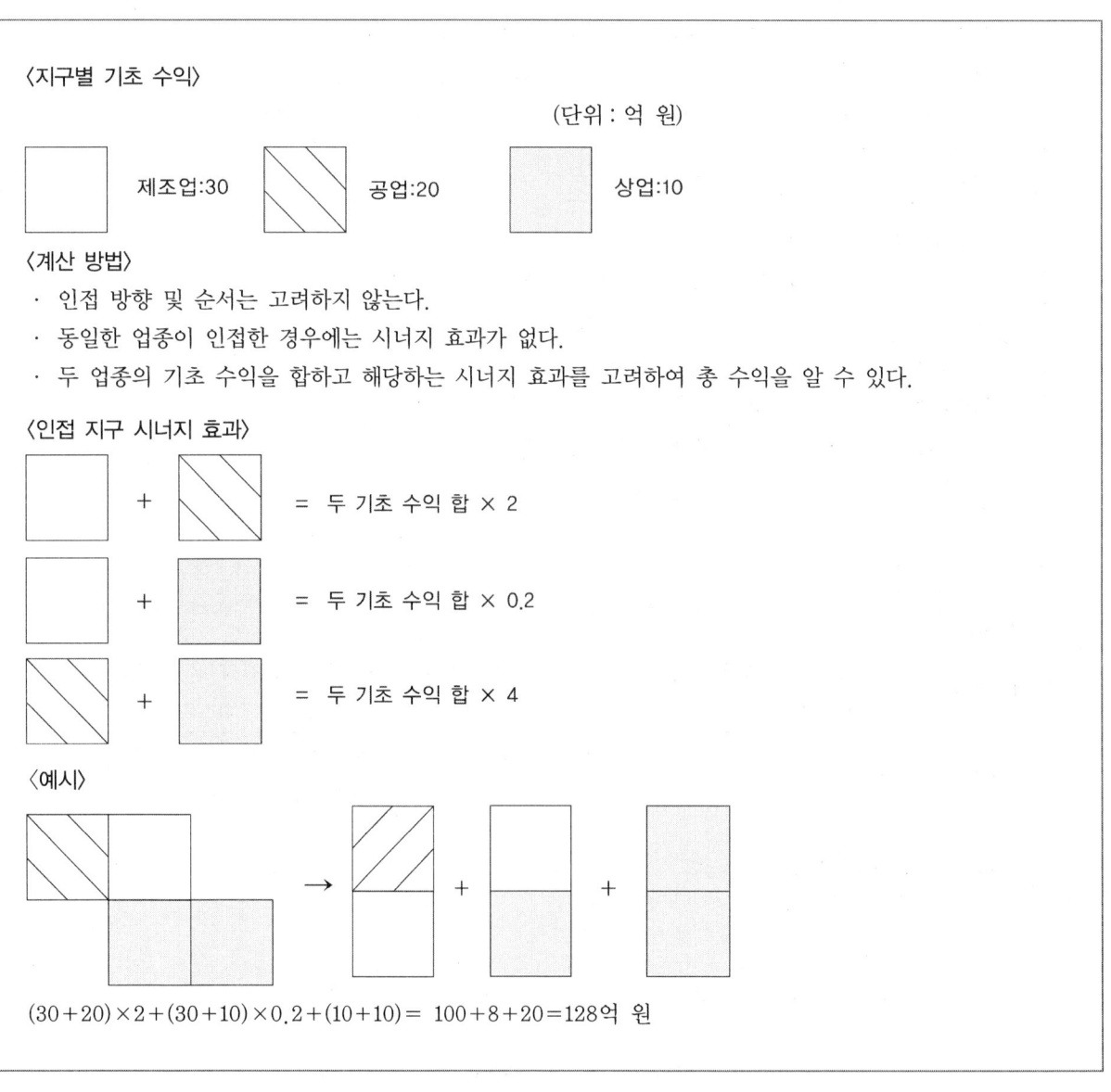

1 새로 개발되는 지역의 업종 지구 계획이 다음과 같다고 할 때, 기대되는 총 수익은 얼마인가?

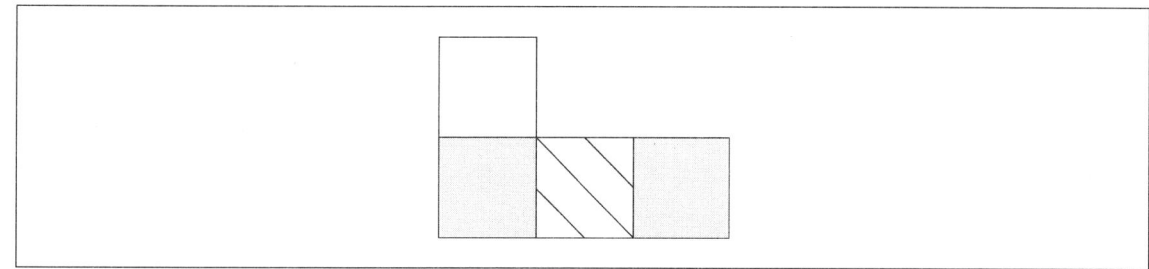

① 188억 원 ② 207억 원
③ 248억 원 ④ 269억 원

✔ 해설

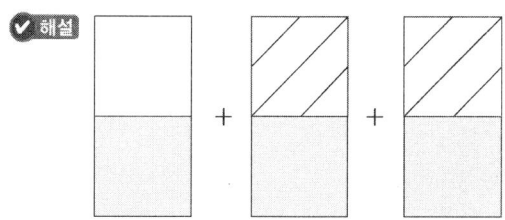

$(30+10) \times 0.2 + (20+10) \times 4 \times 2 = 8 + 240 = 248$억 원

Answer 1.③

2 총 수익이 400억 원 이상이 되기 위해서는 ? 가 표시된 지역에 어떤 업종이 들어와야 하는가?

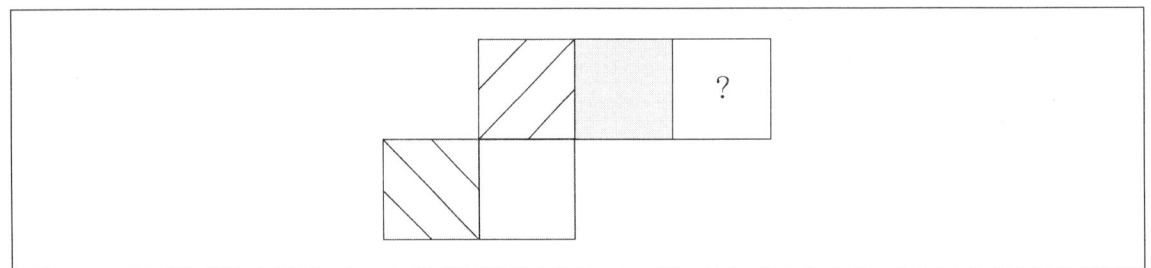

① 제조업 ② 공업
③ 서비스업 ④ 모두 가능

✔해설

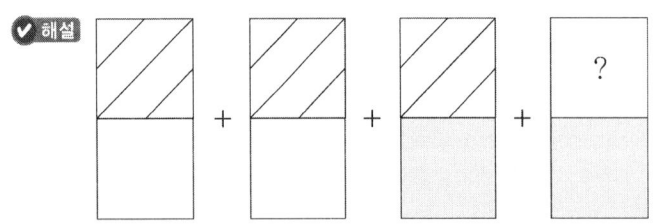

$(30+20) \times 2 \times 2 + (20+10) \times 4 = 320$억 원이다.
?가 상업인 경우 +20, 제조업인 경우 +8, 공업인 경우 +120이므로 총 수익이 400억 원 이상이 되기 위해서는 공업이 들어와야 한다.

3 다음은 A, B 두 제품을 1개씩 만드는 데 필요한 전력과 연료 및 하루 사용 제한량이다. A는 1개당 5만 원, B는 1개당 2만 원의 이익이 생기고, 두 제품 A, B를 총 50개 생산한다고 할 때, 이익을 최대로 하려면 제품 A는 몇 개를 생산해야 하는가?

제품	A제품	B제품	하루 사용 제한량
전력(kWh)	50	20	1,600
연료(L)	3	5	240

① 16개 ② 18개
③ 20개 ④ 24개

✔해설 A제품의 생산량을 x개라 하면, B제품의 생산량은 $(50-x)$개이므로,
$50x + 20(50-x) \leq 1,600$ …… ㉠
$3x + 5(50-x) \leq 240$ …… ㉡
㉠을 정리하면 $x \leq 20$
㉡을 정리하면 $x \geq 5$
따라서 ㉠과 ㉡을 합치면 $5 \leq x \leq 20$이므로,
이익이 더 큰 A제품을 x의 최댓값인 20개 생산할 때 이익이 최대가 된다.

4 김 대리는 각 영업소를 방문하여 앞으로 추진될 사업 안내서를 1부씩 전달하기 위해 본사에서 출발하여 모든 영업소를 방문한 후 다시 본사로 돌아오려고 한다. 가장 가까운 거리를 고르면?

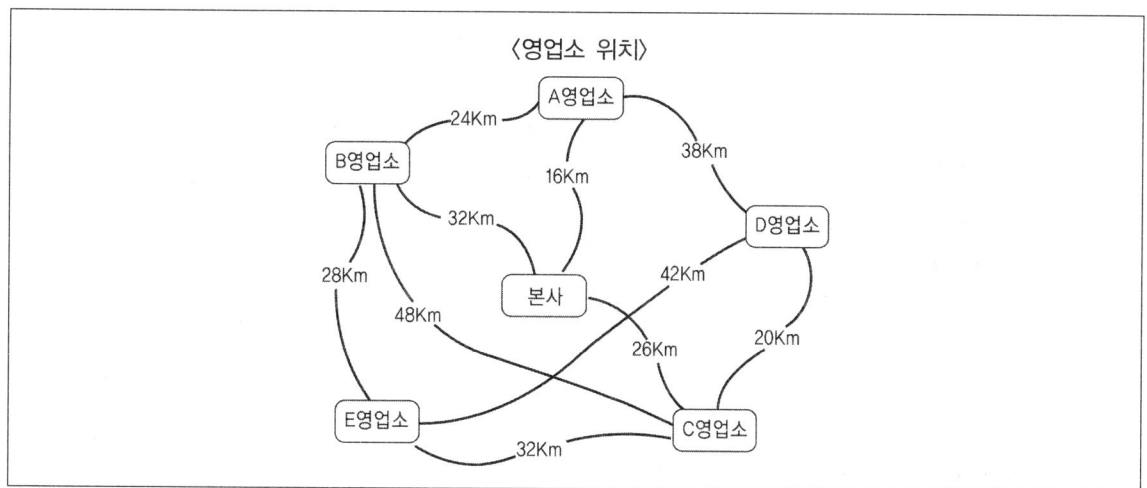

① 146km
② 156km
③ 166km
④ 176km

> **해설** 주어진 자료를 보면 본사에서 B영업소까지 거리가 가장 멀기 때문에 A영업소나 C영업소로 출발하고 돌아오는 루트가 최단거리가 된다. 따라서 '본사-A-B-E-D-C-본사'의 순서 또는 그 역순으로 방문하는 것이 가장 짧다. 따라서 156km가 적절하다.

Answer 2.② 3.③ 4.②

5 근로자의 근로 여건에 대한 다음 자료를 바탕으로 〈보기〉에서 옳은 것을 모두 고르면?

〈근로자 근로 시간 및 임금〉

(단위: 일, 시간, 천 원)

구분	2022년	2023년	2024년	2025년
근로일수	21.3	21.1	20.9	21.1
근로시간	179.9	178.1	177.1	178.4
임금총액	3,178	3,299	3,378	3,490

〈보기〉

(가) 1일 평균 근로 시간은 2024년이 가장 많다.
(나) 1일 평균 임금총액은 매년 증가하였다.
(다) 1시간 당 평균 임금총액은 매년 증가하였다.
(라) 근로 시간이 더 많은 해에는 임금총액도 더 많다.

① (가), (나) ② (나), (다)
③ (다), (라) ④ (가), (나), (다)

✔해설
(가) 1일 평균 근로시간은 '근로 시간 ÷ 근로일수'로 계산할 수 있으며, 연도별로 8.45시간, 8.44시간, 8.47시간, 8.45시간으로 2024년이 가장 많다.
(나) 1일 평균 임금총액은 '임금총액 ÷ 근로일수'로 계산할 수 있으며, 연도별로 149.2천 원, 156.4천 원, 161.6천 원, 165.4천 원으로 매년 증가하였다.
(다) 1시간 당 평균 임금총액은 '임금총액 ÷ 근로 시간'으로 계산할 수 있으며, 연도별로 17.7천 원, 18.5천 원, 19.1천 원, 19.6천 원으로 매년 증가하였다.
(라) 2022년~2025년의 수치로 확인해 보면, 근로 시간이 더 많은 해에 임금총액도 더 많다고 할 수 없으므로 비례관계가 성립하지 않는다.

6 다음 표는 T통신사에서 시행하는 휴대전화 요금제 방식이다. 다음과 같은 방식으로 통화를 할 경우, 한 달 평균 휴대전화 사용 시간이 몇 분 이상일 때부터 B요금제가 유리한가?

요금제	기본요금(원)	1분당 전화 요금(원)
A	15,000	180
B	18,000	120

① 35분
② 40분
③ 45분
④ 50분

✔해설 한 달 평균 휴대전화 사용 시간을 x라 하면 다음과 같은 공식이 성립한다.
$15,000 + 180x > 18,000 + 120x$
$60x > 3,000$
$x > 50$
따라서 휴대전화 사용 시간이 50분 이상일 때부터 B요금제가 유리하다고 할 수 있다.

7 업무상 지출하는 비용은 회계 상 크게 직접비와 간접비로 구분할 수 있으며, 이러한 지출 비용을 개인의 가계에 대입하여 구분할 수도 있다. M씨의 개인 지출 내역이 다음과 같을 경우, M씨의 전체 지출 중 간접비가 차지하는 비중은 얼마인가?

(단위: 만 원)

보험료	공과금	외식비	전세 보증금	자동차 보험료	의류 구매	병원 치료비
20	55	60	10,000	11	40	15

① 약 13.5%
② 약 8.8%
③ 약 0.99%
④ 약 4.3%

✔해설 업무상 지출의 개념이 개인 가계에 적용될 경우, 의식주에 직접적으로 필요한 비용은 직접비용, 세금, 보험료 등의 비용은 간접비용에 해당된다. 따라서 간접비용은 보험료, 공과금, 자동차 보험료, 병원비로 볼 수 있다. 총 지출 비용이 10,201만 원이며, 이 중 간접비용이 20+55+11+15=101만 원이므로 101÷10,201×100=약 0.99%가 됨을 알 수 있다.

Answer 5.④ 6.④ 7.③

8 다음은 중·저준위방사성폐기물 처분시설 유치 관련 주민투표 결과를 나타내는 표이다. 중·저준위방사성폐기물 처분시설 부지선정은 19년간 표류하였던 최장기 국책사업이 최초로 주민투표를 통해 결정됨으로써 풀뿌리 민주주의 실현을 통한 효과적인 폐자원 처리능력과 함께 사회적 갈등에 대한 민주적 해결사례의 새로운 모델을 제시한 바 있다. 다음 〈보기〉의 설명을 토대로 할 때, 빈 칸 ㉠~㉣에 들어갈 알맞은 지역 명을 순서대로 나열한 것은 어느 것인가?

(단위: 명)

구분	㉠	㉡	㉢	㉣
총 선거인수	208,607	196,980	37,536	374,697
투표인수	147,625	138,192	30,107	178,586
-부재자 투표	70,521	65,336	9,523	63,851
-기표소 투표	77,115	72,856	20,584	114,735
투표율(%)	70.8	70.2	80.2	47.7
찬성률(%)	89.5	84.4	79.3	67.5

〈보기〉
1. 영덕군과 포항시의 총 선거인수의 합은 네 개 지역 전체 선거인 수의 절반이 넘는다.
2. 영덕군과 군산시의 기표소 투표자의 합은 10만 명을 넘지 않는다.
3. 경주시와 군산시의 찬성율 차이는 군산시와 영덕군의 찬성율 차이와 정확히 같다.

① 포항시 – 군산시 – 영덕군 – 경주시
② 경주시 – 영덕군 – 군산시 – 포항시
③ 군산시 – 경주시 – 영덕군 – 포항시
④ 경주시 – 군산시 – 영덕군 – 포항시

해설 보기 1에 의하면 네 개 지역 총 선거인수가 817,820명이며 영덕군과 포항시의 총 선거인수를 더하여 40만 명이 넘어야 하므로 ㉣은 반드시 영덕군 또는 포항시가 된다.
보기2에 의하면 영덕군과 군산시의 기표소 투표자 합이 10만 명을 넘지 않아야 하므로 ㉣은 영덕군과 군산시가 될 수 없음을 알 수 있다. 따라서 보기1과 보기2에 의해 ㉣은 포항시가 될 수밖에 없다. 또한 영덕군과 군산시는 ㉠과 ㉢ 또는 ㉡과 ㉢중 한 지역이어야 한다.
보기 3에 의해 경주시, 영덕군과 각각 5.1%p의 찬성율 차이를 보이는 ㉡이 군산시가 됨을 알 수 있다. 따라서 ㉢이 영덕군이 되며, 나머지 ㉠이 경주시가 됨을 알 수 있다. 따라서 이를 정리하면, 순서대로 경주시 – 군산시 – 영덕군 – 포항시가 된다.

9 다음은 특정 시점의 국가별 에너지 순위를 나타낸 자료이다. 다음 자료를 보고 해석한 〈보기〉와 같은 의견 중 자료의 내용에 비추어 합리적이라고 볼 수 없는 것을 모두 고른 것은 무엇인가?

구분	1위	2위	3위	4위	5위	6위	7위	8위	9위	10위
에너지소비 (백만toe)	중국 3,052	미국 2,216	인도 823	러시아 711	일본 442	독일 306	브라질 303	캐나다 280	한국 268	프랑스 243
석유소비 (백만tco2)	미국 838	중국 527	일본 197	인도 181	사우디 160	러시아 151	브라질 143	독일 110	한국 108	캐나다 103
전력소비 (TWh)	중국 5,357	미국 4,137	인도 1,042	일본 995	러시아 949	독일 569	캐나다 552	한국 533	브라질 531	프랑스 460

〈보기〉

가. 인구가 많은 나라는 에너지와 전력의 소비가 대체적으로 많다고 볼 수 있다.
나. 1~5위권 국가 중, 에너지 소비량 대비 석유 소비량이 가장 많은 나라는 사우디를 제외하면 미국이다.
다. 1~5위권 국가 중, 석유와 전력의 소비량 비율 차이가 가장 큰 나라는 인도이다.

① 가, 나
② 가, 다
③ 나, 다
④ 다

✔ 해설 〈보기〉의 의견을 살펴보면 다음과 같다.
가. 중국, 미국, 인도 등의 나라가 소비 순위 1~3위를 차지하고 있다는 것은 인구수와 에너지 및 전력의 소비량이 대체적으로 비례한다고 볼 수 있다.
나. 단순 수치로 비교할 경우, 미국은 에너지 소비량 대비 석유 소비량이 838÷2,216×100 =약 38% 수준이나, 일본은 197÷442×100=약 45% 수준이므로 일본이 가장 많다.
다. 석유 : 전력의 비율을 의미하므로 인도의 경우 1,042÷181=약 5.8배이나 중국의 경우 5,357÷527=약 10.2배이므로 중국의 비율 차이가 가장 크다(어림값으로도 비교 가능).

Answer 8.④ 9.③

10 다음은 오 과장과 권 대리가 다니고 있는 직장의 수당지급에 대한 자료이다. 다음에 근거할 때, 오 과장과 권 대리가 받게 될 수당의 합계 금액은 얼마인가?

<수당지급규정>

수당의 종류	지급액 계산방법
시간외 근무수당	통상임금×1.5÷200×근무시간
야간 근무수당	통상임금×0.5÷200×근무시간
휴일 근무수당	통상임금×0.5÷200×근무시간

* 2개 이상의 근무가 겹치는 경우, 시간외 근무로 판단함.

<추가 근무 시간 내역>

	시간외 근무	야간 근무	휴일 근무
오 과장	18시간	4시간	8시간
권 대리	22시간	5시간	12시간

* 오 과장과 권 대리의 통상임금은 각각 320만 원과 280만 원임.

① 110.9만 원
② 108.3만 원
③ 102.8만 원
④ 98.5만 원

해설 두 사람이 받게 될 수당을 계산하여 표로 정리하면 다음과 같다.

	시간외 근무	야간 근무	휴일 근무	합계
오 과장	320×1.5÷200×18=43.2만 원	320×0.5÷200×4=3.2만 원	320×0.5÷200×8=6.4만 원	52.8만 원
권 대리	280×1.5÷200×22=46.2만 원	280×0.5÷200×5=3.5만 원	280×0.5÷200×12=8.4만 원	58.1만 원

따라서 두 사람의 수당 합계 금액은 52.8+58.1=110.9만 원이 된다.

11 다음에 제시된 인사제도 중, 인력 배치의 원칙인 '적재적소 주의', '능력주의', '균형주의'가 나타나 있는 항목을 순서대로 적절히 연결한 것은 보기 중 어느 것인가?

채용	• 학력 및 연령 제한 철폐·····················(가) • 공개경쟁 원칙
보직	• 순환보직을 원칙으로 탄력적인 인력 배치·····················(나) • 사내공모를 통한 해외근무자 선발·················(다) • 인사상담등록시스템에 의한 투명한 인사
승진	• 능력과 성과에 따른 승진관리 • 승진 심사 및 시험에 의한 승진자 결정
평가	• 역량평가 및 업적평가·····················(라) • 상사·부하·동료·본인에 의한 다면평가시스템 운영···········(마)

① (가), (나), (라)
② (라), (나), (다)
③ (나), (가), (라)
④ (마), (라), (나)

✔해설 순환보직을 원칙으로 탄력적인 인력 배치는 조직의 상황과 개인의 역량 및 특성에 맞는 인력의 적재적소 배치를 위한 방안으로 볼 수 있다. 또한, 학력이나 연령 등의 폐지는 실제 업무에 필요한 능력과 자질을 갖추고도 학력이나 연령 제한에 의해 능력이 사장되는 상황을 방지할 수 있는 방안이 될 수 있어 능력주의 원칙으로 볼 수 있으며, 역량과 업적을 평가하여 각 조직 간 인력 배치의 균형을 이룰 수 있는 근거를 마련할 수 있다는 점에서 균형주의 원칙으로 볼 수 있다.

Answer 10.① 11.③

12 아래의 도표가 〈보기〉와 같은 내용의 근거 자료로 제시되었을 경우, 밑줄 친 ㉠~㉣ 중 도표의 내용에 비추어 올바르지 않은 설명은 어느 것인가?

〈미국 멕시코 만에서 각 경로별 수송 거리〉

(단위 : 해리)

		파나마 운하	수에즈 운하	희망봉	케이프 혼
아시아	일본(도쿄만)	9,141	14,441	15,646	16,687
	한국(통영)	9,954	–	15,375	–
	중국(광동)	10,645	13,020	14,297	17,109
	싱가포르	11,955	11,569	12,972	16,878
	인도	14,529	9,633	12,079	–
남미	칠레	4,098	–	–	8,965

〈보기〉

㉠미국 멕시코만-파나마 운하-아시아로 LNG를 운송할 경우, 수송거리 단축에 따라 수송시간도 단축될 것으로 보인다. 특히, 전 세계 LNG 수입 시장의 75%를 차지하는 중국, 한국, 일본, 대만 등 아시아 시장으로의 수송 시간 단축은 자명하다. 예를 들어, ㉡미국 멕시코만-파나마-일본으로 LNG 수송 시간은 대략 20일 정도 소요되는 반면, 수에즈 운하 통과 시 약 31일 소요되고, 아프리카의 남쪽 이용 시 약 34일 정도 소요된다. 같은 아시아 시장이라고 할지라도 인도, 파키스탄의 경우는 수에즈 운하나 남아프리카 희망봉을 통과하는 것이 수송시간 단축에 유리하며, ㉢싱가포르의 경우는 수에즈 운하나 희망봉을 경유하는 것이 파나마 운하를 이용하는 것보다 적은 수송시간이 소요된다. 또한, 미국 멕시코만-남미 수송시간도 단축될 것으로 예상되는데, 콜롬비아 및 에콰도르의 터미널까지는 20일이 단축이 되어 기존 25일에서 5일이 걸리고, ㉣칠레의 기화 터미널까지는 기존 20일에서 8~9일로 약 12일이 단축이 된다. 파나마 운하를 통과함으로써 수송거리 단축에 따른 수송비용 절감효과도 있다. 3.5bcf LNG 수송선을 기준으로 파나마운하관리청(Panama Canal Authrity)의 신규 통행료를 적용하여 왕복 통행료를 추정하면 대략 $0.2/MMBtu이다. 이를 적용하여 미국 멕시코만-파나마-아시아시장으로의 LNG 왕복 수송비용을 계산하면 파나마 운하 대신 수에즈 운하나 케이프 혼을 통과하는 경로에 비해서 대략 9~12%의 비용절감이 예상된다. 한편, IHS 자료를 바탕으로 비용 절감효과를 계산해 보면, 파나마 운하 이용 시 미국 멕시코만-수에즈-아시아 경로보다 대략 $0.3/MMBtu~$0.8/MMBtu 정도 비용이 절감되고, 희망봉 통과 경로보다 약 $0.2/MMBtu~$0.7/MMBtu 정도 절약되는 것으로 분석된다.

① ㉠   ② ㉡
③ ㉢   ④ ㉣

✓해설 싱가포르의 경우 수에즈 운하를 경유하는 것이 가장 짧은 거리이며, 다음으로 파나마 운하, 희망봉 순임을 알 수 있다.

| 13-14 | 다음은 특정 시점 A국의 B국에 대한 주요 품목의 수출입 내역을 나타낸 것이다. 이를 보고 물음에 답하시오.

(단위 : 천 달러)

수출		수입		합계	
품목	금액	품목	금액	품목	금액
섬유류	352,165	섬유류	475,894	섬유류	828,059
전자전기	241,677	전자전기	453,907	전자전기	695,584
잡제품	187,132	생활용품	110,620	생활용품	198,974
생활용품	88,354	기계류	82,626	잡제품	188,254
기계류	84,008	화학공업	38,873	기계류	166,634
화학공업	65,880	플라스틱/고무	26,957	화학공업	104,753
광산물	39,456	철강금속	9,966	플라스틱/고무	51,038
농림수산물	31,803	농림수산물	6,260	광산물	39,975
플라스틱/고무	24,081	잡제품	1,122	농림수산물	38,063
철강금속	21,818	광산물	519	철강금속	31,784

13 다음 중 위의 도표에서 알 수 있는 A국↔B국간의 주요 품목 수출입 내용이 아닌 것은 어느 것인가? (단, 언급되지 않은 품목은 고려하지 않는다.)

① A국은 B국과의 교역에서 수출보다 수입을 더 많이 한다.
② B국은 1차 산업의 생산 또는 수출 기반이 A국에 비해 열악하다고 볼 수 있다.
③ 양국의 상호 수출입 액 차이가 가장 적은 품목은 기계류이다.
④ A국의 입장에서, 총 교역액에서 수출액이 차지하는 비중이 가장 큰 품목은 광산물이다.

> ✔해설 광산물의 경우 총 교역액에서 수출액이 차지하는 비중은 39,456÷39,975×100=약 98.7%이나, 잡제품의 경우 187,132÷188,254×100=약 99.4%의 비중을 보이고 있으므로 총 교역액에서 수출액이 차지하는 비중이 가장 큰 품목은 잡제품이다.

14 A국에서 무역수지가 가장 큰 품목의 무역수지 액은 얼마인가? (무역수지=수출액-수입액)

① 27,007천 달러
② 38,937천 달러
③ 186,010천 달러
④ 25,543천 달러

> ✔해설 무역수지가 가장 큰 품목은 잡제품으로 무역수지 금액은 187,132-1,122=186,010천 달러에 달하고 있다.

Answer 12.③ 13.④ 14.③

15 다음 중 비용의 성격을 다르게 짝지어진 것은?

① 잡비 - 광고비

② 직원 월급 - 출장비

③ 제품 원료 비용 - 사무비품비

④ 공장 시설 수리비 - 공장 창고 임대료

> ✔해설 ② 직접비용 - 직접비용
> ①③④ 직접비용 - 간접비용

16 다음은 총무팀 오 과장이 팀장으로부터 지시받은 이번 주 업무 내역이다. 팀장은 오 과장에게 가급적 급한 일보다 중요한 일을 먼저 처리해 줄 것을 당부하며 아래의 일들에 대한 시간 분배를 잘 해 줄 것을 지시하였는데, 팀장의 지시사항을 참고로 오 과장이 처리해야 할 업무를 순서대로 알맞게 나열한 것은 어느 것인가?

Ⅰ 긴급하면서 중요한 일 - 부서 손익실적 정리(A) - 개인정보 유출 방지책 마련(B) - 다음 주 부서 야유회 계획 수립(C)	Ⅱ 긴급하지 않지만 중요한 일 - 월별 총무용품 사용현황 정리(D) - 부산 출장계획서 작성(E) - 내방 고객 명단 작성(F)
Ⅲ 긴급하지만 중요하지 않은 일 - 민원 자료 취합 정리(G) - 영업부 파티션 교체 작업 지원(H) - 출입증 교체 인원 파악(I)	Ⅳ 긴급하지 않고 중요하지 않은 일 - 신입사원 신규 출입증 배부(J) - 프린터기 수리 업체 수배(K) - 정수기 업체 배상 청구 자료 정리(L)

① (D) - (A) - (G) - (K)

② (B) - (E) - (J) - (H)

③ (A) - (G) - (E) - (K)

④ (B) - (F) - (G) - (L)

> ✔해설 긴급한 일과 중요한 일이 상충될 경우, 팀장의 지시에 의해 중요한 일을 먼저 처리해야 한다. 따라서 시간관리 매트릭스 상의 Ⅰ → Ⅱ → Ⅲ → Ⅳ의 순으로 업무를 처리하여야 한다. 따라서 보기 ④의 (B) - (F) - (G) - (L)이 가장 합리적인 시간 계획이라고 할 수 있다.

17 경비 집행을 담당하는 H대리는 이번 달 사용한 비용 내역을 다음과 같이 정리하였다. 이를 본 팀장은 H대리에게 이번 달 간접비의 비중이 직접비의 25%를 넘지 말았어야 했다고 말한다. 다음 보기와 같이 H대리가 생각하는 내용 중 팀장이 이번 달 계획했던 비용 지출 계획과 어긋나는 것은 어느 것인가?

〈이번 달 비용 내역〉
* 직원 급여 1,200만 원
* 출장비 200만 원
* 설비비 2,200만 원
* 자재대금 400만 원
* 사무실 임대료 300만 원
* 수도/전기세 35만 원
* 광고료 600만 원
* 비품 30만 원
* 직원 통신비 60만 원

① '비품을 다음 달에 살 걸 그랬네…'
② '출장비가 80만 원만 더 나왔어도 팀장님이 원하는 비중대로 되었을 텐데…'
③ '어쩐지 수도/전기세를 다음 달에 몰아서 내고 싶더라…'
④ '직원들 통신비를 절반으로 줄이기만 했어도…'

✔해설 제시된 항목 중 직접비는 직원 급여, 출장비, 설비비, 자재대금으로 총액 4,000만 원이며, 간접비는 사무실 임대료, 수도/전기세, 광고료, 비품, 직원 통신비로 총액 1,025만 원이다. 따라서 출장비가 280만 원이 되면 직접비 총액이 4,080만 원이 되므로 여전히 간접비는 직접비의 25%가 넘게 된다.

Answer 15.② 16.④ 17.②

|18-19| 다음 글을 읽고 물음에 답하시오.

A사와 B사는 동일한 S제품을 생산하는 경쟁 관계에 있는 두 기업이며, 다음과 같은 각기 다른 특징을 가지고 마케팅을 진행하였다.

〈A사〉

후발 주자로 업계에 뛰어든 A사는 우수한 품질과 생산 설비의 고급화를 이루어 S제품 공급을 고가 정책에 맞추어 진행하기로 하였다. 이미 S제품의 개발이 완료되기 이전부터 A사의 잠재력을 인정한 해외의 K사로부터 장기 공급계약을 체결하는 등의 실적을 거두며 대내외 언론으로부터 조명을 받았다. A사는 S제품의 개발 단계에서, 인건비 등 기타 비용을 포함한 자체 마진을 설비 1대당 1천만 원, 연구개발비를 9천만 원으로 책정하고 총 1억 원에 K사와 계약을 체결하였으나 개발 완료 시점에서 알게 된 실제 개발에 투입된 연구개발비가 약 8천 5백만 원으로 집계되어 추가의 이익을 보게 되었다.

〈B사〉

A사보다 먼저 시장에 진입한 B사는 상대적으로 낮은 인건비의 기술 인력을 확보할 수 있어서 동일한 S제품을 생산하는 데 A사보다 다소 저렴한 가격 구조를 형성할 수 있었다. B사는 당초 설비 1대당 5백만 원의 자체 마진을 향유하며 연구개발비로 약 8천만 원이 소요될 것으로 예상, 총 8천 5백만 원으로 공급가를 책정하고, 저가 정책에 힘입어 개발 완료 이전부터 경쟁자들을 제치고 많은 거래선들과 거래 계약을 체결하게 되었다. 그러나 S제품 개발이 완료된 후 비용을 집계해 본 결과, 당초 예상과는 달리 A사와 같은 8천 5백만 원의 연구개발비가 투입되었음을 알게 되어 개발 단계에서 5백만 원의 추가 손실을 보게 되었다.

18 다음 보기 중, 위와 같은 상황 속에서 판단할 수 있는 설명으로 적절하지 않은 것은 어느 것인가?

① A사는 결국 높은 가격으로 인하여 시장점유율이 하락할 것이다.
② B사는 물건을 만들면 만들수록 계속 손실이 커지게 될 것이다.
③ A사가 경쟁력을 확보하려면 가격을 인하하여야 한다.
④ 결국 실제 들어가는 비용보다 조금 높은 개발비를 책정하여야 한다.

> **해설** A사는 높은 가격으로 인한 거래선 유치의 어려움으로 인해 결국 시장점유율이 하락할 것이며, B사는 지속적인 적자 누적으로 제품 생산을 계속할수록 적자폭도 커지게 되는 상황을 맞이하게 될 것이다. 따라서 개발 책정 비용과 실제 발생하는 비용을 동일하게 유지하는 것이 기업에게 가장 바람직한 모습이라고 할 수 있다.

19 예산자원 관리의 측면에서 볼 때, 윗글이 암시하고 있는 예산관리의 특징으로 적절하지 않은 것은 어느 것인가?

① 예산만 정확하게 수립되면 실제 활동이나 사업 진행하는 과정상 관리가 크게 개입될 필요가 없다.
② 개발 비용 > 실제 비용의 경우 결국 해당 기업은 경쟁력을 상실하게 된다.
③ 실제 비용 > 개발 비용의 경우 결국 해당 기업은 지속 적자가 발생한다.
④ 개발 비용 = 개발 비용으로 유지하는 것이 가장 바람직하다.

> **해설** 기업이 예산 투입을 하는 과정에 있어 비용을 적게 들이는 것이 반드시 좋은 것은 아니다. 기업에서 제품을 개발한다고 할 때, 개발 책정 비용을 실제보다 높게 책정하면 경쟁력을 잃어버리게 되고, 반대로 낮게 책정하면 개발 자체가 이익을 주는 것이 아니라 오히려 적자가 나는 경우가 발생할 수 있다. 그로 인해 책정 비용과 실제 비용의 차이를 줄이고, 비슷한 상태가 가장 이상적인 상태라고 할 수 있다. 또한, 아무리 예산을 정확하게 수립하였다 하더라도 활동이나 사업을 진행하는 과정에서 계획에 따라 적절히 관리하지 않으면 아무런 효과가 없다. 즉 아무리 좋은 계획도 실천하지 않으면 되지 않듯이 예산 또한 적절한 관리가 필요하다. 이는 좁게는 개인의 생활비나 용돈관리에서부터 크게는 사업, 기업 등의 예산관리가 모두 마찬가지이며, 실행 과정에서 적절히 예산을 통제해주는 것이 필수적이라고 할 수 있다.

Answer 18.④ 19.①

【20-21】 다음은 J 공단 민원센터의 상담원 다섯 명에 대한 고객 설문지 조사 결과를 표로 나타낸 것이다. 공단에서는 이를 근거로 최우수 상담원을 선정하여 포상을 하려 한다. 제시된 표를 바탕으로 물음에 답하시오.

〈상담원별 고객부여 득점 결과표〉

	대면			비대면	
	응대친절	의사소통	신속처리	전문성	사후 피드백
상담원 A	75	80	83	92	88
상담원 B	92	94	82	82	90
상담원 C	80	82	85	94	96
상담원 D	84	90	95	90	82
상담원 E	93	88	78	86	94

〈최우수 상담원 선정 방법〉

- 각 항목별 득점에 다음 구간 기준을 적용하여 점수를 부여한다.

96점 이상	90~95점	85~89점	80~84점	79점 이하
5점	4점	3점	2점	1점

- 각 항목별 점수의 합이 큰 상담원 순으로 선정하되, 다음과 같은 가중치를 적용한다.
  - 응대친절과 의사소통 항목 : 점수의 30% 가산
  - 신속처리와 전문성 항목 : 점수의 20% 가산
  - 사후 피드백 : 점수의 10% 가산
- 점수가 동일한 경우 왼쪽 항목부터 얻은 점수가 높은 상담원을 우선순위로 선정한다.

20 다음 중 위의 기준에 의해 최우수 상담원으로 선정될 사람은 누구인가?

① 상담원 A
② 상담원 B
③ 상담원 C
④ 상담원 D

✔해설 기준에 따라 각 상담원의 점수를 계산해 보면 다음과 같다.

	응대친절	의사소통	신속처리	전문성	사후 피드백	합계
상담원 A	1×1.3=1.3	2×1.3=2.6	2×1.2=2.4	4×1.2=4.8	3×1.1=3.3	14.4
상담원 B	4×1.3=5.2	4×1.3=5.2	2×1.2=2.4	2×1.2=2.4	4×1.1=4.4	19.6
상담원 C	2×1.3=2.6	2×1.3=2.6	3×1.2=3.6	4×1.2=4.8	5×1.1=5.5	19.1
상담원 D	2×1.3=2.6	4×1.3=5.2	4×1.2=4.8	4×1.2=4.8	2×1.1=2.2	19.6
상담원 E	4×1.3=5.2	3×1.3=3.9	1×1.2=1.2	3×1.2=3.6	4×1.1=4.4	18.3

따라서 동일한 점수를 얻은 상담원 B, D 중 응대친절 항목에서 높은 점수를 얻은 상담원 B가 최우수 상담원이 된다.

21 다음 중 위와 같은 평가 방식과 결과를 잘못 이해한 의견은 어느 것인가?

① 대면 상담에서는 상담원 E가 상담원 D보다 더 우수한 평점을 받았네.
② 이 평가 방식은 대면 상담을 비대면 상담보다 더 중요하게 여기는구나.
③ 고객에게 친절하게 응대하는 것을 가장 중요시하는 평가 기준이군.
④ 평가항목 당 가중치가 없었다면 상담원 D가 최우수 상담원이 되었겠어.

✔해설 평가항목 당 가중치가 없었다면 상담원 B, C, D가 모두 16점이 되나 응대친절 항목에서 높은 점수를 얻은 상담원 B가 최우수 상담원이 된다.

Answer 20.② 21.④

22 다음은 특정년도 강수일과 강수량에 대한 자료이다. 다음 자료를 참고로 판단한 〈보기〉의 의견 중 자료의 내용에 부합하는 것을 모두 고른 것은 어느 것인가?

〈장마 시작일과 종료일 및 기간〉

	2025년			평년(1981~2020년)		
	시작	종료	기간(일)	시작	종료	기간(일)
중부지방	6.25	7.29	35	6.24~25	7.24~25	32
남부지방	6.24	7.29	36	6.23	7.23~24	32
제주도	6.24	7.23	30	6.19~20	7.20~21	32

〈장마기간 강수일수 및 강수량〉

	2025년		평년(1981~2020년)	
	강수일수(일)	강수량(mm)	강수일수(일)	강수량(mm)
중부지방	18.5	220.9	17.2	366.4
남부지방	16.7	254.1	17.1	348.6
제주도	13.5	518.8	18.3	398.6
전국	17.5	240.1	17.1	356.1

〈보기〉

(가) 중부지방과 남부지방은 평년 대비 2025년에 장마 기간과 강수일수가 모두 늘어났지만 강수량은 감소하였다.

(나) 2025년의 장마 기간 1일 당 평균 강수량은 제주도-중부지방-남부지방 순으로 많다.

(다) 중부지방, 남부지방, 제주도의 225년 장마 기간 대비 강수일수 비율의 크고 작은 순서는 강수일수의 많고 적은 순서와 동일하다.

(라) 강수일수 및 강수량의 지역적인 수치상의 특징은, 평년에는 강수일수가 많을수록 강수량도 증가하였으나, 2025년에는 강수일수가 많을수록 강수량은 오히려 감소하였다는 것이다.

① (가), (나)
② (나), (다)
③ (다), (라)
④ (가), (나), (라)

✅**해설** (가) 남부지방은 평년 대비 2025년에 장마 기간은 늘어났지만 강수일수와 강수량은 각각 17.1일 → 16.7일, 348.6mm → 254.1mm로 감소하였다.

(나) 2025년의 장마 기간 1일 당 평균 강수량은 중부지방이 220.9÷35=약 6.3mm, 남부지방이 254.1÷36=약 7.1mm, 제주도가 518.8÷30=약 17.3mm로 제주도-남부지방-중부지방 순으로 많다.

(다) 중부지방, 남부지방, 제주도의 2015년 장마 기간 대비 강수일수 비율은 각각 18.5÷35×100=약 52.9%, 16.7÷36×100=약 46.4%, 13.5÷30×100=45%이므로 강수일수의 많고 적은 순서(중부지방 18.5일, 남부지방 16.7일, 제주도 13.5일)와 동일하다.

(라) 평년에는 강수일수와 강수량이 모두 제주도, 중부지방, 남부지방의 순으로 높은 수치였으나, 2025년에는 강수일수는 중부지방, 남부지방, 제주도 순인 반면 강수량은 제주도, 남부지방, 중부지방의 순임을 알 수 있다.

23 다음 글에서 암시하고 있는 '자원과 자원관리의 특성'을 가장 적절하게 설명한 것은 다음 보기 중 어느 것인가?

> 더 많은 토지를 사용하고 모든 농장의 수확량을 최고의 농민들이 얻은 수확량으로 올리는 방법으로 식량 공급을 늘릴 수 있다. 그러나 우리의 주요 식량 작물은 높은 수확량을 달성하기 위해 좋은 토양과 물 공급이 필요하며 생산 단계에 있지 않은 토지는 거의 없다. 실제로 도시의 스프롤 현상, 사막화, 염화 및 관개용으로 사용된 대수층의 고갈은 미래에 더 적은 토지가 농업에 제공될 수 있음을 암시한다. 농작물은 오늘날 사용되는 것보다 더 척박한 땅에서 자랄 수 있고, 수확량이 낮고 환경 및 생물 다양성이 저하될 환경일지도 모른다. 농작물의 수확량은 농장과 국가에 따라 크게 다르다. 예를 들어, 2024년 미국의 옥수수 평균 수확량은 10.0t/ha, 짐바브웨가 0.9t/ha였는데, 두 국가 모두 작물 재배를 위한 기후 조건은 비슷했다(2025년 유엔 식량 농업기구). 미국의 수확률이 다른 모든 나라의 목표겠지만 각국의 정책, 전문가의 조언, 종자 및 비료에 접근하는 데 크게 의존할 수밖에 없다. 그리고 그 중 어느 것도 새로운 농지에서 확실한 수확률을 보장하지는 않는다. 따라서 좋은 시기에는 수확 잠재력이 개선된 종자가 필요하지 않을 수도 있지만, 아무것도 준비하지 않는 건 위험하다. 실험실에서 혁신적인 방법을 개발하는 것과 그걸 바탕으로 농민에게 종자를 제공하는 것 사이에 20년에서 30년의 격차가 있다는 걸 감안할 때, 분자 공학과 실제 작물 육종 간의 격차를 줄이고 더 높은 수율을 달성하는 일은 시급하다.

① 누구나 동일한 자원을 가지고 있으며 그 가치와 밀도도 모두 동일하다.
② 특정 자원이 없음으로 해서 다른 자원을 확보하는 데 문제가 발생할 수 있다.
③ 자원은 유한하며 따라서 어떻게 활용하느냐 하는 일이 무엇보다 중요하다.
④ 사람들이 의식하지 못하는 사이에 자원은 습관적으로 낭비되고 있다.

> **해설** 식량 부족 문제를 해결하기 위해서는 더 많은 식량을 생산해 내야하지만, 토지를 무한정 늘릴 수 없을 뿐 아니라 이미 확보한 토지마저도 미래엔 줄어들 수 있음을 언급하고 있다. 이것은 식량이라는 자원을 초점으로 하는 것이 아닌 이미 포화 상태에 이르러 유한성을 드러낸 토지에서 어떻게 하면 더 많은 식량을 생산할 수 있는지를 고민하고 있다. 따라서 토지라는 자원은 유한하며 어떻게 효율적인 활용을 할 수 있는지를 주제로 담고 있다고 볼 수 있다.

Answer 22.③ 23.③

24 변두리에 있는 R호텔은 3개 층으로 이루어져 있고 한 층에 4개의 방이 일렬로 있어 최대 12팀의 투숙객을 맞을 수 있다. 방의 호수가 101, 102~304호까지 지정되어 있고, 모든 객실이 비어 있는 어느 날 다음과 같은 운동부 선수단이 8개의 방에 투숙하게 되었다. 아래 〈보기〉를 근거로 할 때, 다음 중 올바른 설명은 어느 것인가? (단, 다른 투숙객은 없다고 가정한다.)

〈보기〉
a. 선수단은 2인 1조가 되어 A~H까지 8개 조가 조별로 한 개의 방을 사용한다.
b. 연이은 3개의 객실 사용은 1개 층에만 있고, 연이은 4개의 객실 사용은 없다.
c. B조와 D조, G조와 F조는 각각 같은 라인에 있다(방 번호 맨 뒤의 숫자가 같다).
d. E조의 방과 B조의 방은 가장 멀리 떨어져 있는 두 개의 방이다.
e. C조의 방과 한 개의 빈 방은 가장 멀리 떨어져 있는 두 개의 방이다.
f. H조는 102호이며 윗층과 옆방에는 각각 A조와 E조가 투숙해 있다.
g. 연이은 2개의 빈 방은 없다.

① F조가 103호에 투숙했다면 303호는 빈 방이다.
② H조는 D조와 같은 층에 투숙한다.
③ F조는 C조와 같은 층에 투숙할 수 없다.
④ G조의 방과 F조의 방 사이에는 빈 방이 있다.

해설 f를 통해서 H조는 102호, 202호는 A조, 101호 또는 103호에는 E조가 있음을 알 수 있다. 이런 확정 조건을 가지고 방 번호별 그림을 그려보면 다음과 같다.

301호	302호	303호	304호
201호	202호 A조	203호	204호
101호(E조)	102호 H조	103호(E조)	104호

d에서 E조의 방과 B조의 방은 가장 멀리 떨어져 있는 두 개의 방이라고 했으므로 E조의 방은 103호가 될 수 없고 결국 101호가 E조 304호가 B조가 된다. 이 경우 c에 의해서 D조는 204호 또는 104호가 되는데 301호와 104호는 가장 멀리 떨어져 있는 두 개의 방이므로 C조와 한 개의 빈 방이 되어야 한다. 따라서 D조는 204호 일 수밖에 없다. 이를 위의 표에 표기하면 다음과 같다.

301호 (C조 또는 빈 방)	302호	303호	304호 B조
201호	202호 A조	203호	204호 D조
101호 E조	102호 H조	103호	104호(C조 또는 빈 방)

c에서 G조와 F조는 같은 라인이라 했으므로 이 두 조가 투숙할 수 있는 곳은 3호 라인일 수밖에 없다. 그런데 연이은 3개의 객실 사용은 1개 층에만 있다고 하였으므로 이 두 조가 각각 1층과 2층에 투숙할 수는 없으므로 303호에 한 개 조가 투숙해야 한다.
g에서 연이은 2개의 빈 방은 없다고 하였으므로 만일 C조가 104호에 투숙할 경우 301호와 302호는 연이은 2개의 빈 방이 될 수밖에 없다. 따라서 C조가 301호여야 하고 104호가 빈 방이어야 한다. 또한 104호와 연이은 103호가 빈 방일 수 없으므로 G조와 F조 중 한 방은 103호에 투숙하여야 하며 203호는 빈 방이 될 수밖에 없다. 결국 다음과 같이 G조와 F조의 상호 방 번호를 제외한 모든 조의 방 번호가 결정된다.

301호 C조	302호 빈 방	303호 G조 또는 F조	304호 B조
201호 빈 방	202호 A조	203호 빈 방	204호 D조
101호 E조	102호 H조	103호 G조 또는 F조	104호 빈 방

따라서 보기 ④의 'G조의 방과 F조의 방 사이에는 빈 방이 있다'만이 올바른 설명이 된다.

│25-26│ S사 홍보팀에서는 사내 행사를 위해 다음과 같이 3개 공급업체로부터 경품1과 경품2에 대한 견적서를 받아보았다. 행사 참석자가 모두 400명이고 1인당 경품1과 경품2를 각각 1개씩 나누어 주어야 한다. 다음 자료를 보고 질문에 답하시오.

공급처	물품	세트 당 포함 수량(개)	세트 가격
A업체	경품1	100	85만 원
	경품2	60	27만 원
B업체	경품1	110	90만 원
	경품2	80	35만 원
C업체	경품1	90	80만 원
	경품2	130	60만 원

- A 업체 : 경품2 170만 원 이상 구입 시, 두 물품 함께 구매하면 총 구매가의 5% 할인
- B 업체 : 경품1 350만 원 이상 구입 시, 두 물품 함께 구매하면 총 구매가의 5% 할인
- C 업체 : 경품1 350만 원 이상 구입 시, 두 물품 함께 구매하면 총 구매가의 20% 할인
* 모든 공급처는 세트 수량으로만 판매한다.

Answer 24.④

25 홍보팀에서 가장 저렴한 가격으로 인원수에 모자라지 않는 수량의 물품을 구매할 수 있는 공급처와 공급가격은 어느 것인가?

① A업체 / 5,000,500원
② A업체 / 5,025,500원
③ B업체 / 5,082,500원
④ B업체 / 5,095,000원

✔해설 각 공급처로부터 두 물품 모두를 함께 구매할 경우(나)와 개별 구매할 경우(가)의 총 구매가격을 표로 정리해 보면 다음과 같다. 단, 구매 수량은 각각 400개 이상이어야 한다.

공급처	물품	세트 당 포함 수량(개)	세트 가격	(가)	(나)
A업체	경품1	100	85만 원	340만 원	5,025,500원(5% 할인)
	경품2	60	27만 원	189만 원	
B업체	경품1	110	90만 원	360만 원	5,082,500원(5% 할인)
	경품2	80	35만 원	175만 원	
C업체	경품1	90	80만 원	400만 원	5,120,000원(20% 할인)
	경품2	130	60만 원	240만 원	

26 다음 중 C업체가 S사의 공급처가 되기 위한 조건으로 적절한 것은 어느 것인가?

① 경품1의 세트 당 포함 수량을 100개로 늘린다.
② 경품2의 세트 당 가격을 2만 원 인하한다.
③ 경품1의 세트 당 수량을 85개로 줄인다.
④ 경품1의 세트 당 가격을 5만 원 인하한다.

✔해설 경품1의 세트 당 가격을 5만 원 인하하면 총 판매가격이 4,920,000원이 되어 가장 낮은 공급가가 된다.

27 홍보팀장은 다음 달 예산안을 정리하며 예산 업무 담당자에게 간접비용이 전체 직접비용의 30%를 넘지 않게 유지되도록 관리하라는 지시를 내렸다. 홍보팀의 다음과 같은 예산안에서 빈칸 A와 B에 들어갈 수 있는 금액으로 적당한 것은 어느 것인가?

<예산안>
- 원 재료비 : 1억 3천만 원
- 보험료 : 2천 5백만 원
- 장비 및 시설비 : 2억 5천만 원
- 시설 관리비 : 2천 9백만 원
- 출장비 : (A)
- 광고료 : (B)
- 인건비 : 2천 2백만 원
- 통신비 : 6백만 원

① A : 6백만 원, B : 7천만 원
② A : 8백만 원, B : 6천만 원
③ A : 1천만 원, B : 7천만 원
④ A : 5백만 원, B : 7천만 원

해설 주어진 비용 항목 중 원재료비, 장비 및 시설비, 출장비, 인건비는 직접비용, 나머지는 간접비용이다.
- 직접비용 총액 : 4억 2백만 원 + A
- 간접비용 총액 : 6천만 원 + B

간접비용이 전체 직접비용의 30%를 넘지 않게 유지하여야 하므로,
(4억 2백만 원 + A) × 0.3 ≧ 6천만 원 + B
따라서 보기 중 ②와 같이 출장비에 8백만 원, 광고료에 6천만 원이 책정될 경우에만, 직접비용 총계는 4억 1천만 원, 간접비용 총계는 1억 2천만 원이므로 팀장의 지시사항을 준수할 수 있다.

Answer 25.② 26.④ 27.②

28 다음은 이륜차 배달종사자가 숙지해야 할 계절적, 환경적 요인에 의한 배달제한 권고사항이다. 이를 근거로 〈보기〉의 A, B 상황에 맞는 배달제한 권고사항을 순서대로 적절히 나열한 것은 어느 것인가?

구분	상황	배달지역 제한(최대 2km)
비 오는 날	비가 내려 노면이 젖은 경우	-
	폭우 등으로 인해 가시거리 100m 이내의 경우	1.5km 이내
	시간당 15mm이상, 1일 강수량 110mm 이상, 호우주의보 발령 시	1km 이내
	시간당 20mm이상, 1일 강수량 180mm 이상, 호우경보 발령 시	배달 금지
눈 오는 날	눈이 2cm 미만 쌓인 경우	-
	눈이 2cm 이상 쌓인 경우	1.5km 이내
	눈이 내려 노면이 미끄러워 체인(사슬형, 직물형) 장착한 경우	1.5km 이내
	대설주의보 발령 시	1km 이내
	대설경보 발령 시	배달 금지
기타	안개, 연무, 박무 등으로 인해 가시거리 100m 이내의 경우	1.5km 이내
	야간운전 시	-

* 호우주의보 – 6시간 70mm, 12시간 110mm 이상 강수
호우경보 – 6시간 110mm, 12시간 180mm 이상 강수
대설주의보 – 24시간 적설량이 5cm 이상
대설경보 – 24시간 적설량이 20cm 이상

〈보기〉

A : 출근길에 내린 비로 가시거리가 100m도 채 안 되었고, 새벽 4시경부터 내리기 시작한 비의 아침 9시쯤 강수량이 75mm였다.
B : 가게 주변 도로는 상인들이 수시로 눈을 치워 거의 쌓이지 않은 상태이며, 이륜차 바퀴에 체인을 장착해 두었다. 어제 이맘때부터 내린 눈은 23cm의 적설량을 보이고 있다.

① 1.5km 거리로 배달 제한, 1km 거리로 배달 제한
② 1.5km 거리로 배달 제한, 배달 금지
③ 1km 거리로 배달 제한, 1.5km 거리로 배달 제한
④ 1km 거리로 배달 제한, 배달 금지

> **해설** A의 경우, 가시거리가 100m 이내이긴 하나 5시간 동안 강수량이 75mm이므로 시간당 15mm에 해당되며 호우주의보 발령 단계가 된다. 따라서 1km 이내로 배달지역을 제한하는 것이 좋다.
> B의 경우, 24시간 적설량이 20cm을 넘어섰으므로 대설경보 단계이며 배달을 금지하는 것이 좋다.

29 다음 (가)~(아) 중 시간 계획을 함에 있어 명심하여야 할 사항으로 적절하지 않은 설명을 모두 고른 것은?

> (가) 자신에게 주어진 시간 중 적어도 60%는 계획된 행동을 해야 한다.
> (나) 계획은 다소 어렵더라도 의지를 담은 목표치를 반영한다.
> (다) 예정 행동만을 계획하는 것이 아니라 기대되는 성과나 행동의 목표도 기록한다.
> (라) 여러 일 중에서 어느 일이 가장 우선적으로 처리해야 할 것인가를 결정한다.
> (마) 유연하고 융통성 있는 시간 계획을 정하기보다 가급적 변경 없이 계획대로 밀고 나갈 수 있어야 한다.
> (바) 예상 못한 방문객 접대, 전화 등의 사건으로 예정된 시간이 부족할 경우를 대비하여 여유시간을 확보한다.
> (사) 반드시 해야 할 일을 끝내지 못했을 경우, 다음 계획에 영향이 없도록 가급적 빨리 잊는다.
> (아) 자기 외의 다른 사람(비서, 부하, 상사)의 시간 계획을 감안하여 계획을 수립한다.

① (가), (나), (사)
② (다), (마), (바)
③ (나), (마), (사)
④ (나), (다), (마)

> ✔해설 시간 관리를 효율적으로 하기 위하여 (나), (마), (사)는 다음과 같이 수정되어야 한다.
> (나) 시간 배정을 계획하는 일이므로 무리한 계획을 세우지 말고, 실현 가능한 것만을 계획하여야 한다.
> (마) 시간계획은 유연하게 해야 한다. 시간계획은 그 자체가 중요한 것이 아니고, 목표달성을 위해 필요한 것이다.
> (사) 꼭 해야만 할 일을 끝내지 못했을 경우에는 차기 계획에 반영하여 끝내도록 하는 계획을 세우는 것이 바람직하다.

30 A사의 정 팀장은 인사팀장으로서 시간 관리의 중요성을 직원들에게 설명하며 시간이라는 자원의 특성을 이야기하였다. 다음 중 정 팀장이 언급한 사항으로 적절하지 않은 것은?

① 어떻게 사용하든 누구에게나 1시간의 가치는 똑같으며 운이 따르느냐가 중요한 부분이다.
② 기나긴 인생에 있어 시간의 밀도와 중요도가 매번 같을 수 없다.
③ 힘든 시기나 그렇지 않은 시기나 시간은 늘 같은 속도로 흐른다.
④ 시간은 남겨서 비축하거나 부족한 시간을 빌려올 수도 없다.

> ✔해설 같은 양의 시간이라도 그 가치는 어떻게 사용하느냐에 따라서 달라진다. 시간을 자원이란 개념으로 보았을 때 가치를 어떻게 사용하느냐에 따라서 막대한 손실 또는 엄청난 이익을 가져다 줄 수도 있는 것으로 보는 능력이 필요하다.

Answer 28.④ 29.③ 30.①

31 연초에 동일한 투자 비용이 소요되는 투자 계획 A와 B가 있다. A는 금년 말에 10억 원, 내년 말에 20억 원의 수익을 내고, B는 내년 말에만 31억 원의 수익을 낸다. 수익성 측면에서 A와 B를 동일하게 만드는 이자율 수준은 얼마인가?

① 1%
② 5%
③ 10%
④ 15%

✔해설 투자 계획 A와 B의 차이는 금년 말에는 A만 10억 원의 수익을 내고, 내년 말에는 B가 A보다 11억 원의 수익을 더 낸다는 점이다. 두 투자 계획의 수익성 측면에서 차이가 없으려면 금년 말의 10억 원과 내년 말의 11억 원이 동일한 가치를 가져야 하므로 이자율은 10%이어야 한다.

32 다음 ㈎~㈑에 제시된 자원관리의 기본 과정들을 순서에 맞게 재배열한 것은?

> ㈎ 확보된 자원을 활용하여 계획에 맞는 업무를 수행해 나가야 한다. 물론 계획에 얽매일 필요는 없지만 최대한 계획대로 수행하는 것이 바람직하다. 불가피하게 수정해야 하는 경우는 전체 계획에 미칠 수 있는 영향을 고려하여야 할 것이다.
> ㈏ 자원을 실제 필요한 업무에 할당하여 계획을 세워야 한다. 여기에서 중요한 것은 업무나 활동의 우선순위를 고려하는 것이다. 최종적인 목적을 이루는 데 가장 핵심이 되는 것에 우선순위를 두고 계획을 세울 필요가 있다. 만약, 확보한 자원이 실제 활동 추진에 비해 부족할 경우 우선순위가 높은 것에 중심을 두고 계획하는 것이 바람직하다.
> ㈐ 실제 상황에서 그 자원을 확보하여야 한다. 수집 시 가능하다면 필요한 양보다 좀 더 여유 있게 확보할 필요가 있다. 실제 준비나 활동을 하는 데 있어서 계획과 차이를 보이는 경우가 빈번하기 때문에 여유 있게 확보하는 것이 안전할 것이다.
> ㈑ 업무를 추진하는 데 있어서 어떤 자원이 필요하며, 또 얼마만큼 필요한지를 파악하는 단계이다. 자원의 종류에는 크게 시간, 예산, 물적 자원, 인적자원으로 나누어지지만 실제 업무 수행에서는 이보다 더 구체적으로 나눌 필요가 있다. 구체적으로 어떤 활동을 할 것이며, 이 활동에 어느 정도의 시간, 돈, 물적·인적자원이 필요한지를 파악한다.

① ㈐ - ㈑ - ㈏ - ㈎
② ㈑ - ㈐ - ㈎ - ㈏
③ ㈎ - ㈐ - ㈏ - ㈑
④ ㈑ - ㈐ - ㈏ - ㈎

✔해설 자원을 활용하기 위해서는 가장 먼저 나에게 필요한 자원은 무엇이고 얼마나 필요한지를 명확히 설정하는 일이다. 무턱대고 많은 자원을 수집하는 것은 효율적인 자원 활용을 위해 바람직하지 않다. 나에게 필요한 자원을 파악했으면 다음으로 그러한 자원을 수집하고 확보해야 할 것이다. 확보된 자원을 유용하게 사용할 수 있는 활용 계획을 세우고 수립된 계획에 따라 자원을 활용하는 것이 적절한 자원관리 과정이 된다. 따라서 이를 정리하면, 다음 순서와 같다.
1) 어떤 자원이 얼마나 필요한지를 확인하기
2) 이용 가능한 자원을 수집(확보)하기
3) 자원 활용 계획 세우기
4) 계획에 따라 수행하기의 4단계가 있다.

33 A사는 다음과 같이 직원들의 부서 이동을 단행하였다. 다음 부서 이동 현황에 대한 올바른 설명은?

이동 전 \ 이동 후	영업팀	생산팀	관리팀
영업팀	25	7	11
생산팀	9	16	5
관리팀	10	12	15

① 이동 전과 후의 인원수의 변화가 가장 큰 부서는 생산팀이다.
② 이동 전과 후의 부서별 인원수가 많은 순위는 동일하다.
③ 이동 후에 인원수가 감소한 부서는 1개 팀이다.
④ 가장 많은 인원이 이동해 온 부서는 관리팀이다.

> ✔해설 ① 영업팀은 1명 증가, 생산팀은 5명 증가, 관리팀은 6명 감소로 관리팀의 인원수 변화가 가장 크다.
> ② 이동 전에는 영업팀 > 관리팀 > 생산팀 순으로 인원수가 많았으나, 이동 후에는 영업팀 > 생산팀 > 관리팀 순으로 바뀌었다.
> ④ 가장 많은 인원이 이동해 온 부서는 영업팀(9+10=19)과 생산팀(7+12=19)이며, 관리팀으로 이동해 온 인원은 11+5=16명이다.

34 인적자원 관리의 특징에 관한 다음 (가)~(라)의 설명 중 그 성격이 같은 것끼리 알맞게 구분한 것은?

> (가) 개인에게 능력을 발휘할 수 있는 기회와 장소를 부여하고, 그 성과를 바르게 평가하고, 평가된 능력과 실적에 대해 그에 상응하는 보상을 주어야 한다.
> (나) 팀 전체의 능력향상, 의식개혁, 사기양양 등을 도모하는 의미에서 전체와 개체가 균형을 이루어야 한다.
> (다) 많은 사람들이 번거롭다는 이유로 자신의 인맥관리에 소홀히 하는 경우가 많지만 인맥관리는 자신의 성공을 위한 첫걸음이라는 생각을 가져야 한다.
> (라) 효율성을 높이기 위해 팀원의 능력이나 성격 등과 가장 적합한 위치에 배치하여 팀원 개개인의 능력을 최대로 발휘해 줄 것을 기대한다.

① (가), (나) / (다), (라)
② (가) / (나), (다), (라)
③ (가), (라) / (나), (다)
④ (가), (나), (라) / (다)

> ✔해설 (가), (나), (라)는 조직 차원에서의 인적자원관리의 특징이고, (다)는 개인 차원에서의 인적자원관리능력의 특징으로 구분할 수 있다. 한편, 조직의 인력배치의 3대 원칙에는 적재적소주의 - (라), 능력주의 - (가), 균형주의 - (나)가 있다.

Answer 31.③ 32.④ 33.③ 34.④

35 다음 중 인력배치의 원칙에 따라 업무분배를 한 것으로 옳지 않은 것은?

① 수리력과 자원관리능력이 뛰어난 남 대리를 회계팀으로 이동시킨다.
② 민 과장은 사회적 내향성이 낮으므로 영업팀에서 연구개발직으로 이동시킨다.
③ 대인관계능력과 문제해결능력이 뛰어난 강 주임에게 고객 상담 업무를 맡긴다.
④ 최근 입사한 류 사원은 입사 시험에서 직업윤리 점수가 높았으므로 감사팀으로 배치한다.

> ✅해설 사회적 내향성이 낮다는 건 사교적이고 사람과 빠르게 친해진다는 의미이다. 사회적 내향성이 낮은 경우는 기존의 영업팀이 좀 더 적성과 맞았을 것이다.

36 회계팀에서 업무를 시작하게 된 A는 각종 내역의 비용이 어느 항목으로 분류되어야 하는지 정리 작업을 하고 있다. 다음 중 A가 나머지와 다른 비용으로 분류해야 하는 것은?

① 구매부 자재 대금으로 지불한 U$7,000
② 상반기 건물 임대료 및 관리비
③ 임직원 급여
④ 계약 체결을 위한 영업부 직원 출장비

> ✅해설 ②는 간접비용, 나머지는 직접비용의 지출 항목으로 분류해야 한다.
> ※ 직접비용과 간접비용으로 분류되는 지출 항목은 다음과 같은 것들이 있다.
> ㉠ 직접비용: 재료비, 원료와 장비, 시설비, 출장 및 잡비, 인건비 등
> ㉡ 간접비용: 보험료, 건물관리비, 광고비, 통신비, 사무비품비, 각종 공과금 등

37 물적 자원의 관리 방법으로 옳지 않은 것은?

① 봉 과장: 비슷한 물건은 함께 두게.
② 조 주임: 선입 선출할 수 있도록 입고 날짜순으로 정리해 주세요.
③ 윤 대리: 이 소재는 열에 강하니까 냉장창고에 넣지 않아도 됩니다.
④ 송 팀장: 지금 쓰고 있는 박스는 앞에 두고 여분용으로 사 둔 박스는 뒤쪽으로 밀어 넣어!

> ✅해설 ① 동일 및 유사 물품으로의 분류
> ③ 물품 특성에 맞는 보관 장소 선정
> ④ 사용 물품과 보관 물품의 구분

38 다음은 A의류매장의 판매 직원이 매장 물품 관리 시스템에 대하여 설명한 내용이다. 이를 참고할 때, bar code 와 QR 코드 관리 시스템의 특징으로 적절하지 않은 것은?

> "저희 매장의 모든 제품은 입고부터 판매까지 스마트 기기와 연동된 전산화 시스템으로 운영되고 있어요. 제품 포장 상태에 따라 bar code와 QR 코드로 구분하여 아주 효과적인 관리를 하는 거지요. 이 조그만 전산 기호 안에 필요한 모든 정보가 입력되어 있어 간단한 스캔만으로 제품의 이동 경로와 시기 등을 손쉽게 파악하는 겁니다. 제품군을 분류하여 관리하거나 적정 재고량을 파악하는 데에도 매우 효율적인 관리 시스템인 셈입니다."

① QR 코드는 bar code보다 많은 양의 정보를 담을 수 있다.
② bar code는 제품군과 특성을 기준으로 물품을 대/중/소분류에 의해 관리한다.
③ bar code는 물품의 정보를 기호화하여 관리하는 것이다.
④ bar code의 정보는 검은 막대의 개수와 숫자로 구분된다.

✔해설 현대 사회에서는 물적 자원에 대한 관리가 매우 중요한 사안이며 bar code와 QR 코드뿐 아니라 이를 지원하는 다양한 기법이나 프로그램들이 개발되고 있어 bar code와 QR 코드에 대한 이해가 필요하다.
④ bar code의 정보는 검은 막대와 하얀 막대의 서로 다른 굵기의 조합에 의해 기호화 되는 것이며, 제품군과 특성을 기준으로 물품을 대/중/소분류에 의해 관리하게 된다.

39 다음 중 직무상 필요한 가장 핵심적인 네 가지 자원에 해당하는 설명이 아닌 것은?

① 민간 기업이나 공공단체 및 기타 조직체는 물론이고 개인의 수입·지출에 관한 것도 포함하는 가치
② 인간이 약한 신체적 특성을 보완하기 위하여 활용하는 정상적인 인간의 활동에 수반되는 많은 자원들
③ 기업이 나아가야 할 방향과 목적 등 기업 전체가 공유하는 비전, 가치관, 사훈, 기본 방침 등으로 표현되는 것
④ 매일 주어지며 똑같은 속도로 흐르지만 멈추거나 빌리거나 저축할 수 없는 것

✔해설 ③은 기업 경영의 목적에 대한 설명이다. 기업 경영에 필수적인 네 가지 자원으로는 시간, 예산, 인적자원, 물적 자원이 있으며, 물적 자원은 다시 인공자원과 천연자원으로 나눌 수 있다.

Answer 35.② 36.② 37.② 38.④ 39.③

40 다음의 A와 B가 주장하는 자원의 특성을 가장 적절하게 설명한 것은?

> A : 물적 자원을 얼마나 확보하고 활용할 수 있느냐가 큰 경쟁력이 된다. 국가의 입장에 있어서도 자국에서 생산되지 않는 물품이 있으면 다른 나라로부터 수입을 하게 되고, 이러한 물품으로 인해 양국 간의 교류에서 비교우위가 가려지게 된다. 이러한 상황에서 자신이 보유하고 있는 자원을 얼마나 잘 관리하고 활용하느냐 하는 물적 자원 관리는 매우 중요하다고 할 수 있다.
> B : 물적 자원 확보를 위해 경쟁력 있는 해외의 물건을 수입하는 경우가 있다. 이때, 필요한 물적 자원을 얻기 위하여 예산이라는 자원을 쓰게 된다. 또한 거꾸로 예산자원을 벌기 위해 내가 확보한 물적 자원을 내다 팔기도 한다.

① 물적 자원을 많이 보유하고 있는 것이 다른 유형의 자원을 보유한 것보다 가치가 크다.
② 양국 간에 비교우위 물품이 가려지게 되면, 더 이상 그 국가와의 물적 자원 교류는 무의미하다.
③ 물적 자원과 예산자원 외에는 상호 보완하며 교환될 수 있는 자원의 유형이 없다.
④ 서로 다른 자원이 상호 반대급부로 작용할 수 있고, 하나의 자원을 얻기 위해 다른 유형의 자원이 동원될 수 있다.

✔ 해설 시간자원, 예산자원, 인적자원, 물적 자원은 많은 경우에 상호 보완적으로 또는 상호 반대급부의 의미로 영향을 미치기도 한다. 제시 글과 같은 경우뿐 아니라 시간과 돈, 인력과 시간, 인력과 돈, 물적 자원과 인력 등 많은 경우에 있어서 하나의 자원을 얻기 위해 다른 유형의 자원이 동원되기도 한다.

41 제시된 박 대리의 소비 패턴을 보고 적절하게 추론할 수 있는 것을 〈보기〉에서 모두 고른 것은?

> 합리적인 선택을 하는 박 대리는 외식, 책, 의류 구입을 위한 소비를 하였다. 지난주 외식, 책, 의류 구입 가격은 각각 2만 원, 3만 원, 2만 원이었고, 박 대리의 소비 횟수는 각각 7회, 3회, 6회였다. 이번 주말에 외식, 책, 의류 구입의 가격이 각각 3만 원, 2만 원, 3만 원으로 변하였고, 이에 따라 박 대리의 이번 주 소비 횟수도 5회, 4회, 4회로 바뀌었다.
>
> 박 대리는 매주 정해진 동일한 금액을 책정하여 남기지 않고 모두 사용하며, 최고의 만족도를 얻는 방향으로 소비한다.

〈보기〉
(가) 지난주에 박 대리가 이번 주와 동일한 소비를 하기에는 책정한 돈이 부족하다.
(나) 이번 주에 박 대리가 지난주와 동일한 소비를 하기에는 책정한 돈이 부족하다.
(다) 박 대리가 이번 주 소비에서 얻는 만족도는 지난주 소비에서 얻는 만족도보다 높거나 같다.
(라) 박 대리가 지난주 소비에서 얻는 만족도는 이번 주 소비에서 얻는 만족도보다 높거나 같다.

① (가), (나)
② (가), (다)
③ (가), (라)
④ (나), (라)

 박 대리의 지난주와 이번 주의 소비 지출액은 각각 2만 × 7+3만 × 3+2만 × 6=35만 원과 3만 × 5+2만 × 4 +3만 × 4=35만 원으로 같다.
(가) 만일 지난주에 이번 주와 같은 소비(외식 5회, 책 4회, 의류 구입 4회)를 선택하였다면 2만 × 5+3만 × 4 +2만 × 4=30만 원이 들게 되므로 책정한 돈은 충분하다. (X)
(나) 반대로 이번 주에 지난주와 같은 소비(외식 7회, 책 3회, 의류 구입 6회)를 선택하였다면 3만 × 7+2만 × 3+3만 × 6=45만 원으로 돈이 부족하게 된다. (O)
(다)(라) 지난주에 이번 주와 같은 소비를 하였다면, 35만 원 중 5만 원이 남아 다른 소비가 가능해지는데, 그러지 않은 이유는 지난주 소비(외식 7회, 책 3회, 의류 구입 6회)를 통해 얻은 만족도가 이번 주 소비를 통해 얻은 만족도보다 높거나 같기 때문이라는 추론이 가능하다. 반면, 이번 주에 지난주처럼 소비하지 못한 것은 재화의 가격 변화로 책정한 돈이 부족해져 구매를 포기했다고 추론할 수 있다. 따라서 박 대리는 지난주에 비해 이번 주에 만족도가 떨어졌다는 것이라는 추론이 가능하다.

42 K사에 입사한 정 사원은 신입사원 오리엔테이션 과정 중 다음과 같은 사내 전화 사용법을 교육받았다. 정 사원이 이해한 다음과 같은 전화 사용법 중 올바르지 않은 것은?

1. 일반전화 걸기
   - 회사 외부로 전화를 거는 경우
   - 수화기를 들고 9번을 누른 후 전화번호를 눌러 통화한다.
2. 단축 다이얼
   - 자주 사용하는 전화번호는 기억시켜 두어 간단하게 전화하는 경우
   - 단축 다이얼 버튼을 누르고 화살표를 이용, 원하는 전화번호가 기억되어 있는 단축번호를 눌러 통화한다.
3. 재다이얼 기능
   - 재다이얼 버튼을 누르고 화살표를 이용, 상하버튼을 눌러 원하는 전화번호를 선택한 후, 발신버튼을 누른다.
   - 원하는 전화번호가 재다이얼 된다.
4. 전화 당겨 받기
   - 다른 전화기에 벨이 울리고 있을 때 내 자리의 전화기에서 대신 받고자 하는 경우
   - 다른 자리의 벨이 울릴 때, 수화기를 들고 * 버튼을 누른다.
5. 통화대기
   - 상대방이 통화중일 때, 통화가 끝날 때까지 대기하다가 통화가 끝난 즉시 통화하고자 하는 기능
   - 상대방이 통화중일 때 CAMP 버튼을 누르고 수화기를 내려놓은 채 통화가 끝날 때까지 기다린다.
   ※ 상대방은 통화 중에 주기적으로 신호음이 들리므로 누군가 통화대기 중임을 알 수 있다.
6. 내선예약
   - 통화중이거나 전화를 받지 않는 내선에 통화를 예약해 두면 통화가 끝나는 즉시 신호음이 울린다.
   - 상대방이 응답이 없거나 통화중일 때 CBK 버튼을 누르고 수화기를 내린다. 통화할 수 있는 상태가 되면 벨이 울린다.
7. 통화보류
   - 통화 도중에 상대방을 잠시 기다리게 할 경우
   - 통화 도중에 보류버튼을 누르고 수화기를 내린다. 다시 통화하고자 할 때 수화기를 들고 다시 보류버튼을 누른다.
   ※ 보류된 전화는 일정 시간이 경과하기 전에는 끊기지 않는다.
8. 통화전환
   - 밖에서 걸려 온 전화를 먼저 통화하다가 다른 사람에게로 전화를 돌려주고자 하는 경우
   - 통화 중에 * 버튼을 누르고 내선번호를 누르고 수화기를 내린다.
9. 착신전환
   - 내 자리로 걸려오는 전화를 지정하는 특정 내선으로 연결되도록 설정해 두는 경우
   - 지정 시, 6, 0 버튼을 누르고 ALL 버튼을 누르고 전화를 대신 받을 번호를 누른다.
   - 해제 시, 6, 0 버튼을 누르고 0을 누른다.

① "내가 부재중일 경우라도 걸려 온 전화를 받을 수가 있구나."
② "통화 중 잠시 급한 일을 보고 계속 통화를 하려면 CAMP 버튼을 쓰면 되네."
③ "외부에서 전화를 건 사람이 두 명 이상의 사람과 순차적으로 통화를 원할 경우라도, 전화를 두 번 이상 걸 필요가 없군."
④ "부장님이 안 계실 때, 부장님 자리로 걸려 온 전화를 받으러 뛰어갈 필요는 없군."

> **해설** ② 통화 중 잠시 급한 일을 보고 계속 통화를 하는 것은 통화 도중에 상대방을 잠시 기다리게 할 경우로서 통화대기가 아닌 통화보류에 해당한다. 따라서 CAMP 버튼이 아닌 보류버튼을 써야 한다.
> ① 착신전환 기능에 대한 설명이다.
> ③ 통화전환 기능에 대한 설명이다.
> ④ 전화 당겨 받기 기능에 대한 설명이다.

43 다음은 A씨가 알아본 여행지의 관광 상품 비교표이다. 월요일에 A씨 부부가 여행을 갈 경우 하루 평균 가격이 가장 비싼 여행지부터 순서대로 올바르게 나열한 것은? (단, 출발일도 일정에 포함, 1인당 가격은 할인 전 가격이며, 가격 계산은 버림 처리하여 정수로 표시한다.)

관광지	일정	1인당 가격	비고
갑지	5일	599,000원	-
을지	6일	799,000원	주중 20% 할인
병지	8일	999,000원	동반자 20% 할인
정지	10일	1,999,000원	동반자 50% 할인

① 을지 - 갑지 - 병지 - 정지
② 정지 - 병지 - 갑지 - 을지
③ 정지 - 갑지 - 을지 - 병지
④ 정지 - 갑지 - 병지 - 을지

> **해설** 각 여행지별 2명의 하루 평균 가격을 도표로 정리하면 다음과 같다.
>
> | 관광지 | 일정 | 2명의 하루 평균 가격 |
> |---|---|---|
> | 갑지 | 5일 | 599,000 ÷ 5 × 2=239,600원 |
> | 을지 | 6일 | 799,000 ÷ 6 × 2=266,333원, 월~금은 주중 할인이 적용되어 하루 평균 266,333 × 0.8=213,066원이 된다. 따라서 월~토 일정 동안의 전체 금액[(213,066 × 5)+266,333]에서 하루 평균 가격을 구하면 221,943원이다. |
> | 병지 | 8일 | 999,000 ÷ 8=124,875원(1명), 999,000 ÷ 8 × 0.8=99,900원(1명) 따라서 2명은 124,875+99,900=224,775원 |
> | 정지 | 10일 | 1,999,000 ÷ 10=199,900원(1명), 1,999,000 ÷ 10 × 0.5=99,950원(1명) 따라서 2명은 199,900+99,950=299,850원 |

Answer 42.② 43.④

44 200만 원을 가진 甲은 다음 A, B프로젝트 중 B프로젝트에 투자하기로 결정하였다. 甲의 선택이 합리적이기 위한 B프로젝트 연간 예상 수익률의 최저 수준으로 가장 적절한 것은? (단, 각 프로젝트의 기간은 1년으로 가정한다.)

- A프로젝트는 200만 원의 투자 자금이 소요되고, 연 9.0%의 수익률이 예상된다.
- B프로젝트는 400만 원의 투자 자금이 소요되고, 부족한 돈은 연 5.0%의 금리로 대출받을 수 있다.

① 8.1% ② 7.1%
③ 6.1% ④ 5.1%

✔해설
- A프로젝트 : 200만 원 투자, 수익률 9%로 1년 후 18만 원의 수익이 발생한다.
- B프로젝트 : 400만 원 투자(그 중 200만 원은 연리 5%로 대출받음. 따라서 10만 원의 비용이 발생한다.)
따라서 B프로젝트를 선택하려면, 적어도 28만 원보다 많은 수익이 발생하여야 한다. 400만 원 중 수익이 28만 원보다 많으려면, 수익률이 적어도 7%보다 높아야 하며 따라서 7.1%가 연간 예상 수익률의 최저 수준이 됨을 알 수 있다.

45 甲사에서는 다음과 같은 경영실적사례를 공시하였다. 아래의 표에서 물류비의 10% 절감은 몇%의 매출액 증가효과와 동일한가?

- 매출액 : 2,000억 원
- 물류비 : 400억 원
- 기타 비용 : 1,500억 원
- 경상이익 : 100억 원

① 20% ② 25%
③ 30% ④ 40%

✔해설 물류비를 10% 절감하면 40억 원, 경상이익은 140억이 된다. 그러므로 매출액은 2,800억 원이 되므로 40%가 증가한다고 볼 수 있다.

｜46-47｜ 다음 자료를 보고 물음에 답하시오.

〈입장료 안내〉

좌석명	입장권 가격		K팀 성인회원		K팀 어린이회원	
	주중	주말/공휴일	주중	주말/공휴일	주중	주말/공휴일
프리미엄석	70,000원					
테이블석	40,000원					
블루석	12,000원	15,000원	10,000원	13,000원	6,000원	7,500원
레드석	10,000원	12,000원	8,000원	10,000원	5,000원	6,000원
옐로석	9,000원	10,000원	7,000원	8,000원	4,500원	5,000원
그린석(외야)	7,000원	8,000원	5,000원	6,000원	무료입장	

〈S카드 할인〉

구분	할인내용	비고
K팀 S카드	3,000원/장 할인	청구 시 할인(카드명세서 청구 시 반영)
K팀 L카드	3,000원/장 할인	결제 시 할인
S카드	2,000원/장 할인	청구 시 할인(카드명세서 청구 시 반영)
L카드	2,000원/장 할인	결제 시 할인

1. 주말 가격은 금/토/일 및 공휴일 경기에 적용됩니다(임시 공휴일 포함).
2. 어린이 회원은 만 15세 이하이며, 본인에 한해 할인이 적용됩니다(매표소에서 회원카드 제시).
3. 국가유공자, 장애인, 경로우대자(65세 이상)는 국가유공자증, 복지카드 및 신분증 제시 후 본인에 한하여 외야석 50% 할인됩니다. On-line 인증 문제로 예매 시에는 혜택이 제공되지 않습니다.
4. 우천 취소 시 예매 및 카드구입은 자동 결제 취소되며, 현장 현금 구매분은 매표소에서 환불 받으실 수 있습니다.
5. 보호자 동반 미취학 아동(7세 이하)은 무료 입장이 가능하나, 좌석은 제공되지 않습니다.
6. 암표 구입 시 입장이 제한됩니다.

※ 올 시즌 변경사항(취소 수수료 청구)
→ 다양한 회원들의 관람을 위해 금년부터 예매 익일 취소할 경우 결제 금액의 10%에 해당하는 취소 수수료가 청구됩니다(최소 취소수수료 1,000원 청구). 단, 예매일과 취소일이 같을 경우 취소 수수료는 청구되지 않습니다.

46 김 과장은 여름 휴가철을 맞아 아이들과 함께 평소 좋아하던 K팀의 야구 경기를 보러가려 한다. 다음 인원이 함께 야구 관람을 할 경우, 카드 결제를 해야 할 전 인원의 총 입장료 지불 금액은 얼마인가?

> - 관람일 15일 금요일, 전원 블루석에서 관람 예정
> - 김 과장(K팀 성인회원), 김 과장 아내(비회원), 김 과장 노부(72세, 비회원)
> - 큰 아들(18세, 비회원), 작은 아들(14세, K팀 어린이 회원)
> - 작은 아들 친구 2명(K팀 어린이 회원)
> - 김 과장의 가족 5인은 김 과장이 K팀 L카드로 결제하며, 작은 아들의 친구 2명은 각각 S카드로 결제함

① 58,000원　　　　　　　　② 60,000원
③ 61,000원　　　　　　　　④ 65,500원

> ✔해설　금요일이므로 주말 가격이 적용되며, 블루석 기준 각 인원의 입장료를 지불 방법에 따라 구분하여 정리하면 다음과 같다.
>
> 〈K팀 L카드로 결제〉
> 김 과장 : 13,000-3,000=10,000원
> 아내 : 15,000-3,000=12,000원
> 노부 : 15,000-3,000=12,000원(경로우대자이나, 외야석이 아니므로 할인 대상에서 제외됨)
> 큰 아들 : 15,000-3,000=12,000원
> 작은 아들 : 7,500-3,000=4,500원
> 총 : 50,500원
>
> 〈S카드로 결제〉
> 작은 아들 친구 2명 : 7,500 × 2=15,000원(청구 시에 할인 반영되므로, 결제 시에는 할인 없이 1인당 7,500원을 결제하게 된다.)
> 따라서 7명의 총 입장료는 50,500원+15,000원=65,500원이 된다.

47 다음 중 위의 안내 사항에 대한 올바른 판단이 아닌 것은?

① "내일 경기 관람을 위해 오늘 예매한 입장권을 수수료 없이 취소하려면 오늘 중에 취소해야 하는 거구나."
② "여보, 우리 애는 5살이니까 당신이 데려 가면 무료입장도 가능하네요. 외야 자리만 가능하다니까 그린석으로 당신 표 얼른 예매하세요."
③ "다음 주 월요일이 공휴일이니까 연속 4일 간은 주말 요금이 적용되겠구나."
④ "난 K팀 L카드가 있는 성인 회원이니까, 주중에 레드석에서 관람하려면 5,000원밖에 안 들겠구나."

✅ **해설** 그린석(외야)에 무료 입장할 수 있는 대상은 어린이 회원이다. 7세 이하 미취학 아동은 보호자 동반 시 무료입장이 가능하나, 좌석은 제공되지 않는다고 언급되어 있다.
① 익일 취소 시 수수료가 발생하며, 예매일과 취소일이 같을 경우 수수료가 청구되지 않는다고 규정되어 있다.
③ 금, 토, 일, 월요일 4일간 주말 요금이 적용된다.
④ 주중 성인 회원 레드석 입장료는 8,000원이나, K팀 L카드 3,000원 할인이 적용되어 5,000원이 되며 할인은 결제 시에 반영되어 적게 지불하게 된다.

│48-49│ 다음은 A, B 두 경쟁회사의 판매제품별 시장 내에서의 기대 수익을 표로 나타낸 자료이다. 이를 보고 물음에 답하시오.

〈판매 제품별 수익체계〉

		B회사		
		P제품	Q제품	R제품
A회사	P 제품	(5, −1)	(3, −1)	(−6, 3)
	Q 제품	(−1, 3)	(−3, 2)	(3, 2)
	R 제품	(−2, 6)	(4, −1)	(−1, −2)

- 괄호 안의 숫자는 A회사와 B회사의 제품으로 얻는 수익(억 원)을 뜻한다(A회사 월 수익 액, B회사의 월 수익 액).
- ex) A회사가 P제품을 판매하고 B회사가 Q제품을 판매하였을 때 A회사의 월 수익 액은 3억 원이고, B회사의 월 수익 액은 −1억 원이다.

〈분기별 소비자 선호 품목〉

구분	1분기	2분기	3분기	4분기
선호 품목	Q제품	P제품	R제품	P, R제품

- 제품별로 분기에 따른 수익의 증감률을 의미한다.
- 시기별 해당 제품의 홍보를 진행하면 월 수익의 50%가 증가, 월 손해의 50%가 감소된다.

Answer 46.④ 47.②

48 다음 중 4분기의 A회사와 B회사의 수익의 합이 가장 클 경우는 양사가 각각 어느 제품을 판매하였을 때인가?

① A회사 : Q제품, B회사 : Q제품
② A회사 : R제품, B회사 : Q제품
③ A회사 : Q제품, B회사 : P제품
④ A회사 : R제품, B회사 : P제품

✓해설 수익이 가장 크기 위해서는 분기별 소비자 선호 품목에 대한 홍보를 진행해야 한다. 4분기 선호 품목은 P 제품과 R 제품으로 이 제품들의 수익률에 변동이 발생한다. 해당 내용을 반영한 수익체계표를 만들어 보면 다음과 같다.

		B회사		
		P제품	Q제품	R제품
A회사	P 제품	(7.5, -0.5)	(4.5, -1)	(-3, 4.5)
	Q 제품	(-1, 4.5)	(-3, 2)	(3, 3)
	R 제품	(-1, 9)	(6, -1)	(-0.5, -1)

따라서 4분기에는 R+P제품 조합의 경우 -1+9=8억 원이 되어 두 회사의 수익의 합이 가장 큰 조합이 된다.

49 1분기와 2분기에 모두 양사가 소비자 선호 제품을 홍보하였을 때, 1분기로부터 변동된 2분기의 수익 현황에 대하여 바르게 설명한 것은?

① A회사는 R제품을 판매할 때의 수익 현황에 변동이 있다.
② 1분기와 2분기에 가장 많은 수익이 발생하는 양사 제품의 조합은 동일하다.
③ 1분기와 2분기에 동일한 수익 구조가 발생하는 양사 제품의 조합은 없다.
④ B회사는 1분기에 Q제품을 판매하는 것이 2분기에 Q제품을 판매하는 것보다 더 유리하다.

✓해설 2분기의 수익체계표를 만들어 1분기와 비교하면 다음과 같다.

〈1분기, Q제품 홍보〉

		B회사		
		P제품	Q제품	R제품
A회사	P 제품	(5, -1)	(3, -0.5)	(-6, 3)
	Q 제품	(-0.5, 3)	(-1.5, 3)	(4.5, 2)
	R 제품	(-2, 6)	(4, -0.5)	(-1, -2)

〈2분기, P제품 홍보〉

		B회사		
		P제품	Q제품	R제품
A회사	P 제품	(7.5, -0.5)	(4.5, -1)	(-3, 3)
	Q 제품	(-1, 4.5)	(-3, 2)	(3, 2)
	R 제품	(-2, 9)	(4, -1)	(-1, -2)

④ B회사가 1분기 Q제품을 판매할 경우의 수익액은 -0.5+3-0.5=2억 원인 반면, 2분기에 Q제품을 판매할 경우의 수익액은 -1+2-1=0억 원으로 1분기에 Q제품을 판매하는 것이 2분기에 Q제품을 판매하는 것보다 더 유리하다.
① A회사는 R제품을 판매할 때의 수익액에 변동이 없다.(-2+4-1→-2+4-1)
② 1분기에는 Q+R조합이, 2분기에는 P+P 또는 R+P조합의 수익이 가장 크다.
③ 양사에서 모두 R제품을 판매할 경우 1분기와 2분기 동일하게 총 -3억 원의 손실이 발생하는 수익구조를 보인다.

50 다음 재고 현황을 통해 파악할 수 있는 완성품의 최대 수량과 완성품 1개당 소요 비용은 얼마인가? (단, 완성품은 A, B, C, D의 부품이 모두 조립되어야 하고 다른 조건은 고려하지 않는다.)

부품명	완성품 1개당 소요량(개)	단가(원)	재고 수량(개)
A	2	50	100
B	3	100	300
C	20	10	2,000
D	1	400	150

	완성품의 최대 수량(개)	완성품 1개당 소요 비용(원)
①	50	100
②	50	500
③	50	1,000
④	100	500

해설 재고 수량에 따라 완성품을 A 부품으로는 100/2=50개, B 부품으로는 300/3=100개, C 부품으로는 2,000/20=100개, D 부품으로는 150/1=150개 까지 만들 수 있다. 완성품은 A, B, C, D가 모두 조립되어야 하므로 50개만 만들 수 있다. 완성품 1개당 소요 비용은 완성품 1개당 소요량과 단가의 곱으로 구하면 되므로 A 부품 2×50=100원, B 부품 3×100=300원, C 부품 20×10=200원, D 부품 1×400=400원이다. 이를 모두 합하면 100+300+200+400=1,000원이 된다.

Answer 48.④ 49.④ 50.③

CHAPTER 04 대인관계능력

1 다음에서 설명하고 있는 개념은 무엇인가?

> 조직 현장의 구성원에게 업무 재량을 위임하고 자주적이고 주체적인 체제 속에서 사람이나 조직의 의욕과 성과를 이끌어 내기 위한 '권한부여', '권한이양'의 의미이다. 최근 고객 니즈에 대한 신속한 대응과 함께 구성원이 직접 의사결정에 참여하여 현장에서 개선/변혁이 신속 정확하게 이루어지기 위해서 활용도가 높아지고 있다.

① 리니어먼트
② 컴파트먼트
③ 임파워먼트
④ 리더블먼트

✔ **해설** 임파워먼트는 조직성원들을 신뢰하고 그들의 잠재력을 믿으며 그 잠재력의 개발을 통해 High Performance 조직이 되도록 하는 일련의 행위이다.

2 다음은 전문가 효과에 대한 내용이다. 이와 관련된 설득 전략으로 옳은 것은?

> 수용자가 커뮤니케이터에 대해 특정 분야에 대한 전문성을 갖고 있는 전문가라는 인식을 갖게 되면 전문가 효과가 발생한다. 전문가 효과는 수용자들이 전문가가 제시하는 정보를 내면화해 자신의 생각을 변화시키는 효과다. 수용자들이 원래 자신이 갖고 있던 생각인지, 아니면 타인의 생각을 전달받은 것인지를 구분하지 못하고 타인의 생각마저도 자신의 생각처럼 표현한다면 타인이 전달한 생각을 수용자가 내면화했다고 볼 수 있다.

① 연결전략
② 권위전략
③ 상대방 이해 전략
④ 사회적 입증 전략

✔ **해설** ② 직위나 전문성, 외모 등을 활용하여 협상을 용이하게 하는 전략
① 갈등을 야기한 사람과 관리자를 연결시킴으로서 협상을 용이하게 하는 전략
③ 상대방에 대한 이해를 바탕으로 갈등해결을 용이하게 하는 전략
④ 과학적인 논리보다 동료나 사람들의 행동에 의해서 상대방을 설득하는 전략

3 M 대리는 S 팀장에게 "K 대리가 주어진 업무를 제대로 하지 못하고 있어서 저는 지금도 계속 기다리고 있습니다. 그래서 아직 완성되지 못했습니다."라고 하였다. S 팀장이 K 대리에게 물어보니 "M 대리의 말은 거짓말입니다. M 대리의 일이 완성이 되지 않아서 저야말로 제 업무를 하지 못하고 있습니다."라고 한다. S 팀장이 할 수 있는 가장 효율적인 대처 방법은?

① 사원들 간의 피드백이 원활하게 이루어지는지 확인을 한다.
② 팀원들이 업무를 하면서 서로 협력을 하는지 확인을 한다.
③ 의사결정 과정에 잘못된 부분이 있는지 확인한다.
④ 중재를 하고 문제가 무엇인지 확인을 한다.

> ✔해설 M 대리와 K 대리사이의 갈등이 있음을 발견하게 되었으므로 즉각적으로 개입을 하여 중재를 하고 문제점을 파악하며 해결하는 것이 리더의 대처 방법이다.

4 귀하는 oo대학 대졸 공채 입학사정관의 조직구성원들 간의 원만한 관계 유지를 위한 갈등관리 역량에 관해 입학사정관 인증교육을 수료하게 되었다. 인증교육은 다양한 갈등사례를 통해 갈등과정을 시뮬레이션 함으로써 바람직한 갈등해결방법을 모색하는 데 중점을 두고 있다. 입학사정관이 교육을 통해 습득한 갈등과정을 바르게 나열한 것을 고르시오.

① 대결 국면 – 의견불일치 – 진정 국면 – 격화 국면 – 갈등의 해소
② 의견 불일치 – 격화 국면 – 대결 국면 – 갈등의 해소 – 진정 국면
③ 의견 불일치 – 대결 국면 – 격화 국면 – 진정 국면 – 갈등의 해소
④ 대결 국면 – 의견불일치 – 격화 국면 – 진정 국면 – 갈등의 해소

> ✔해설 갈등의 진행과정은 '의견 불일치 – 대결국면 – 격화 국면 – 진정 국면 – 갈등의 해소'의 단계를 거친다.

Answer 1.③ 2.② 3.④ 4.③

5 흔히 협상의 실패는 협상의 과정에서 일어나게 된다. 따라서 협상 시에 발생할 수 있는 실수를 방지하기 위하여 사전에 철저한 준비가 필요하게 된다. 다음 대화에 나타난 내용 중, 협상 시 주로 나타나는 실수를 보여주는 것이 아닌 것은 어느 것인가?

① "이봐, 우리가 주도권을 잃어선 안 되네. 저쪽의 입장을 주장할 기회를 주게 되면 결국 끌려가게 되어 있어."
② "상대측 박 본부장이 평소 골프광이라고 했지? 우리 신입사원 중에 티칭 프로 출신이 있다고 들었는데, 그 친구도 이번 상담에 참석 시키게나."
③ "이게 얼마나 좋은 기횐데요. 미비한 자료는 추후 보완하면 될 테니 당장 협상에 참석해서 성과를 이루어내야 한다고 봅니다."
④ "일단 누가 됐든 협상파트너에게 다짐을 받아두면 되지 않겠나. 담당자가 약속을 했으니 거의 다 성사된 거나 다름없겠지."

✔ **해설** ②와 같은 경우는 협상 시 상대방 관심 분야의 전문가를 투입함으로써 설득력을 높일 수 있는 매우 효과적인 전략으로 볼 수 있다. 나머지 보기의 경우는 협상 시 주로 나타나는 다음과 같은 실수의 유형이 된다.
① 협상의 통제권을 잃을까 두려워하는 것
③ 준비되기도 전에 협상을 시작하는 것
④ 잘못된 사람과의 협상

6 다음에서 나타난 신교수의 동기부여 방법으로 가장 적절한 것은?

> 신교수는 매 학기마다 새로운 수업을 들어가면 첫 번째로 내주는 과제가 있다. 한국사에 대한 본인의 생각을 A4용지 한 장에 적어오라는 것이다. 이 과제는 정답이 없고 옳고 그름이 기준이 아니라는 것을 명시해준다. 그리고 다음시간에 학생 각자가 적어온 글들을 읽어보도록 하는데, 개개인에게 꼼꼼히 인상깊었던 점을 알려주고 구체적인 부분을 언급하며 칭찬한다.

① 변화를 두려워하지 않는다.
② 지속적으로 교육한다.
③ 책임감으로 철저히 무장한다.
④ 긍정적 강화법을 활용한다.

✔ **해설** 동기부여 방법
㉠ 긍정적 강화법을 활용한다.
㉡ 새로운 도전의 기회를 부여한다.
㉢ 창의적인 문제해결법을 찾는다.
㉣ 책임감으로 철저히 무장한다.
㉤ 몇 가지 코칭을 한다.
㉥ 변화를 두려워하지 않는다.
㉦ 지속적으로 교육한다.

7 다음과 같은 팀 내 갈등을 원만하게 해결하기 위하여 팀원들이 함께 모색해 보아야 할 사항으로 가장 적절하지 않은 것은?

> 평소 꼼꼼하고 치밀하며 안정주의를 지향하는 성격인 정 대리는 위험을 감수하거나 모험에 도전하는 일만큼 우둔한 것은 없다고 생각한다. 그런 성격 덕분에 정 대리는 팀 내 경비 집행 및 예산 관리를 맡고 있다. 한편, 정 대리와 입사동기인 남 대리는 디테일에는 다소 약하지만 진취적, 창조적이며 어려운 일에 도전하여 뛰어난 성과를 달성하는 모습을 자신의 장점으로 가지고 있다. 두 사람은 팀의 크고 작은 업무 추진에 있어 주축을 이뤄가며 조화로운 팀을 꾸려가는 일에 늘 앞장을 서 왔지만 왠지 최근 들어 자주 부딪히는 모습이다. 이에 다른 직원들까지 업무 성향별로 나뉘는 상황이 발생하여 팀장은 큰 고민에 빠져있다. 다음 달에 있을 중요한 프로젝트 추진을 앞두고, 두 사람의 단결된 힘과 각자의 리더십이 필요한 상황이다.

① 각각의 주장을 검토하여 잘못된 부분을 지적하고 고쳐주는 일
② 어느 한쪽으로도 치우치지 않고 중립을 지키는 일
③ 차이점보다 유사점을 파악하도록 돕는 일
④ 다른 사람들을 참여시켜서 개방적으로 토의하게 하는 일

> **해설** 갈등을 성공적으로 해결하기 위한 방안의 하나로, 내성적이거나 자신을 표현하는 데 서투른 팀원을 격려해주는 것이 중요하며, 이해된 부분을 검토하고 누가 옳고 그른지에 대해 논쟁하는 일은 피하는 것이 좋다.

8 갈등은 다음과 같이 몇 가지 과정을 거치면서 진행되는 것이 일반적인 흐름이라고 볼 때, 빈칸의 (가), (나), (다)에 들어가야 할 말을 순서대로 올바르게 나열한 것은?

> 1. 의견 불일치
>   인간은 다른 사람들과 함께 부딪치면서 살아가게 되는데, 서로 생각이나 신념, 가치관이 다르고 성격도 다르기 때문에 다른 사람들과 의견의 불일치를 가져온다. 많은 의견 불일치는 상대방의 생각과 동기를 설명하는 기회를 주고 대화를 나누다보면 오해가 사라지고 더 좋은 관계로 발전할 수 있지만, 사소한 오해로 인한 작은 갈등이라도 그냥 내버려두면 심각한 갈등으로 발전하게 된다.
> 2. 대결 국면
>   의견 불일치가 해소되지 않으면 대결 국면으로 빠져들게 된다. 이 국면에서는 이제 단순한 해결방안은 없고 제기된 문제들에 대하여 새로운 다른 해결점을 찾아야 한다. 일단 대결국면에 이르게 되면 감정이 개입되어 상대방의 주장에 대한 문제점을 찾기 시작하고, 자신의 입장에 대해서는 그럴듯한 변명으로 옹호하면서 양보를 완강히 거부하는 상태까지 이르게 된다. 즉, (가)은(는) 부정하면서 자기주장만 하려고 한다. 서로의 입장을 고수하려는 강도가 높아지면서 서로 간의 긴장은 더욱 높아지고 감정적인 대응이 더욱 격화되어 간다.
> 3. 격화 국면
>   격화 국면에 이르게 되면 상대방에 대하여 더욱 적대적인 현상으로 발전해 나간다. 이제 의견일치는 물 건너가고 (나)을(를) 통해 문제를 해결하려고 하기 보다는 강압적, 위협적인 방법을 쓰려고 하며, 극단적인 경우에는 언어폭력이나 신체적인 폭행으로까지 번지기도 한다. 상대방에 대한 불신과 좌절, 부정적인 인식이 확산되면서 다른 요인들에까지 불을 붙이는 상황에 빠지기도 한다. 이 단계에서는 상대방의 생각이나 의견, 제안을 부정하고, 상대방은 그에 대한 반격으로 대응함으로써 자신들의 반격을 정당하게 생각한다.
> 4. 진정 국면
>   시간이 지나면서 정점으로 치닫던 갈등은 점차 감소하는 진정 국면에 들어선다. 계속되는 논쟁과 긴장이 귀중한 시간과 에너지만 낭비하고 이러한 상태가 무한정 유지될 수 없다는 것을 느끼고 점차 흥분과 불안이 가라앉고 이성과 이해의 원상태로 돌아가려 한다. 그러면서 (다)이(가) 시작된다. 이 과정을 통해 쟁점이 되는 주제를 논의하고 새로운 제안을 하고 대안을 모색하게 된다. 이 단계에서는 중개자, 조정자 등의 제3자가 개입함으로써 갈등 당사자 간에 신뢰를 쌓고 문제를 해결하는데 도움이 되기도 한다.
> 5. 갈등의 해소
>   진정 국면에 들어서면 갈등 당사자들은 문제를 해결하지 않고는 자신들의 목표를 달성하기 어렵다는 것을 알게 된다. 물론 경우에 따라서는 결과에 다 만족할 수 없는 경우도 있지만 어떻게 해서든지 서로 일치하려고 한다.

① 상대방의 자존심 – 업무 – 침묵
② 제3자의 존재 – 리더 – 반성
③ 조직 전체의 분위기 – 이성 – 의견의 일치
④ 상대방의 입장 – 설득 – 협상

✔ 해설 대결 국면에서의 핵심 사항은 상대방의 입장에 대한 무비판적인 부정이며, 격화 국면에서는 설득이 전혀 효과를 발휘할 수 없게 된다. 진정 국면으로 접어들어 비로소 협상이라는 대화가 시작되며 험난한 단계를 거쳐 온 갈등은 이때부터 서서히 해결의 실마리가 찾아지게 된다.

9 다음은 고객 불만 처리 프로세스를 도식화한 그림이다. 이 중 '정보파악'의 단계에서 이루어지는 행위를 〈보기〉에서 모두 고른 것은?

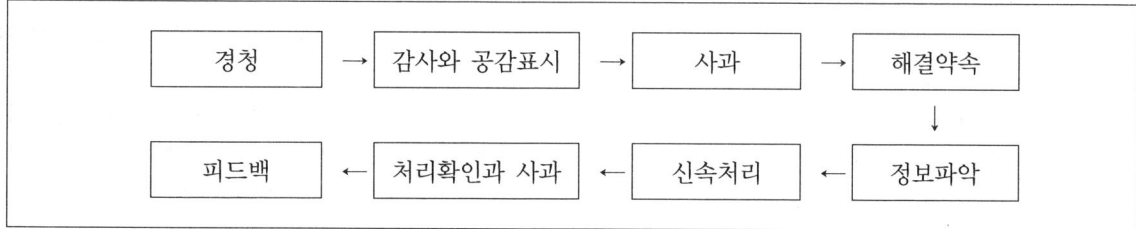

〈보기〉
(가) 고객의 항의에 선입관을 버리고 경청하며 문제를 파악한다.
(나) 문제해결을 위해 고객에게 필수적인 질문만 한다.
(다) 고객에게 어떻게 해주면 만족스러운 지를 묻는다.
(라) 고객 불만의 효과적인 근본 해결책은 무엇인지 곰곰이 생각해 본다.

① (가), (나), (다)
② (가), (나), (라)
③ (나), (다), (라)
④ (가), (나), (다), (라)

✔ 해설 (가)는 첫 번째 경청의 단계에 해당하는 말이다. 정보파악 단계에서는 문제해결을 위해 꼭 필요한 질문만 하여 정보를 얻고, 최선의 해결방법을 찾기 어려우면 고객에게 어떻게 해주면 만족스러운지를 묻는 일이 이루어지게 된다.

Answer 8.④ 9.③

10 ○○기업 인사팀에 근무하고 있는 김 대리는 팀워크와 관련된 신입사원 교육을 진행하였다. 교육이 끝나고 수강한 신입사원들에게 하나의 상황을 제시한 후, 교육 내용을 토재로 주어진 상황에 대해 이해한 바를 발표하도록 하였다. 김 대리가 제시한 상황과 이를 이해한 신입사원들의 발표 내용 중 일부가 다음과 같을 때, 교육 내용을 잘못 이해한 사람은 누구인가?

〈지시된 상황〉

입사한 지 2개월이 된 강 사원은 요즘 고민이 많다. 같은 팀 사람들과 업무를 진행함에 있어 어려움을 겪고 있기 때문이다. 각각의 팀원들이 가지고 있는 능력이나 개인의 역량은 우수한 편이다. 그러나 팀원들 모두 자신의 업무를 수행하는 데는 열정적이지만, 공동의 목적을 달성하기 위해 업무를 수행하다 보면 팀원들의 강점은 드러나지 않으며, 팀원들은 다른 사람의 업무에 관심이 없다. 팀원들이 자기 자신의 업무를 훌륭히 해낼 줄 안다면 팀워크 또한 좋을 것이라고 생각했던 강 사원은 혼란을 겪고 있다.

갑 : 강 사원의 팀은 팀원들의 강점을 잘 인식하고 이를 활용하는 방법을 찾는 것이 중요할 것 같습니다. 팀원들의 강점을 잘 활용한다면 강 사원뿐만 아니라 팀원들 모두가 공동의 목적을 달성하는 데 대한 자신감을 갖게 될 것입니다.
을 : 팀원들이 개인의 업무에만 관심을 갖는 것은 문제가 있습니다. 개인의 업무 외에도 업무지원, 피드백, 동기부여를 위해 서로의 업무에 관심을 갖고 서로에게 의존하는 것이 중요합니다.
병 : 강 사원의 팀은 팀워크가 많이 부족한 것 같습니다. 팀원들로 하여금 집단에 머물도록 만들고, 팀의 구성원으로서 계속 남이 있기를 원하게 만드는 팀워크를 키우는 것이 중요합니다.
정 : 강 사원이 속해 있는 팀의 구성원들은 팀의 에너지를 최대로 활용하지 못하는 것 같습니다. 각자의 역할과 책임을 다함과 동시에 서로 협력할 줄 알아야 합니다.

① 갑 ② 을
③ 병 ④ 정

> **해설** 구성원이 서로에 끌려서 집단에 계속해서 남아 있기를 원하는 정도는 팀응집력에 대한 내용이다.
> 팀워크는 팀 구성원 간의 협동 동작·작업, 또는 그들의 연대, 팀의 구성원이 공동의 목표를 달성하기 위하여 각 역할에 따라 책임을 다하고 협력적으로 행동하는 것을 이르는 말이다.

11 다음 사례에서 오 부장이 취할 행동으로 가장 적절한 것은?

> 오 부장이 다니는 J의류회사는 전국 각지에 매장을 두고 있는 큰 기업 중 하나이다. 따라서 매장별로 하루에도 수많은 손님들이 방문하며 그 중에는 옷에 대해 불만을 품고 찾아오는 손님들도 간혹 있다. 하지만 고지식하며 상부의 지시를 중시 여기는 오 부장은 이러한 사소한 일들도 하나하나 보고하여 상사의 지시를 받으라고 부하 직원들에게 강조하고 있다. 그러다 보니 매장 직원들은 사소한 문제 하나라도 스스로 처리하지 못하고 일일이 상부에 보고를 하고 상부의 지시가 떨어지면 그때서야 문제를 해결한다. 이로 인해 자연히 불만 고객에 대한 대처가 늦어지고 항의도 잇따르게 되었다. 오늘도 한 매장에서 소매에 단추 하나가 없어 이를 수선해 줄 것을 요청하는 고객의 불만을 상부에 보고해 지시를 기다리다가 결국 고객이 기다리지 못하고 환불 요청을 한 사례가 있었다.

① 오 부장이 직접 그 고객에게 가서 불만 사항을 처리한다.
② 사소한 업무 처리는 매장 직원들이 스스로 해결할 수 있도록 어느 정도 권한을 부여한다.
③ 매장 직원들에게 고객의 환불요청에 대한 책임을 물어 징계를 내린다.
④ 앞으로 이러한 실수가 일어나지 않도록 옷을 수선하는 직원들의 교육을 다시 시킨다.

> ✔해설 위의 사례에서 불만 고객에 대한 대처가 늦어지고 그로 인해 항의가 잇따르고 있는 이유는 사소한 일조차 상부에 보고해 그 지시를 기다렸다가 해결하는 업무 체계에 있다. 따라서 오 부장은 어느 정도의 권한과 책임을 매장 직원들에게 위임하여 그들이 현장에서 바로 문제를 해결할 수 있도록 도와주어야 한다.

12 리더는 조직원들에게 지속적으로 자신의 잠재력을 발휘하도록 만들기 위한 외적인 동기 유발제 그 이상을 제공해야 한다. 이러한 리더의 역량이라고 볼 수 없는 것은?

① 조직을 위험에 빠지지 않도록 리스크 관리를 철저히 하여 안심하고 근무할 수 있도록 해준다.
② 높은 성과를 달성한 조직원에게는 따뜻한 말과 칭찬으로 보상해 준다.
③ 직원 자신이 상사로부터 인정받고 있으며 일부 권한을 위임받았다고 느낄 수 있도록 동기를 부여한다.
④ 직원들이 자신의 업무에 책임을 지도록 하는 환경 속에서 일할 수 있게 해 준다.

> ✔해설 리더는 변화를 두려워하지 않아야 하며, 리스크를 극복할 자질을 키워야한다. 위험을 감수해야 할 이유가 합리적이고 목표가 실현가능한 것이라면 직원들은 기꺼이 변화를 향해 나아갈 것이며, 위험을 선택한 자신에게 자긍심을 가지며 좋은 결과를 이끌어내고자 지속적으로 노력할 것이다.

Answer 10.③ 11.② 12.①

13 G사 홍보팀 직원들은 팀워크를 향상시킬 수 있는 방법에 대한 토의를 진행하며 다음과 같은 의견들을 제시하였다. 다음 중 팀워크의 기본 요소를 제대로 파악하고 있지 못한 사람은 누구인가?

> A : "팀워크를 향상시키기 위해서는 무엇보다 팀원 간의 상호 신뢰와 존중이 중요하다고 봅니다."
> B : "또 하나 빼놓을 수 없는 것은 스스로에 대한 넘치는 자아 의식이 수반되어야 팀워크에 기여할 수 있어요."
> C : "팀워크는 상호 협력과 각자의 역할에서 책임을 다하는 자세가 기본이 되어야 함을 우리 모두 명심해야 합니다."
> D : "저는 팀원들끼리 솔직한 대화를 통해 서로를 이해하는 일이 무엇보다 중요하다고 생각해요."

① A
② B
③ C
④ D

> **해설** '내가'라는 자아 의식의 과잉은 팀워크를 저해하는 대표적인 요인이 될 수 있다. 팀워크는 팀 구성원이 공동의 목적을 달성하기 위해 상호 관계성을 가지고 서로 협력하여 일을 해나가는 것인 만큼 자아 의식이 강하거나 자기중심적인 이기주의는 반드시 지양해야 할 요소가 된다.

14 직장생활을 하다보면 조직원들 사이에 갈등이 존재할 수 있다. 이러한 갈등은 서로 불일치하는 규범, 이해, 목표 등이 충돌하는 상태를 의미한다. 다음 중 갈등을 확인할 수 있는 단서로 볼 수 없는 것은?

① 지나치게 논리적으로 논평과 제안을 하는 태도
② 타인의 의견발표가 끝나기도 전에 타인의 의견에 대해 공격하는 태도
③ 핵심을 이해하지 않고 무조건 상대를 비난하는 태도
④ 무조건 편을 가르고 타협하기를 거부하는 태도

> **해설** 갈등을 확인할 수 있는 단서
> ㉠ 지나치게 감정적으로 논평과 제안을 하는 것
> ㉡ 타인의 의견발표가 끝나기도 전에 타인의 의견에 대해 공격하는 것
> ㉢ 핵심을 이해하지 못한 채 서로 비난하는 것
> ㉣ 편을 가르고 타협하기를 거부하는 것
> ㉤ 개인적인 수준에서 미묘한 방식으로 서로를 공격하는 것

15 다음의 대화를 통해 알 수 있는 내용으로 가장 알맞은 것은?

> K 팀장 : 좋은 아침입니다. 어제 말씀드린 보고서는 다 완성이 되었나요?
> L 사원 : 예, 아직 완성을 하지 못했습니다. 시간이 많이 부족한 것 같습니다.
> K 팀장 : 보고서를 작성하는 데 어려움이 있나요?
> L 사원 : 팀장님의 지시대로 하는 데 어려움은 없습니다. 그러나 저에게 주신 자료 중 잘못된 부분이 있는 것 같습니다.
> K 팀장 : 아. 저도 몰랐던 부분이네요. 잘못된 점이 무엇인가요?
> L 사원 : 직접 보시면 아실 것 아닙니까? 일부러 그러신 겁니까?
> K 팀장 : 아, 그렇습니까?

① K 팀장은 아침부터 L 사원을 나무라고 있다.
② K 팀장은 좋은 협상 능력을 가지고 있다.
③ K 팀장은 리더로서의 역할이 부족하다.
④ L 사원은 팀원으로서의 팔로워십이 부족하다.

> ✔ 해설 대화를 보면 L 사원이 팔로워십이 부족함을 알 수 있다. 팔로워십은 팀의 구성원으로서의 역할을 충실하게 잘 수행하는 능력을 말한다. L 사원은 헌신, 전문성, 용기, 정직, 현명함을 갖추어야 하고, 리더의 결점이 있으면 올바르게 지적하되 덮어주는 아량을 갖추어야 한다.

16 팀장 甲이 팀워크를 촉진하기 위해 취할 수 있는 행동으로 옳은 것은?

> 팀장 甲은 사원 乙, 丙에게 두 사람이 함께 시장조사를 하라고 지시했다. 2주 뒤 팀장 甲이 乙, 丙에게 시장조사에 대해 묻자 乙은 "제 몫은 끝냈습니다. 하지만 丙은…." 라고 했다. 丙은 발끈하여 "애초부터 乙보다 분량이 월등히 많았습니다."라고 반박했다. 乙은 "분량은 처음 업무 분배를 할 때 결정한 사항이므로 문제가 되지 않습니다."라고 덧붙였다.

① 乙, 丙이 독자적인 아이디어를 낼 수 있도록 격려한다.
② 창의력 조성을 위한 협력적인 환경을 조성하도록 한다.
③ 乙, 丙 사이에 개입하여 갈등을 중재하고 의견을 교환한다.
④ 자발적으로 참여할 수 있는 분위기를 형성한다.

> ✔ 해설 乙과 丙의 갈등 상황이므로 팀장인 甲이 갈등을 해결하는 행동을 취해야 한다.

Answer 13.② 14.① 15.④ 16.③

17 경영상의 위기를 겪고 있는 S사의 사장은 직원들을 모아 놓고 위기 탈출을 위한 방침을 설명하며, 절대 사기를 잃지 말 것을 주문하고자 한다. 다음 중 S사 사장이 바람직한 리더로서 직원들에게 해야 할 연설의 내용으로 적절하지 않은 것은 어느 것인가?

① "지금의 어려움뿐 아니라 항상 미래의 지향점을 잊지 않고 반드시 이 위기를 극복하겠습니다."
② "저는 이 난관을 극복하기 위해 당면한 과제를 어떻게 해결할까 하는 문제보다 무엇을 해야 하는지에 집중하며 여러분을 이끌어 나가겠습니다."
③ "여러분들이 해 주어야 할 일들을 하나하나 제가 지시하기보다 모두가 자발적으로 우러나오는 마음을 가질 수 있는 길이 무엇인지 고민할 것입니다."
④ "저는 어떠한 일이 있어도 위험이 따르는 도전을 거부할 것이니 모두들 안심하고 업무에 만전을 기해주시길 바랍니다."

> ✔해설 바람직한 리더에게는 위험을 회피하기보다 계산된 위험을 취하는 진취적인 자세가 필요하다. 위험을 회피하는 것은 리더가 아닌 관리자의 모습으로, 조직을 이끌어 갈 수 있는 바람직한 방법이 되지 못한다.
> ① 새로운 상황을 창조하며 오늘보다는 내일에 초점을 맞춘다.
> ② 어떻게 할까보다는 무엇을 할까를 생각한다.
> ③ 사람을 관리하기보다 사람의 마음에 불을 지핀다.

18 다음 중 효과적인 팀의 특성으로 옳지 않은 것은?

① 팀의 사명과 목표를 명확하게 기술한다.
② 역할과 책임을 명료화시킨다.
③ 리더십 역량을 공유하며 구성원 상호간에 지원을 아끼지 않는다.
④ 주관적인 결정을 내린다.

> ✔해설 효과적인 팀의 특성
> ㉠ 팀의 사명과 목표를 명확하게 기술한다.
> ㉡ 창조적으로 운영된다.
> ㉢ 결과에 초점을 맞춘다.
> ㉣ 역할과 책임을 명료화시킨다.
> ㉤ 조직화가 잘 되어 있다.
> ㉥ 개인의 강점을 활용한다.
> ㉦ 리더십 역량을 공유하며 구성원 상호간에 지원을 아끼지 않는다.
> ㉧ 팀 풍토를 발전시킨다.
> ㉨ 의견의 불일치를 건설적으로 해결한다.
> ㉩ 개방적으로 의사소통을 한다.
> ㉪ 객관적인 결정을 내린다.
> ㉫ 팀 자체의 효과성을 평가한다.

19 윈-윈(WIN-WIN) 갈등 관리법에 대한 설명으로 적절하지 않은 것은?

① 문제의 근본적인 해결책을 얻는 방법이다.
② 갈등을 피하거나 타협으로 예방하기 위한 방법이다.
③ 갈등 당사자 서로가 원하는 바를 얻을 수 있는 방법이다.
④ 긍정적인 접근 방식에 의거한 갈등해결 방법이다.

> ✔해설 갈등을 피하거나 타협으로 예방하려는 것은 문제를 근본적으로 해결하기에 한계가 있으므로 갈등에 관련된 모든 사람들의 의견을 받아 본질적인 해결책을 얻는 방법이 윈-윈 갈등 관리법이다.

20 다음 세 조직의 특징에 대한 설명으로 적절하지 않은 것은?

> A팀 : 쉽지 않은 해외 영업의 특성 때문인지, 직원들은 대체적으로 질투심이 좀 강한 편이고 서로의 사고방식의 차이를 이해하지 못하는 분위기다. 일부 직원은 조직에 대한 이해도가 다소 떨어지는 것으로 보인다.
> B팀 : 직원들의 목표의식과 책임감이 강하고 직원들 상호 간 협동심이 뛰어나다. 지난 달 최우수 조직으로 선정된 만큼 자신이 팀의 일원이라는 점에 자부심이 강하며 매사에 자발적인 업무 수행을 한다.
> C팀 : 팀의 분위기가 아주 좋으며 모두들 C팀에서 근무하기를 희망한다. 사내 체육대회에서 1등을 하는 등 직원들 간의 끈끈한 유대관계가 장점이나, 지난 2년간 조직 평가 성적이 만족스럽지 못하여 팀장은 내심 걱정거리가 많다.

① B팀은 우수한 팀워크를 가진 조직이다.
② A팀은 자아의식이 강하고 자기중심적인 조직으로 평가할 수 있다.
③ C팀은 응집력이 좋은 팀으로 평가할 수 있다.
④ 팀의 분위기가 좋으나 성과를 내지 못하고 있다면, 팀워크는 좋으나 응집력이 부족한 집단이다.

> ✔해설 B팀은 팀워크가 좋은 팀, C팀은 응집력이 좋은 팀, A팀은 팀워크와 응집력 모두가 좋지 않은 팀이다. C팀과 같이 성과를 내지 못하고 있지만 팀의 분위기가 좋다면 이것은 팀워크가 아니라 응집력이 좋다고 표현할 수 있다. 응집력은 사람들로 하여금 계속 그 집단에 머물게 하고, 집단의 멤버로서 남아있기를 희망하게 만드는 힘이다.

Answer 17.④ 18.④ 19.② 20.④

21 다음의 밑줄 친 부분에 대한 설명으로 옳지 않은 것은?

> A사는 지난해부터 지금까지 조직개편을 진행하고 있다. 내부 사업 부서를 별도 법인으로 설립하거나 조직을 세분화하는 등 조직의 체질을 완전히 바꿔놓겠다는 의지를 보이고 있다. 우선 지난 해 4월 ⊙ 팀제를 폐지한 데 이어 올해 초 본부제를 폐지하고 의사결정단계를 기존 3단계에서 '센터·그룹-실·랩'의 2단계로 축소하였다. 본부에 속해 있는 18개 센터와 8개의 셀을 상하구조 없이 전면배치하였다. 조직의 규모는 14명인 조직부터 최대 173명인 곳까지 다양하다. 조직 리더들의 직급도 제한을 두지 않았다. 또 독립기업 제도인 CIC를 도입했다. 회사 측은 CIC에 대해 셀 조직의 진화된 형태로, 가능성 있는 서비스가 독립적으로 성장할 수 있도록 적극 지원하는 구조라고 설명하였다. 셀이 서비스 자체에서만 독립성을 지녔다면, CIC는 인사나 재무 등 경영전반의 주도권도 갖는다. A사 관계자는 메일과 캘린더, 클라우드 사업을 분사하는 계획도 검토 중이라며 벤처 정신을 살리고 빠른 의사 결정을 할 수 있는 조직을 갖추는 것이 핵심이라고 말했다.

① 다양한 팀 간의 수평적인 연결 관계를 창출해 전체 구성원들이 정보를 공유하기가 용이하다.
② 경영환경에 유연하게 대처하여 기업의 경쟁력을 제고할 수 있다.
③ 구성원 간 이질성 및 다양성의 결합과 활용을 통한 시너지의 효과를 촉진시킨다.
④ 팀장이 되지 못한 기존 조직의 간부사원의 사기가 저하되지 않는다.

> ✔해설 팀제에서는 팀장이 되지 못한 기존 조직의 간부사원들의 사기가 저하될 수 있는 문제점이 있다.

22 다음에 해당하는 협상 전략은 무엇인가?

> 양보전략으로 상대방이 제시하는 것을 일방적으로 수용하여 협상의 가능성을 높이려는 전략이다. 순응전략, 화해전략, 수용전략이라고도 한다.

① 협력전략
② 회피전략
③ 강압전략
④ 유화전략

> ✔해설 ① 협력전략 : 협상 참여자들이 협동과 통합으로 문제를 해결하고자 하는 협력적 문제해결전략이다.
> ② 회피전략 : 무행동전략으로 협상으로부터 철수하는 철수전략이다. 협상을 피하거나 잠정적으로 중단한다.
> ③ 강압전략 : 경쟁전략으로 자신이 상대방보다 힘에 있어서 우위를 점유하고 있을 때 자신의 이익을 극대화하기 위한 공격적 전략이다.

23 조직 사회에서 일어나는 갈등을 해결하는 방법 중 문제를 회피하지 않으면서 상대방과의 대화를 통해 동등한 만큼의 목표를 서로 누리는 두 가지 방법이 있다. 이 두 가지 갈등해결방법에 대한 다음의 설명 중 빈칸에 들어갈 알맞은 말은?

> 첫 번째 유형은 자신에 대한 관심과 상대방에 대한 관심이 중간정도인 경우로서, 서로가 받아들일 수 있는 결정을 하기 위하여 타협적으로 주고받는 방식을 말한다. 즉, 갈등 당사자들이 반대의 끝에서 시작하여 중간 정도 지점에서 타협하여 해결점을 찾는 것이다.
> 두 번째 유형은 협력형이라고도 하는데, 자신은 물론 상대방에 대한 관심이 모두 높은 경우로서 '나도 이기고 너도 이기는 방법(win-win)'을 말한다. 이 방법은 문제해결을 위하여 서로 간에 정보를 교환하면서 모두의 목표를 달성할 수 있는 '윈윈' 해법을 찾는다. 아울러 서로의 차이를 인정하고 배려하는 신뢰감과 공개적인 대화를 필요로 한다. 이 유형이 가장 바람직한 갈등해결 유형이라 할 수 있다. 이러한 '윈윈'의 방법이 첫 번째 유형과 다른 점은 (   )는 것이며, 이것을 '윈윈 관리법'이라고 한다.

① 시너지 효과를 극대화할 수 있다.
② 상호 친밀감이 더욱 돈독해진다.
③ 보다 많은 이득을 얻을 수 있다.
④ 문제의 근본적인 해결책을 얻을 수 있다.

> ✔ 해설 첫 번째 유형은 타협형, 두 번째 유형은 통합형을 말한다. 갈등의 해결에 있어서 문제를 근본적·본질적으로 해결하는 것이 가장 좋다. 통합형 갈등해결 방법에서의 '윈윈(Win-Win) 관리법'은 서로가 원하는 바를 얻을 수 있기 때문에 성공적인 업무관계를 유지하는 데 매우 효과적이다.

24 다음 중 동기부여 방법으로 옳지 않은 것은?

① 긍정적 강화법을 활용한다.
② 새로운 도전의 기회를 부여한다.
③ 적절한 코칭을 한다.
④ 일정기간 교육을 실시한다.

> ✔ 해설 동기부여 방법
> ㉠ 긍정적 강화법을 활용한다.
> ㉡ 새로운 도전의 기회를 부여한다.
> ㉢ 창의적인 문제해결법을 찾는다.
> ㉣ 책임감으로 철저히 무장한다.
> ㉤ 적절한 코칭을 한다.
> ㉥ 변화를 두려워하지 않는다.
> ㉦ 지속적으로 교육한다.

Answer 21.④ 22.④ 23.④ 24.④

25 다음 중 거만형 불만고객에 대한 대응 방안으로 옳지 않은 것은?

① 정중하게 대하는 것이 좋다.
② 분명한 증거나 근거를 제시하여 스스로 확신을 갖도록 유도한다.
③ 자신의 과시욕이 채워지도록 뽐내게 내버려 둔다.
④ 의외로 단순한 면이 있으므로 일단 호감을 얻게 되면 득이 될 경우도 있다.

> ✔ 해설 의심형 불만고객에 대한 대응방안이다.

26 '협상'을 위해 취하여야 할 (개) ~ (래)의 행동을 바람직한 순서대로 알맞게 나열한 것은?

> (개) 자신의 의견을 적극적으로 개진하여 상대방이 수용할 수 있는 근거를 제시한다.
> (내) 상대방의 의견을 경청하고 자신의 주장을 제시한다.
> (대) 합의를 통한 결과물을 도출하여 최종 서명을 이끌어낸다.
> (래) 상대방 의견을 분석하여 무엇이 그러한 의견의 근거가 되었는지 찾아낸다.

① (래)-(대)-(내)-(개)
② (래)-(개)-(내)-(대)
③ (내)-(개)-(대)-(래)
④ (내)-(래)-(개)-(대)

> ✔ 해설 협상은 보통 '협상 시작→상호 이해→실질 이해→해결 대안→합의 문서'의 다섯 단계로 구분한다. 제시된 보기는 (개)-해결 대안, (내)-상호 이해, (대)-합의 문서, (래)-실질 이해이므로 올바른 순서는 (내) - (래) - (개) - (대)이다.

27 직장인 K 씨는 야구에 전혀 관심이 없다. 그러나 하나 밖에 없는 아들은 야구를 엄청 좋아한다. 매일 바쁜 업무로 인하여 아들과 서먹해진 느낌을 받은 K 씨는 휴가를 내어 아들과 함께 전국으로 프로야구 경기를 관람하러 다녔다. 그 덕분에 K 씨와 아들의 사이는 급속도로 좋아졌다. K 씨의 행동에 대한 설명으로 옳은 것은?

① K 씨는 회사에 흥미를 잃었다.
② K 씨는 새롭게 야구경기에 눈을 뜨게 되었다.
③ K 씨는 아들에 대한 이해와 배려가 깊다.
④ K 씨는 아들이 자기를 욕할까봐 무섭다.

> ✔ 해설 K 씨의 행동은 대인관계 향상 방법의 하나인 상대방을 이해하는 마음에 해당한다.

28 고객만족을 측정하는 데 있어 오류를 범하는 경우가 발생한다. 다음 중 오류를 범할 수 있는 유형에 해당하지 않는 것은?

① 고객이 원하는 것을 알고 있다고 착각한다.
② 포괄적인 가치만을 질문한다.
③ 모든 고객들이 동일 수준의 서비스를 원한다고 생각한다.
④ 전문가로부터 도움을 얻는다.

> **해설** 고객만족을 측정하는 데 있어 오류를 범할 수 있는 유형
> ㉠ 고객이 원하는 것을 알고 있다고 생각한다.
> ㉡ 적절한 측정 프로세스 없이 조사를 시작한다.
> ㉢ 비전문가로부터 도움을 얻는다.
> ㉣ 포괄적인 가치만을 질문한다.
> ㉤ 중요도 척도를 오용한다.
> ㉥ 모든 고객이 동일 수준의 서비스를 원하고 필요하다고 생각한다.

29 다음 사례에서 팀워크에 도움이 안 되는 사람은 누구인가?

> ◎◎기업의 입사동기인 A, B, C, D는 이번에 처음으로 함께 프로젝트를 수행하게 되었다. 이는 이번에 나온 신제품에 대한 소비자들의 선호도를 조사하는 것으로 ◎◎기업에서 이들의 팀워크 능력을 알아보기 위한 일종의 시험이었다. 이 프로젝트에서 네 사람은 각자 자신이 잘 할 수 있는 능력을 살려 업무를 분담했는데 평소 말주변이 있고 사람들과 만나는 것을 좋아하는 A는 직접 길거리로 나가 시민들을 대상으로 신제품에 대한 설문조사를 실시하였다. 그리고 어릴 때부터 일명 '천재소년'이라고 자타가 공인한 B는 자신의 능력을 믿고 다른 사람들과는 따로 설문조사를 실시하였고 보고서를 작성하였다. 한편 대학에서 수학과를 나와 통계에 자신 있는 C는 A가 조사해 온 자료를 바탕으로 통계를 내기 시작하였고 마지막으로 꼼꼼한 D가 깔끔하게 보고서를 작성하여 상사에게 제출하였다.

① A
② B
③ C
④ D

> **해설** 팀워크는 팀이 협동하여 행하는 동작이나 그들 상호 간의 연대를 일컫는다. 따라서 아무리 개인적으로 능력이 뛰어나다 하여도 혼자서 일을 처리하는 사람은 팀워크가 좋은 사람이라고 볼 수 없다. 따라서 정답은 ②이다.

Answer 25.② 26.④ 27.③ 28.④ 29.②

30 다음 사례에 나타난 리더십 유형의 특징으로 옳은 것은?

> 이번에 새로 팀장이 된 갑은 입사 5년차인 비교적 젊은 팀장이다. 그는 자신의 팀에 있는 팀원들은 모두 나름대로의 능력과 경험을 가지고 있으며 자신은 그들 중 하나에 불과하다고 생각한다. 따라서 다른 팀의 팀장들과 같이 일방적으로 팀원들에게 지시를 내리거나 팀원들의 의견을 듣고 그 중에서 마음에 드는 의견을 선택적으로 추리는 등의 행동을 하지 않고 평등한 입장에서 팀원들을 대한다. 또한 그는 그의 팀원들에게 의사결정 및 팀의 방향을 설정하는데 참여할 수 있는 기회를 줌으로써 팀 내 행동에 따른 결과 및 성과에 대해 책임을 공유해 나가고 있다. 이는 모두 팀원들의 능력에 대한 믿음에서 비롯된 것이다.

① 질문을 금지한다.
② 모든 정보는 리더의 것이다.
③ 실수를 용납하지 않는다.
④ 책임을 공유한다.

> **해설** ①②③ 전형적인 독재자 유형의 특징이다.
> ※ 파트너십 유형의 특징
> ㉠ 평등
> ㉡ 집단의 비전
> ㉢ 책임 공유

31 갈등관리 상황에서 자기와 상대의 이익을 만족시키려는 의도가 다 같이 높을 때 제시될 수 있는 갈등해소 방안으로 가장 적합한 것은?

① 협동　　　　　　　　　　② 경쟁
③ 타협　　　　　　　　　　④ 회피

구분		상대방의 이익을 만족시키려는 정도		
		낮음	중간	높음
자신의 이익을 만족시키려는 정도	낮음	회피		순응
	중간		타협	
	높음	경쟁		협동

32 다음 열거된 항목들 중, 팀원에게 제시할 수 있는 '팀원의 강점을 잘 활용하여 팀 목표를 달성하는 효과적인 팀'의 핵심적인 특징으로 선택하기에 적절하지 않은 것은?

> (가) 객관적인 결정을 내린다.
> (나) 팀의 사명과 목표를 명확하게 기술한다.
> (다) 역할과 책임을 명료화시킨다.
> (라) 개인의 강점을 활용하기보다 짜인 시스템을 활용한다.
> (마) 의견의 불일치를 건설적으로 해결한다.
> (바) 결과보다 과정과 방법에 초점을 맞춘다.

① (가), (다), (라)
② (나), (마), (라), (바)
③ (라), (바)
④ (마), (바)

✔ 해설 (라)-개인의 강점을 활용한다.
(바)-과정과 방법이 아닌 결과에 초점을 맞추어야 한다.
※ 효과적인 팀의 핵심적인 특징으로는 다음과 같은 것들이 있다.
㉠ 팀의 사명과 목표를 명확하게 기술한다.
㉡ 창조적으로 운영된다.
㉢ 결과에 초점을 맞춘다.
㉣ 역할과 책임을 명료화시킨다.
㉤ 조직화가 잘되어 있다.
㉥ 개인의 강점을 활용한다.
㉦ 리더십 역량을 공유하며 구성원 상호간에 지원을 아끼지 않는다.
㉧ 의견의 불일치를 건설적으로 해결한다.
㉨ 개방적인 의사소통을 하고 객관적인 결정을 내린다.

Answer 30.④ 31.① 32.③

33 다음은 팀장과 팀원의 대화이다. 다음 상황에서 팀장이 주의해야 할 점으로 옳지 않은 것은?

> 팀장 : 구체적으로 어떤 업무를 하길 원하는지, 그리고 새로운 업무 목표는 어떻게 이룰 것인지 의견을 듣고 싶습니다.
> 팀원 : 솔직히 저는 현재 제가 맡고 있는 업무도 벅찬데 새로운 업무를 받은 것이 달갑지 않습니다. 그저 난감할 뿐이죠.
> 팀장 : 그렇군요. 그 마음 충분히 이해합니다. 하지만 현재 회사 여건상 인력 감축은 불가피합니다. 현재의 인원으로 업무를 어떻게 수행할 수 있을지에 대해 우리는 계획을 세워야 합니다. 이에 대해 새로 맡게 될 업무를 검토하고 그것을 어떻게 달성할 수 있을지 집중적으로 얘기해 봅시다.
> 팀원 : 일단 주어진 업무를 모두 처리하기에는 시간이 너무 부족합니다. 좀 더 다른 방법을 세워야 할 것 같아요.
> 팀장 : 그렇다면 혹시 그에 대한 다른 대안이 있나요?
> 팀원 : 기존에 제가 가지고 있던 업무들을 보면 없어도 될 중복된 업무들이 있습니다. 이러한 업무들을 하나로 통합한다면 새로운 업무를 볼 여유가 생길 것 같습니다.
> 팀장 : 좋습니다. 좀 더 구체적으로 말씀해 주시겠습니까?
> 팀원 : 우리는 지금까지 너무 고객의 요구를 만족시키기 위해 필요 없는 절차들을 많이 따르고 있었습니다. 이를 간소화할 필요가 있다고 생각합니다.
> 팀장 : 그렇군요. 어려운 문제에 대해 좋은 해결책을 제시해 줘서 정말 기쁩니다. 그렇다면 지금부터는 새로운 업무를 어떻게 진행시킬지, 그리고 그 업무가 어떤 이점으로 작용할지에 대해 말씀해 주시겠습니까? 지금까지 맡은 업무를 잘 처리하였지만 너무 같은 업무만을 하다보면 도전 정신도 없어지고 자극도 받지 못하죠. 이번에 새로 맡게 될 업무를 완벽하게 처리하기 위해 어떤 방법을 활용할 생각입니까?
> 팀원 : 네. 사실 말씀하신 바와 같이 지금까지 겪어보지 못한 전혀 새로운 업무라 기분이 좋지는 않습니다. 하지만 반면 저는 지금까지 제 업무를 수행하면서 창의적인 능력을 사용해 보지 못했습니다. 이번 업무는 제게 이러한 창의적인 능력을 발휘할 수 있는 기회입니다. 따라서 저는 이번 업무를 통해 좀 더 창의적인 능력을 발휘해 볼 수 있는 경험과 그에 대한 자신감을 얻게 됐다는 점이 가장 큰 이점으로 작용할 것이라 생각됩니다.
> 팀장 : 정말 훌륭한 생각을 가지고 있군요. 이미 당신은 새로운 기술과 재능을 가지고 있다는 것을 우리에게 보여주고 있습니다.

① 지나치게 많은 정보와 지시를 내려 직원들을 압도한다.
② 어떤 활동을 다루고, 시간은 얼마나 걸리는지 등에 대해 구체적이고 명확하게 밝힌다.
③ 질문과 피드백에 충분한 시간을 할애한다.
④ 직원들의 반응을 이해하고 인정한다.

> **해설** 위의 상황은 팀장이 팀원에게 코칭을 하고 있는 상황이다. 따라서 코칭을 할 때 주의해야 할 점으로 옳지 않은 것을 고르면 된다.
> 지나치게 많은 정보와 지시로 직원들을 압도해서는 안 된다.

※ 코칭을 할 때 주의해야 할 점
  ㉠ 시간을 명확히 알린다.
  ㉡ 목표를 확실히 밝힌다.
  ㉢ 핵심적인 질문으로 효과를 높인다.
  ㉣ 적극적으로 경청한다.
  ㉤ 반응을 이해하고 인정한다.
  ㉥ 직원 스스로 해결책을 찾도록 유도한다.
  ㉦ 코칭 과정을 반복한다.
  ㉧ 인정할 만한 일은 확실히 인정한다.
  ㉨ 결과에 대한 후속 작업에 집중한다.

34 다음 중 팀워크의 사례가 아닌 것은?

① 부하 직원의 작은 실수로 실패할 뻔 했던 거래를 같은 팀원들이 조금씩 힘을 보태어 거래를 성사시킨 일
② 도저히 기한 안에 처리될 것 같지 않던 프로젝트를 팀원들이 모두 힘을 합하여 성공적으로 마무리한 일
③ 사무실 내의 분위기가 좋고 서로를 배려해서 즐겁게 일하여 부서 이동 때 많이 아쉬웠던 일
④ 상을 당한 팀장님의 갑작스런 부재에도 당황하지 않고 각자 업무를 분담하여 운영에 차질이 없었던 일

> **해설** 응집력이 좋은 사례이다.
> ※ 팀워크와 응집력
>   ㉠ 팀워크 : 팀 구성원이 공동의 목적을 달성하기 위해 상호 관계성을 가지고 협력하여 일을 해나가는 것
>   ㉡ 응집력 : 사람들로 하여금 집단에 머물고 싶도록 하고, 그 집단의 멤버로 계속 남아있기를 원하게 만드는 것

35 직장인 Y 씨는 태어나서 지금까지 단 한 번도 지키지 못할 약속은 한 적이 없다. 그리고 모든 상황에서 이를 지키기 위하여 노력을 한다. 그러나 사람의 일이 모두 뜻대로 되지 않듯이 예기치 않은 사건의 발생으로 약속을 지키지 못하는 경우는 생기기 마련이다. 이럴 때 Y 씨는 상대방에게 충분히 자신의 상황을 설명하여 약속을 연기한다. Y 씨의 행동은 대인관계 향상 방법 중 어디에 해당하는가?

① 상대방에 대한 이해
② 사소한 일에 대한 관심
③ 약속의 이행
④ 언행일치

> **해설** 책임을 지고 약속을 지키는 것은 중요한 일이다. 약속을 어기게 되면 다음에 약속을 해도 상대방은 믿지 않게 마련이다. 약속은 대개 사람들의 기대를 크게 만들기 때문에 항상 약속을 지키는 습관을 가져야 신뢰감을 형성할 수 있게 된다.

Answer 33.① 34.③ 35.③

36 제약회사 영업부에 근무하는 U 씨는 영업부 최고의 성과를 올리는 영업사원으로 명성이 자자하다. 그러나 그런 그에게도 단점이 있었으니 그것은 바로 서류 작업을 정시에 마친 적이 없다는 것이다. U 씨가 회사로 복귀하여 서류 작업을 지체하기 때문에 팀 전체의 생산성에 차질이 빚어지고 있다면 영업부 팀장인 K 씨의 행동으로 올바른 것은?

① U 씨의 영업 실적은 뛰어나므로 다른 직원에게 서류 작업을 지시한다.
② U 씨에게 퇴근 후 서류 작업을 위한 능력을 개발하라고 지시한다.
③ U 씨에게 서류 작업만 할 수 있는 아르바이트 직원을 붙여준다.
④ U 씨로 인한 팀의 분위기를 설명하고 해결책을 찾아보라고 격려한다.

> ✔ 해설 팀장인 K 씨는 U 씨에게 팀의 생산성에 영향을 미치는 내용을 상세히 설명하고 이 문제와 관련하여 해결책을 스스로 강구하도록 격려하여야 한다.

37 협상의 의미를 바르게 연결한 것은?

① 의사소통 차원의 협상 – 자신이 얻고자 하는 것을 가진 사람의 호의를 쟁취하기 위한 것에 관한 지식이며 노력의 분야이다.
② 갈등해결 차원의 협상 – 갈등관계에 있는 이해당사자들이 대화를 통해서 갈등을 해결하고자 하는 상호작용과정이다.
③ 지식과 노력 차원의 협상 – 이해당사자들이 자신들의 욕구를 충족시키기 위해 상대로부터 최선의 것을 얻어내기 위해 상대를 설득하는 커뮤니케이션 과정이다.
④ 의사결정 차원의 협상 – 둘 이상의 이해당사자들이 여러 대안들 가운데 이해당사자들의 찬반을 통해 다수의 의견이 모아지는 대안을 선택하는 의사결정과정이다.

> ✔ 해설 ① 의사소통 차원의 협상 : 이해당사자들이 자신들의 욕구를 충족시키기 위해 상대로부터 최선의 것을 얻어내기 위해 상대를 설득하는 커뮤니케이션 과정이다.
> ③ 지식과 노력 차원의 협상 : 자신이 얻고자 하는 것을 가진 사람의 호의를 쟁취하기 위한 것에 관한 지식이며 노력의 분야이다.
> ④ 의사결정 차원의 협상 : 둘 이상의 이해당사자들이 여러 대안들 가운데 이해당사자들 모두가 수용가능한 대안을 찾기 위한 의사결정과정이다.

38 다음 중 임파워먼트에 해당하는 가장 적절한 사례는 무엇인가?

① 영업부 팀장 L 씨는 사원 U 씨에게 지난 상반기의 판매 수치를 정리해 오라고 요청하였다. 또한 데이터베이스를 업데이트하고, 회계부서에서 받은 수치를 반영하여 새로운 보고서를 제출하라고 지시하였다.

② 편집부 팀장 K 씨는 사원 S씨에게 지난 3달간의 도서 판매 실적을 정리해 달라고 요청하였다. 또한 신간등록이 되어 있는지 확인 후 업데이트하고, 하반기에 내놓을 새로운 도서의 신간 기획안을 제출하라고 지시하였다.

③ 마케팅팀 팀장 I 씨는 사원 Y 씨에게 상반기 판매 수치를 정리하고 이 수치를 분석하여 하반기 판매 향상에 도움이 될 만한 마케팅 계획을 직접 개발하도록 지시했다.

④ 홍보부 팀장 H 씨는 사원 R 씨에게 지난 2년간의 회사 홍보물 내용을 검토하고 업데이트 할 내용을 정리한 후 보고서로 작성하여 10부를 복사해 놓으라고 지시하였다.

> **해설** 임파워먼트는 권한 위임을 의미한다. 직원들에게 일정 권한을 위임함으로서 훨씬 수월하게 성공의 목표를 이룰 수 있을 뿐 아니라 존경받는 리더로 거듭날 수 있다. 권한 위임을 받은 직원은 자신의 능력을 인정받아 권한을 위임받았다고 인식하는 순간부터 업무 효율성이 증가하게 된다.

39 리더십에 대한 일반적인 의미로 볼 수 없는 것은?

① 조직 구성원들로 하여금 조직 목표를 위해 자발적으로 노력하도록 영향을 주는 행위를 말한다.
② 목표 달성을 위하여 개인이 조직원들에게 영향을 미치는 과정을 말한다.
③ 주어진 상황 내에서 목표 달성을 위해 개인 또는 집단에 영향력을 행사하는 과정을 의미한다.
④ 조직의 관리자가 하급자에게 발휘하는 일종의 권력을 의미한다.

> **해설** 리더십은 하급자뿐만 아니라 동료나 상사에게까지도 발휘하는 사회적 영향력이다.

40 다음의 사례를 보고 뉴욕의 A 호텔의 고객서비스의 특징으로 옳은 것은?

> 갑은 미국 출장길에 샌프란시스코의 A 호텔에서 하루를 묵은 적이 있었다. 그는 서양식의 푹신한 베개가 싫어서 프런트에 전화를 걸어 좀 딱딱한 베개를 가져다 달라고 요청하였다. 호텔 측은 곧이어 딱딱한 베개를 구해왔고 덕분에 잘 잘 수 있었다. 다음날 현지 업무를 마치고 다음 목적지인 뉴욕으로 가서 우연히 다시 A 호텔에서 묵게 되었는데 아무 생각 없이 방 안에 들어간 그는 깜짝 놀랐다. 침대 위에 전날 밤 사용하였던 것과 같은 딱딱한 베개가 놓여 있는 게 아닌가. 어떻게 뉴욕의 호텔이 그것을 알았는지 그저 놀라울 뿐이었다. 그는 호텔 측의 이 감동적인 서비스를 잊지 않고 출장에서 돌아와 주위 사람들에게 침이 마르도록 칭찬했다. 어떻게 이런 일이 가능했을까? A 호텔은 모든 체인점이 항시 공유할 수 있는 고객 데이터베이스를 구축하고 있었고, 데이터베이스에 저장된 정보를 활용해서 그 호텔을 다시 찾는 고객에게 완벽한 서비스를 제공하고 있었던 것이다.

① 불만 고객에 대한 사후 서비스가 철저하다.
② 신규 고객 유치를 위해 이벤트가 다양하다.
③ 고객이 물어보기 전에 고객이 원하는 것을 실행한다.
④ 고객이 원하는 것이 이루어질 때까지 노력한다.

✅ **해설** A 호텔은 고객이 무언가를 물어보기 전에 고객이 원하는 것에 먼저 다가가는 것을 서비스 정신으로 삼고 있다. 기존 고객의 데이터베이스를 공유하여 고객이 원하는 서비스를 미리 제공할 수 있는 것이다.

41 다음 글에서 나타난 갈등을 해결한 방법은?

> 갑과 을은 일 처리 방법으로 자주 얼굴을 붉힌다. 갑은 처음부터 끝까지 계획을 따라 일을 진행하려고 하고, 을은 일이 생기면 즉흥적으로 해결하는 성격이다. 같은 회사 동료인 병은 이 둘에게 서로의 성향 차이를 인정할 줄 알아야 한다고 중재를 했고, 이 둘은 어쩔 수 없이 포기하는 것이 아닌 서로 간에 차이가 있다는 점을 비로소 인정하게 되었다.

① 사람들이 당황하는 모습을 자세하게 살핀다.
② 마음을 열어놓고 적극적으로 경청한다.
③ 어느 한쪽으로 치우치지 않는다.
④ 다른 사람들의 입장을 이해한다.

> **해설** 갈등 해결 방법
> ㉠ 다른 사람들의 입장을 이해한다.
> ㉡ 사람들이 당황하는 모습을 자세하게 살핀다.
> ㉢ 어려운 문제는 피하지 말고 맞선다.
> ㉣ 자신의 의견을 명확하게 밝히고 지속적으로 강화한다.
> ㉤ 사람들과 눈을 자주 마주친다.
> ㉥ 마음을 열어놓고 적극적으로 경청한다.
> ㉦ 타협하려 애쓴다.
> ㉧ 어느 한쪽으로 치우치지 않는다.
> ㉨ 논쟁하고 싶은 유혹을 떨쳐낸다.
> ㉩ 존중하는 자세로 사람들을 대한다.

42 다음 설명에 해당하는 협상 과정은?

> • 협상 당사자들 사이에 상호 친근감을 쌓음
> • 간접적인 방법으로 협상의사를 전달함
> • 상대방의 협상 의지를 확인함
> • 협상 진행을 위한 체제를 짬

① 협상 시작　　　　　　　　② 상호 이해
③ 실질 이해　　　　　　　　④ 해결 대안

> **해설** 협상 과정 : 협상 시작 → 상호 이해 → 실질 이해 → 해결 대안 → 합의 문서

Answer 40.③ 41.④ 42.①

43 다음에서 설명하고 있는 개념의 특징으로 옳지 않은 것은?

> 조직성원들을 신뢰하고 그들의 잠재력을 믿으며 그 잠재력의 개발을 통해 High Performance 조직이 되도록 하는 일련의 행위이다.

① 도전적이고 흥미 있는 일
② 학습과 성장의 기회
③ 성과에 대한 지식
④ 부정적인 인간관계

> **해설** 높은 성과를 내는 임파워먼트 환경의 특징
> ㉠ 도전적이고 흥미 있는 일
> ㉡ 학습과 성장의 기회
> ㉢ 높은 성과와 지속적인 개선을 가져오는 요인들에 대한 통제
> ㉣ 성과에 대한 지식
> ㉤ 긍정적인 인간관계
> ㉥ 개인들이 공헌하며 만족한다는 느낌
> ㉦ 상부로부터의 지원

44 모바일 중견회사 감사 부서에서 생산 팀에서 생산성 10% 하락, 팀원들 간의 적대감이나 잦은 갈등, 비효율적인 회의 등의 문제점을 발견하였다. 이를 해결하기 위한 방안으로 가장 적절한 것을 고르시오.

① 아이디어가 넘치는 환경 조성을 위해 많은 양의 아이디어를 요구한다.
② 어느 정도 시간이 필요하므로 갈등을 방치한다.
③ 동료의 행동과 수행에 대한 피드백을 감소시킨다.
④ 의견 불일치가 발생할 경우 생산팀장은 제3자로 개입하여 중재한다.

> **해설** 성공적으로 운영되는 팀은 의견의 불일치를 바로바로 해소하고 방해요소를 미리 없애 혼란의 내분을 방지한다.

45 다음 중 고객 만족을 측정하는 데 있어 많은 사람들이 범하는 오류의 유형으로 옳지 않은 것은?

① 적절한 측정 프로세스 없이 조사를 시작한다.
② 고객이 원하는 것을 알고 있다고 생각한다.
③ 모든 고객들이 동일한 수준의 서비스를 원하고 필요로 한다고 가정한다.
④ 전문가로부터 도움을 얻는다.

> **해설** 비전문가로부터 도움을 얻는다.
> ※ 고객만족을 측정하는 데 있어 많은 사람들이 범하는 오류의 유형
> ㉠ 고객이 원하는 것을 알고 있다고 생각한다.
> ㉡ 적절한 측정 프로세스 없이 조사를 시작한다.
> ㉢ 비전문가로부터 도움을 얻는다.
> ㉣ 포괄적인 가치만을 질문한다.
> ㉤ 중요도 척도를 오용한다.
> ㉥ 모든 고객들이 동일한 수준의 서비스를 원하고 필요로 한다고 가정한다.

46 다음 중 실무형 멤버십의 설명으로 옳지 않은 것은?

① 조직의 운영 방침에 민감하다.
② 획일적인 태도나 행동에 익숙함을 느낀다.
③ 개인의 이익을 극대화하기 위해 흥정에 능하다.
④ 리더와 부하 간의 비인간적인 풍토를 느낀다.

> **해설** 순응형 멤버십에 대한 설명이다.

47 신입사원 워크숍 교육 자료를 만들게 되었다. 워크숍 교육 자료에서 팀워크 활성 방안으로 적절하지 않은 것을 고르시오.

① 아이디어의 질을 따지기보다 아이디어를 제안하도록 장려한다.
② 양질의 의사결정을 내리기 위해 단편적 질문을 고려한다.
③ 의사결정을 내릴 때는 팀원들의 의견을 듣는다.
④ 각종 정보와 정보의 소스를 획득할 수 있다.

> **해설** 양질의 의사결정을 내리기 위해 단편적인 질문이 아니라 여러 질문을 고려해야 한다.

Answer 43.④ 44.④ 45.④ 46.② 47.②

48 팀워크의 촉진 방법으로 옳지 않은 것은?

① 개개인의 능력을 우선시 하기
② 갈등 해결하기
③ 참여적으로 의사결정하기
④ 창의력 조성을 위해 협력하기

> ✔해설 팀워크의 촉진 방법
> ㉠ 동료 피드백 장려하기
> ㉡ 갈등 해결하기
> ㉢ 창의력 조성을 위해 협력하기
> ㉣ 참여적으로 의사결정하기

49 변혁적 리더십의 유형으로 옳은 설명은?

① 개개인과 팀이 유지해 온 업무 수행 상태를 뛰어넘어 전체 조직이나 팀원들에게 변화를 가져오는 원동력이 된다.
② 정책의사결정과 대부분의 핵심 정보를 그들 스스로에게만 국한하여 소유하고 고수하려는 경향이 있다.
③ 그룹에 정보를 잘 전달하려고 노력하고 전체 그룹의 구성원 모두를 목표 방향으로 설정에 참여하게 함으로써 구성원들에게 확신을 심어주려고 노력한다.
④ 리더와 집단 구성원 사이의 구분이 희미하고 리더가 조직에서 한 구성원이 되기도 한다.

> ✔해설 ② 독재자 유형
> ③ 민주주의 유형
> ④ 파트너십 유형

50 甲이 임원급 리더가 되기까지의 과정에서 자기개발 태도로 보기 어려운 것은?

> 헬스뷰티 전문스토어 A사에서 영업을 담당하고 있는 甲은 높은 성과와 원활한 대인관계로 최우수 영업사원으로 수년간 선정되며 능력을 인정받고 있다. 각종 교육 및 진단 참여를 통해 소통능력과 지속적으로 자기개발을 하려는 열정이 자신의 강점이라는 것을 명확하게 인식하고 있다. 이를 바탕으로, 자신의 경력목표 계획서를 만들어 해마다 목표를 보완하고 있으며 자신의 비전과 노력, 성공사례를 사보에 실어 직원들에게 공유하고 있다. 최근에는 영업 트레이너라는 목표를 품고 회사에 의사를 표시했지만 조직 전체의 이익이나 팀 실적을 위해서 당분간은 이동하지 말라는 의견을 받았다. 늘 긍정적인 모습을 유지하는 甲은 실망하지 않고 오히려 더욱 의기투합하여 충실하게 직무를 수행하였다. 동시에 교육훈련과 관련된 사내외 교육에 참석하고 야간 대학원에서 관련 전공 석사 학위를 취득하는 등 공부를 이어나갔다. 회사 사업은 날로 확대되었고 甲 과장은 새로운 영업 트레이닝팀의 팀장이 되었다. 이후에도 멈추지 않고, 목표를 확대하고 노력을 기울여 甲은 몇 년 후 사업 총괄 이사로 진급하게 되었다.

① 끊임없이 자기개발을 하는 태도
② 긍정적인 모습으로 업무를 수행하는 태도
③ 새로운 목표를 세우며 안주하지 않는 태도
④ 자신의 약점을 보완하려는 태도

> **해설** 약점을 보완하기 위한 활동은 제시글에서 확인할 수 없다.
> ① 甲은 소통능력과 지속적으로 자기개발을 하려는 열정이 자신의 강점이라는 것을 인식하고 있다.
> ② 회사에서 거절 의견을 받았음에도 긍정적인 모습을 유지하는 실망하지 않고 甲은 충실하게 직무를 수행하고, 동시에 관련 전공 석사 학위를 취득하였다.
> ③ 해마다 목표를 보완하고, 원하던 직무를 하게 되었어도 안주하지 않고 목표를 확대하고 노력을 기울였다.

Answer 48.① 49.① 50.④

CHAPTER 05 직업윤리

1 개인 윤리와 직업 윤리의 조화에 대한 설명으로 가장 옳지 않은 것은?

① 업무상 개인의 판단과 행동이 사회적 영향력이 큰 기업 시스템을 통하여 다수의 이해 관계자와 관련된다.
② 수많은 사람이 관련되어 고도화된 공동의 협력을 요구하므로 맡은 역할에 대한 책임 완수가 필요하다.
③ 직장이라는 집단적 인간관계에서도 가족관계, 개인적 선호에 의한 친분 관계와 유사한 측면의 배려가 필요하다.
④ 개인윤리의 기본 덕목인 사랑, 자비 등과 방법론상의 이념인 공동발전의 추구, 장기적 상호이익 등의 기본은 동일하다.

> **✔ 해설** 직장이라는 특수 상황에서 갖는 집단적 인간관계는 가족관계, 개인적 선호에 의한 친분 관계와는 다른 측면의 배려가 필요하다.

2 직업윤리의 측면에 있어서 "SERVICE"란 단어 속에 숨겨진 7가지 의미를 제대로 파악하지 못하고 있는 사람은?

① 甲 : 'S'는 'Smile'과 'Speed'의 두 가지 의미를 함께 가지고 있습니다. 미소와 함께 빠른 처리가 서비스의 생명이라고 생각합니다.
② 乙 : 서비스란 단어에 'E'는 두 번 들어가는데 'Emotion'과 'Effect'로 감동적인 결과를 도출해야 함을 의미합니다.
③ 丙 : 'R'은 'Respect'로, 고객을 존중하는 것이야 말로 좋은 서비스의 기본이라고 할 수 있습니다.
④ 丁 : 서비스에서 'I'는 'Image'를 말합니다. 좋은 서비스는 고객에게 좋은 이미지를 심어줄 수 있습니다.

> **✔ 해설** "SERVICE"에서 'E'는 'Emotion'과 'Excellence'를 의미한다.
> ※ "SERVICE"의 7가지 의미
> ㉠ S(Smile & Speed) : 서비스는 미소와 함께 신속하게 하는 것
> ㉡ E(Emotion) : 서비스는 감동을 주는 것
> ㉢ R(Respect) : 서비스는 고객을 존중하는 것
> ㉣ V(Value) : 서비스는 고객에게 가치를 제공하는 것
> ㉤ I(Image) : 서비스는 고객에게 좋은 이미지를 심어 주는 것
> ㉥ C(Courtesy) : 서비스는 예의를 갖추고 정중하게 하는 것
> ㉦ E(Excellence) : 서비스는 고객에게 탁월하게 제공되어져야 하는 것

3 다음 사례에 해당하는 비윤리적 행위의 유형은?

> • 甲은 제품을 설계할 때 안전상의 고려를 충분히 하지 않아 소비자의 안전사고를 유발시켰다.
> • 乙은 작업 중에 안전수칙을 철저히 지키지 않아 사고를 유발하였다.

① 거짓말
② 도덕적 태만
③ 무절제
④ 무관심

> **해설** 제시된 사례는 비윤리적인 결과를 피하기 위하여 일반적으로 필요한 주의나 관심을 기울이지 않는 도덕적 태만에 해당한다. 도덕적 태만은 어떤 결과가 나쁜 것을 알지만 자신의 행위가 그러한 결과를 가져올 수 있다는 것을 모르는 경우이다.

4 다음 사례에서 甲이 중요시하는 직업윤리의 기본원칙은 무엇인가?

> 사내에서 '대쪽'이라는 별명으로 통하는 甲은 업무를 처리함에 있어 공공성을 바탕으로 공사구분을 명확히 하고, 모든 것을 숨김없이 투명하게 처리한다.

① 객관성의 원칙
② 고객중심의 원칙
③ 전문성의 원칙
④ 정직과 신용의 원칙

> **해설** 직업 윤리의 5대 원칙
> ⊙ 객관성의 원칙: 업무의 공공성을 바탕으로 공사구분을 명확히 하고, 모든 것을 숨김없이 투명하게 처리하는 원칙을 말한다.
> ⓒ 고객중심의 원칙: 고객에 대한 봉사를 최우선으로 생각하고 현장중심, 실천중심으로 일하는 원칙을 말한다.
> ⓒ 전문성의 원칙: 자기업무에 전문가로서의 능력과 의식을 가지고 책임을 다하며, 능력을 연마하는 것을 말한다.
> ⓔ 정직과 신용의 원칙: 업무와 관련된 모든 것을 숨김없이 정직하게 수행하고, 본분과 약속을 지켜 신뢰를 유지하는 것을 말한다.
> ⓜ 공정경쟁의 원칙: 법규를 준수하고, 경쟁원리에 따라 공정하게 행동하는 것을 말한다.

Answer 1.③ 2.② 3.② 4.①

5 다음에서 설명하고 있는 개념으로 적절한 것은?

> 이것은 일정한 생활문화권에서 오랜 생활습관을 통해 하나의 공통된 생활방법으로 정립되어 관습적으로 행해지는 사회계약적 생활규범으로, 언어문화권에 따라 다르고 같은 언어문화권이라도 지방에 따라 다를 수 있다.

① 준법
② 책임
③ 문화
④ 예절

> **해설** 공동체 윤리
> ① 봉사 : 직업인에게 봉사란 자신보다 고객의 가치를 최우선으로 하는 서비스 개념이다.
> ② 책임 : 책임은 모든 결과는 나의 선택으로 인한 결과임을 인식하는 태도로, 상황을 회피하지 않고 맞닥뜨려 해결하는 자세가 필요하다.
> ③ 준법 : 준법은 민주 시민으로서 기본적으로 지켜야 하는 의무이며 생활 자세이다.
> ④ 예절 : 예절은 일정한 생활문화권에서 오랜 생활습관을 통해 하나의 공통된 생활방법으로 정립되어 관습적으로 행해지는 사회계약적 생활규범으로, 언어문화권에 따라 다르고 같은 언어문화권이라도 지방에 따라 다를 수 있다.

6 다음 두 가지 근면의 사례를 구분하는 가장 중요한 요소로 적절한 것은?

> 1) 연일 계속되는 야근과 휴일 근무로 인해 육체의 수고와 정신적 스트레스는 물론 가정의 화목까지 위협받지만 온 힘을 다하여 새벽부터 출근길에 오르는 수많은 직장인들
> 2) 부유한 집안에서 태어나 젊은 나이에도 학업과 직장 생활을 뒤로 하고 방탕한 생활을 하다가, 40대 후반이 되어서야 만학의 꿈을 갖고 스스로 불철주야 도서관에서 학문에 정진하는 중년

① 근면의 방법
② 보수의 유무
③ 근면의 동기
④ 근면의 사회성

> **해설** 1)은 외부로부터 강요당한 근면, 2)는 스스로 자진해서 하는 근면의 모습이며 이는 '근면의 동기'로 구분될 수 있는 종류이다. 1)과 같은 근면은 수동적, 소극적인 반면, 2)와 같은 근면은 능동적, 적극적이다.

7 다음과 같은 직업윤리의 덕목을 참고할 때, 빈칸에 공통으로 들어갈 알맞은 말은 무엇인가?

> 사회시스템은 구성원 서로가 신뢰하는 가운데 운영이 가능한 것이며, 그 신뢰를 형성하고 유지하는 데 필요한 가장 기본적이고 필수적인 규범이 바로 (   )인 것이다.
> 그러나 우리 사회의 (   )은(는) 아직까지 완벽하지 못하다. 거센 역사의 소용돌이 속에서 여러 가지 부당한 핍박을 받은 경험이 있어서 그럴 수도 있지만, 원칙보다는 집단 내의 정과 의리를 소중히 하는 문화적 정서도 그 원인이라 할 수 있다

① 성실
② 정직
③ 인내
④ 희생

> **해설** 이러한 정직과 신용을 구축하기 위한 4가지 지침으로 다음과 같은 것들이 있다.
> ㉠ 정직과 신뢰의 자산을 매일 조금씩 쌓아가자.
> ㉡ 잘못된 것도 정직하게 밝히자.
> ㉢ 정직하지 못한 것을 눈감아 주지 말자.
> ㉣ 부정직한 관행은 인정하지 말자.

8 A는 이번에 새로 입사한 회사에서 회식을 하게 되어 팀 동료들과 식사를 할 만한 곳을 알아보고 있다. 그러나 사회초년생인 A는 회사 회식을 거의 해 본 경험이 없었고, 회사 밖의 많은 선택 가능한 대안 (회식장소) 중에서도 상황 상 주위의 가까운 팀 내 선배들이 강력하게 추천하는 곳을 선택하기로 했는데, 이는 소비자 구매의사결정 과정에서 대안의 평가에 속하는 한 부분으로써 어디에 해당한다고 볼 수 있는가?

① 분리식
② 결합식
③ 사전편집식
④ 휴리스틱 기법

> **해설** 휴리스틱 기법은 여러 가지 요인을 체계적으로 고려하지 않고 경험, 직관에 의해서 문제해결과정을 단순화시키는 규칙을 만들어 평가하는 것을 의미한다. 다시 말해, 어떠한 문제를 해결하거나 또는 불확실한 상황에서 판단을 내려야 할 때 정확한 실마리가 없는 경우에 사용하는 방법이다.

Answer 5.③ 6.③ 7.② 8.④

9 다음 글의 빈칸에 공통으로 들어갈 윤리 덕목으로 적절한 것은?

> (   )이란 사전적인 의미로는 새로운 기업을 만들어 경제활동을 하는 사람들이 지니고 있는 것이라고 말할 수 있다. 즉, 경제적인 이윤을 얻기 위해 위험을 무릅쓰고 창업을 하는 사람들이 지니고 있는 가치 지향이나 태도인 것이다.
>
> 오스트리아 출신 미국 경제학자 조셉 슘페터는 새로운 가치를 창출하여 사회와 경제에 기여하려는 사람들로 정의하고, 이들이 지니고 있는 혁신적 사고와 태도를 (   )이라고 정의하였다. 그리고 그는 이것이 건강한 자본주의 경제의 핵심이라고 보았다. 경쟁적 시장경제에서는 진입 장벽이 낮아서 개인이 혁신적인 사고만 가지고도 새로운 기회를 만들어서 기업으로 발전시킨 사례가 많이 나타난다. 이러한 혁신적 사고와 도전 정신 속에서 경제는 활력이 넘치고, 시민들은 그 활력에 따른 성장의 혜택을 누리게 된다.

① 창의성
② 지속 가능성
③ 창업 의지
④ 기업가 정신

> **해설** 기업가 정신의 대표적인 예로 마이크로 소프트의 빌 게이츠나 애플의 창시자 스티브 잡스와 같은 창업자들이 보여준 새로운 혁신과 도전의 정신이 있다. 기업가 정신은 경제적 이익 추구와 더불어 국민 전체의 이익을 증진시키지만, 반대로 기업가 정신이 부족한 기업이 많아지면 경제는 활력을 잃고 국민의 삶은 나아지지 않는다. 그러므로 기업가 정신은 건강한 경제와 경제 성장의 핵심이라고 할 수 있다.

10 다음 빈칸에 들어갈 용어로 올바른 것은?

> • 1980년대 이후 소득수준과 생활수준이 급격히 향상되면서 근로자들이 일하기를 꺼리는 업종을 지칭하는 신조어를 말한다.
> • 더러움을 의미하는 dirty, 힘듦을 의미하는 difficult, ____㉠____을 의미하는 dangerous의 앞 글자를 따 만들었다.
> • 본래는 제조업, 광업, 건축업 등 더럽고 어려우며 위험한 분야의 산업을 일컬었으나 최근에는 주로 젊은층을 위주로 한 노동 인력의 취업 경향을 설명하는 데 사용된다.

① 위험함
② 연관성
③ 어두움
④ 이질감

> **해설** 3D 기피현상: 힘들고(Difficult), 더럽고(Dirty), 위험한(Dangerous) 일은 하지 않으려고 하는 현상

11 다음에서 알 수 있는 슈펭글러의 사례가 우리 사회에 발생하지 않도록 하기 위한 적절한 제도적 장치로 가장 거리가 먼 것은?

> 2000년대 초, 독일 카셀의 폭스바겐 공장에서 근무하던 슈펭글러는 믿을 수 없는 장면을 목격했다. 폭스바겐 내에서 공급 유용과 비용 부풀리기를 이용한 착복 등이 일어나고 있었던 것이다. 슈펭글러가 확인한 바에 따르면 이는 일부 몇몇 직원의 일탈이 아니라 노조까지 연루된 부패 사건이었다. 그는 이 사실을 직속 상사와 감사담당관, 경영진에게 알렸으나, 몇 해가 지나도록 그들은 묵묵부답이었다.
> 2003년, 회사에 알리는 것만으로는 이를 해결할 수 없다는 걸 깨달은 슈펭글러는 주주들과 감독이사회에 편지를 보내기에 이른다. 하지만 며칠 뒤 그가 받은 답변은 슈펭글러 자신의 해고 통지였다. 부정행위로 회사의 공금이 새고 있음을 고발한 대가는 가혹했다. 슈펭글러는 긴 시간 동안 법정 투쟁 속에 힘든 싸움을 이어가야 했으며, 수년 후에야 검찰 수사를 통해 슈펭글러가 고발한 사내 부패문제가 밝혀졌다.

① 직원의 신원은 확실히 보호되고 모든 제보가 진지하게 다루어지며 제기된 문제는 적절하게 조사된다는 내용이 명확하게 명시된 정책을 운영해야 한다.
② 개인의 불평불만과도 관련될 수 있으므로 인사부 직원을 중심으로 한 '고충신고라인' 등의 제도와 연계시키는 정책을 추진하여야 한다.
③ 고발 행위는 자발적인 행동이 아니라 의무가 돼야 하고 이 의무는 정책에서 분명하게 설명되어야 한다.
④ 직속상관에 추가하여 조직원이 신뢰할 만한 윤리경영 담당자 또는 내부감사 책임자(조직 대표나 CEO 포함)에게 직접 제보할 수 있는 시스템이 갖춰져야 한다.

✔ 해설 기업의 내부고발에 대한 문제이다. 내부고발자는 자신의 업무에서 알게 된 조직 내 불법 행위나 위험한 활동에 우려를 제기하는 사람이다. 따라서 내부고발과 개인적인 불평불만은 구분돼야 하며 이 둘은 별도의 보고체계를 갖는 것이 중요하다. 일반적인 고충신고라인은 복리후생을 담당하는 인사부와 연결되며, 내부고발의 문제는 이보다 훨씬 중요한 사안이므로 근본적이고 독립적인 내부고발 시스템으로 다루어져야 할 문제이다.

Answer 9.④ 10.① 11.②

12 다음 글에서 엿볼 수 있는 우리나라 기업 문화의 비윤리적인 악습을 지칭하는 말로 적절한 것은?

> 근대 이전으로 거슬러 올라갈수록 사회적 강자의 약자에 대한 지배는 인신 예속적 양상을 보인다. 봉건적 신분 제도가 가진 중요한 특징은 개인이 사회에서 차지하는 직분이 단순한 기능적 차원을 넘어 인신 예속적 성격을 띤다는 점이다. 예를 들어 지주와 소작농의 관계는 토지 임대인-임차인의 관계를 넘어 주인-머슴의 관계와 동일시되었다. 따라서 지주는 토지 임대인으로서 가지는 법적 권리를 넘어 주인 또는 상전으로서 무한한 권리를 향유할 수 있었으며, 소작농은 토지 임차인으로서 가지는 법적 의무를 넘어 머슴이나 상놈으로서 무한한 의무를 걸머지지 않으면 안 되었다.

① 차별   ② 갑질
③ 빈익빈부익부   ④ 상하관계

✔ **해설** 갑질 문제의 근원을 설명하고 있는 글이다. 갑질은 계약 권리에 있어 쌍방을 의미하는 갑을(甲乙) 관계에서 상대적으로 우위에 있는 '갑'이 우월한 신분, 지위, 직급, 위치 등을 이용하여 상대방에 오만무례하게 행동하거나 이래라저래라 하며 제멋대로 구는 행동을 말한다. 갑질의 범위에는 육체적·정신적 폭력, 언어폭력, 괴롭히는 환경 조장 등이 해당된다.

13 근면에는 두 가지의 종류가 있다. 하나는 외부로부터 강요당한 근면이고, 다른 하나는 스스로 자진해서 하는 근면이 있다. 다음 중 외부로부터 강요당한 근면에 해당하는 것끼리 짝지어진 것은?

> ㉠ 가난했을 때 논밭이나 작업장에서 열악한 노동 조건 하에서 기계적으로 삶을 유지하기 위해 하는 일
> ㉡ 상사의 명령에 의해 잔업하는 일
> ㉢ 회사 내 진급시험을 위해 외국어를 열심히 공부하는 일
> ㉣ 세일즈맨이 자신의 성과를 높이기 위해서 노력하는 일

① ㉠, ㉡   ② ㉠, ㉢
③ ㉡, ㉢   ④ ㉢, ㉣

✔ **해설** 외부로부터 강요당한 근면은 억지로 하는 노동과 상사에 의한 잔업이 해당된다.
자진해서 하는 근면은 일정한 목표를 성취하기 위해 노력하는 것이 해당된다.

14 다음은 공무원이 준수해야 할 직업윤리의 중요성을 설명하는 글이다. 빈칸에 들어갈 가장 적절한 말은 어느 것인가?

> 공무원은 국민 전체에 대한 봉사자로서 공적업무를 수행함에 있어서 공무원 개인의 이해나 관심에 따라 직무수행에 영향을 받아서는 아니 된다. 이러한 공무원들에게는 일반 국민에게 기대되는 것보다 더욱 높은 수준의 도덕성이 요구되고 공무원에게 기대되는 바람직한 행동의 방향과 원칙에 대한 명확한 기준의 제시가 필요하며 이러한 기능을 수행하는 것이 바로 (　　　　　)(이)라 할 수 있다.
> 우리 사회에서 공무원이 수행하는 역할과 그 영향력은 어느 영역보다도 크고 중요한 것으로 국민들에게 인식되고 있다. 이로 인하여 일반 국민들은 공무원들이 가지고 있는 가치관이나 의사결정, 그리고 행동에 대하여 매우 민감하게 반응한다. 그리고 공무원의 그릇된 행동이 미치는 사회적 영향력 또한 매우 크다는 점에서 공무원의 바람직한 의식과 행동을 담보하기 위한 지침의 제정이 요구되는 것이다.

① 공무원 윤리지침
② 공무원 행동강령
③ 공무원 청렴평가
④ 청탁금지법

> **해설** 공무원들에게는 일반 국민들에게 기대되는 것 보다 높은 수준의 사고와 도덕성이 요구된다. 일반 국민들과 비교하여 '축소(절제)된 사생활의 원칙'이 적용되며, 이러한 원칙을 규범화한 것이 바로 「공무원 행동강령」이라고 할 수 있다.

Answer 12.② 13.① 14.②

15 다음 대화의 빈칸에 들어갈 말로 알맞은 것은?

> A : 직업인으로서 지켜야 할 기본 윤리는 무엇인가요?
> B : 직업인이라면 일반적으로 정직과 성실, 신의, 책임, 의무 등의 덕목을 준수해야 합니다.
> A : 선생님께서 말씀하신 덕목은 모든 사람들에게 요구되는 윤리와 부합하는데, 그 이유는 무엇인가요?
> B : _____

> ㉠ 모든 직업인은 직업인이기 전에 인간이기 때문입니다.
> ㉡ 직업은 사회적 역할 분담의 성격을 지니고 있기 때문입니다.
> ㉢ 직장 생활에서 사람들과 관계를 맺어야 하기 때문입니다.
> ㉣ 특수한 윤리가 필요한 직업은 존재하지 않기 때문입니다.

① ㉠, ㉢
② ㉡, ㉣
③ ㉠, ㉡, ㉢
④ ㉠, ㉡, ㉢, ㉣

해설 ㉣ 주어진 내용은 직업윤리의 일반성과는 거리가 멀다. 사회구조의 변화와 정보 사회로의 진전에 따른 전문 직종의 증가와 분화로 해당 직업의 특성에 알맞은 윤리가 요구되고 있는데, 이를 직업윤리의 특수성이라 한다. 특수한 윤리가 필요한 직업은 점점 늘어나고 있는 추세이나 이런 특수성은 보편적인 윤리의 토대 위에 정립되어야 한다.

16 다음은 채용비리와 관련한 실태와 문제점을 제기한 글이다. 다음 글에서 제기된 문제점을 보완할 수 있는 방안으로 적절한 것을 〈보기〉에서 모두 고른 것은?

> 공직 유관단체 채용비리 특별점검 결과 272개 대상 기관 중 200개 기관에서 적발 건이 발생되었다. 적발 건수의 합계는 무려 946건으로 기관 당 평균 5건에 육박하는 수치이다. 그러나 채용비리 연루자 및 부정합격자 등에 대한 제재 근거가 미흡하다는 지적이 제기되고 있다. 공직유관단체 대다수의 기관이 채용비리 연루 직원 업무배제, 면직, 부정합격자 채용취소 등에 관한 내부 규정 미비로 인하여 연루 기관장 등 임원에 대한 해임 이외의 다른 제재수단이 없는 것으로 드러났다. 채용비리 연루자 중 수사의뢰(징계요구)된 기관의 임직원에 대해 근거규정이 없어 업무배제가 불가하며, 범죄사실과 징계여부가 확정되기까지는 최소 3개월의 시간이 소요된다는 것 또한 문제점을 해소하는 데 걸림돌이 되고 있다.

〈보기〉
(개) 채용비리 예방을 위해 부정청탁 또는 비리 내용을 홈페이지 등에 공개한다.
(내) 채용비리로 수사의뢰 되거나 징계 의결 요구된 경우 해당 직원을 즉시 업무 배제할 수 있는 근거를 마련한다.
(대) 채용비리의 징계시효를 연장하는 규정을 마련한다.
(래) 채용 관리 및 면접 위원 구성의 투명성과 평가 기준의 공정성을 확보한다.

① (개), (내), (대), (래) ② (내), (대), (래)
③ (개), (대), (래) ④ (개), (내), (래)

✔ 해설 제시된 내용 이외에도 채용비리 근절을 위하여 취할 수 있는 방법으로, 수사결과 등으로 밝혀진 부정합격자에 대해서는 채용취소 근거규정을 마련하고 응시자격을 제한하는 조치도 고려할 수 있다. 또한 채용 과정의 투명성을 확보하고 내부 점검을 보다 강화하기 위하여 외부 시험위원을 과반수 이상 구성토록 명시하는 것도 좋은 방법이 될 수 있다. 이 밖에도 이해당사자 구체화, 블라인드 방식 강화, 채용관련 문서 영구 보존 의무화 등을 통해 채용비리 근절을 앞당길 수 있을 것이다.

Answer 15.③ 16.①

17 다음 글과 같은 친절한 서비스를 제공하기 위해서 금지해야 할 행위로 적절하지 않은 것은?

> 고객이 서비스 상품을 구매하기 위해서는 입구에 들어올 때부터 나갈 때까지 여러 서비스 요원과 몇 번의 짧은 순간을 경험하게 되는데 그때마다 서비스 요원은 모든 역량을 동원하여 고객을 만족시켜 주어야 하는 것이다. 이를 뒷받침하기 위해서는 고객접점에 있는 서비스 요원들에게 권한을 부여하고 강화된 교육이 필요하며, 고객과 상호작용에 의하여 서비스가 순발력 있게 제공될 수 있는 서비스 전달 시스템을 갖추어야 한다. 고객은 윗사람에게 결재의 여유를 주지 않을 뿐만 아니라 기다리지도 않는다.

① 고객에게 짧은 시간에 결정적이고 좋은 인상을 심어주려는 행위
② 고객을 방치한 채 업무자끼리 대화하는 행위
③ 개인 용무의 전화 통화를 하는 행위
④ 이어폰을 꽂고 음악을 듣는 행위

> ✔ **해설** 주어진 글은 '고객접점서비스'에 관한 내용이다. 고객접점서비스란 고객과 서비스 요원 사이의 15초 동안의 짧은 순간에서 이루어지는 서비스로서 이 순간은 진실의 순간(MOT : moment of truth) 또는 결정적 순간이다. 이 15초 동안에 고객접점에 있는 최일선 서비스 요원이 책임과 권한을 가지고 우리 회사를 선택한 것이 가장 좋은 선택이었다는 사실을 고객에게 입증시켜야 한다는 것이다. 즉 "결정의 순간"이란 고객이 기업조직의 어떤 한 측면과 접촉하는 사건이며, 그 서비스의 품질에 관하여 무언가 인상을 얻을 수 있는 사건이다. 따라서 고객접점서비스 차원에서 볼 때, 고객에게 짧은 시간에 결정적이고 좋은 인상을 심어주려는 행위는 바람직한 행위인 것이다.

18 개인윤리와 직업윤리에 대한 올바른 설명을 모두 고른 것은?

> ㉠ 직업윤리는 개인윤리에 비해 특수성을 갖고 있다.
> ㉡ 개인윤리가 보통 상황에서의 일반적 윤리규범이라고 한다면, 직업윤리는 좀 더 구체적 상황에서의 실천규범이다.
> ㉢ 모든 사람은 근로자라는 공통점 속에서 모두 같은 직업윤리를 가지게 된다.
> ㉣ 직업윤리는 개인윤리를 바탕으로 성립되는 규범이기 때문에, 항상 개인윤리보다 우위에 있다.

① ㉠㉡
② ㉠㉣
③ ㉡㉢
④ ㉡㉣

✔ 해설 직업윤리는 특정 직업에서 보이는 특수하고 구체적인 윤리를 말한다. 개인윤리의 경우에는 일반적인 상황에 대한 윤리를 의미한다.
㉢ 모든 사람은 근로자라는 공통점을 가질 수도 있겠지만, 어떤 직업을 갖느냐에 따라 서로 다른 직업윤리를 가질 수 있다.
㉣ 직업윤리는 개인윤리를 바탕으로 성립되고 조화가 필요하며, 항상 직업윤리가 개인윤리보다 우위에 있다고 말할 수 없다.

19 다음은 '기업의 직업 윤리'의 중요성을 다루는 세미나에서 제공된 발표 자료의 일부이다. 이에 대한 설명으로 적절하지 않은 것은?

> 외국인 투자자들은 최근 한국 기업의 기업 윤리 행태에 대해 비판의 목소리를 높이고 있죠. 투자자의 신뢰를 배신한 한국 기업이라고 구체적으로 지칭하며, 이들에 대한 지분율을 낮추는 등 보유 주식을 대거 처분하고 있는 모습을 보이고 있습니다. 특히 가짜 백수오 사건으로 물의를 일으키는 N사가 대표적인데요. N사는 건강 기능성식품을 제조하면서 진짜 백수오가 아닌, 인체에 유해한 물질을 넣었었죠. 이 같은 사실이 공개되기 직전에 내부 임원들이 수십억 원대의 보유 주식을 매각한 사실까지 드러나면서 엄청난 비난이 쏟아지기도 했습니다.
>
> 이러한 행태에 분노한 외국인들은 N사의 주식을 대규모로 매각했고, 주가는 한 달 만에 82% 이상 폭락했죠. 문제는 N사와 같은 행태가 한국 기업 내에서 어렵지 않게 보인다는 것입니다. 국내 최대 자동차기업 중 하나인 Z사는 10조 원이 넘는 지출을 통해 부지를 매입했는데, 이것에 대해 외국인 투자자들은 비상식적인 경영 행위로 판단하고, 경영진에게 일침을 가하기도 했습니다.

① 투자자들은 기업의 경영 방침에 대해 지적하고 간섭할 권리가 있다.
② 정보 통신의 발달로 인해 기업들의 정직하지 못한 행태가 쉽게 확인 가능하게 되면서, 기업의 공정에 대한 윤리의식이 기업의 성과에 매우 중요한 요인이 되고 있다.
③ 기업들은 브랜드 이미지를 관리하기 위해 SNS 모니터링, 홍보단 등을 구성하고 운영할 필요가 있다.
④ 경영진은 절대 사익을 추구해서는 안 된다는 것이 아니며, 최소한 상식적인 운영을 통해 주주의 이익을 저버리는 행동을 해서는 안 된다.

✅ **해설** 브랜드 이미지를 관리하기 위한 조치로 적절한 것은 사실이지만, 제공된 자료에 의하면 브랜드 이미지에 대한 오해를 해소하거나 홍보를 위한 행동이 필요한 것이 아니라, 신뢰를 저버린 것이 크게 문제가 된다는 점을 알 수 있다.
① 기업은 투자자에게 투명한 정보를 제공하고, 투자자의 이윤 성취에 힘써야 할 의무가 있다. 따라서 투자자를 설득시킬 수 있는 경영 방침을 시행하는 것이 중요하다.
② 정보 통신의 발달이 공정성의 강조를 촉진시키고 있다는 내용뿐만 아니라, 주어진 글을 통해 주가가 폭락하는 등의 모습이 보여 성과와의 연관성을 설명하고 있다.
④ Z사의 비상식적인 경영 행태를 비판하는 모습에서 확인할 수 있다.

20 다음 글을 참고할 때, 빈칸에 들어갈 적절한 말은?

> A는 얼마 전 B공사에 합격하여 출근 후 자신만의 명함을 갖게 되었다. A는 스승의 날이 가까워져 은사님을 찾아가 인사를 드리게 되었고, 은사님에게 명함을 건넸다. A의 명함을 받은 은사님은 웃으며 "취직을 축하하네. 그런데 말이야, 다른 사람과 명함 교환을 할 때에는 (   )는 점을 잊지 말게." 라고 말씀하셨다.

① 윗사람에게 명함을 건넬 때에는 손으로 건네지 말고, 책상 위에 올려 밀어주어야 한다.
② 명함을 받고, 빨리 명함 지갑에 집어넣는 모습을 보여야 한다.
③ 상대방을 만나기 전에 미리 명함을 꺼내두고, 윗사람 앞에서는 명함 지갑을 보이지 않는다.
④ 명함에 추가 정보를 적는 것은 상대방의 앞에서 하지 않도록 한다.

> ✔해설 명함에 추가 정보를 적는 것 자체는 상대방에 대한 세부사항을 기억하기 위해 바람직한 방법이라고 할 수 있으나, 상대방이 건네 준 소중한 명함에 상대방의 면전에서 무언가 기재를 하는 것은 자칫 무례한 행동으로 보일 수 있어 유의해야 한다.
> ① 명함은 아랫사람이 먼저 꺼내고, 왼손으로 가볍게 받쳐 건넨다.
> ② 명함을 받으면 명함에 관해 한두 마디 건넨다.
> ③ 명함을 미리 꺼내둘 필요는 없으며, 명함 지갑을 보이는 것 역시 예절에 어긋나는 행동이 아니다.

Answer 19.③ 20.④

21 (가)와 (나)에 해당하는 직업윤리 덕목을 순서대로 바르게 짝지은 것은?

> (가) 자신의 일이 자신의 능력과 적성에 꼭 맞는다 여기고 그 일에 열성을 가지고 성실히 임하는 태도
> (나) 자신의 일이 누구나 할 수 있는 것이 아니라 해당 분야의 지식과 교육을 밑바탕으로 성실히 수행해야만 가능한 것이라 믿고 수행하는 태도

① 책임의식, 천직의식
② 전문가의식, 소명의식
③ 천직의식, 전문가의식
④ 봉사의식, 직분의식

✓ **해설** 선택지에 주어진 직업윤리 덕목은 다음과 같이 설명될 수 있다.
- 소명의식: 자신이 맡은 일은 하늘에 의해 맡겨진 일이라고 생각하는 태도
- 천직의식: 자신의 일이 자신의 능력과 적성에 꼭 맞는다 여기고 그 일에 열성을 가지고 성실히 임하는 태도
- 직분의식: 자신이 하고 있는 일이 사회나 기업을 위해 중요한 역할을 하고 있다고 믿고 자신의 활동을 수행하는 태도
- 책임의식: 직업에 대한 사회적 역할과 책무를 충실히 수행하고 책임을 다하는 태도
- 전문가의식: 자신의 일이 누구나 할 수 있는 것이 아니라 해당 분야의 지식과 교육을 밑바탕으로 성실히 수행해야만 가능한 것이라 믿고 수행하는 태도
- 봉사의식: 직업 활동을 통해 다른 사람과 공동체에 대하여 봉사하는 정신을 갖추고 실천하는 태도

22 다음 사례에서 엿볼 수 있는 직업윤리 정신으로 가장 알맞은 것은?

> 고려청자 재현의 기초를 습득한 해강 유근형 선생은 일본인 공장을 나온 후 경기도 분원의 사기장 출신인 김완배를 찾아 그가 은거하고 있는 강원도 양구로 간다. 그에게 유약 제조법의 기본을 배운 유근형은 청자 제작에 좋은 태토를 찾기 위해 황해도 봉산 관정리와 함경북도 생기령 등을 다녔다. 청자 유약의 비법을 알아내기 위해, 고려시대 때 청자 가마터를 수소문해서 강진을 비롯한 전국의 옛 가마터를 답사했다. 유약과 태토의 비법을 어느 정도 찾아낸 그는 여주와 수원의 야산에 장작 가마를 만든 후 끝없는 실패를 반복하면서도 불과 씨름을 했고, 1928년 드디어 일본 벳푸시(別府市) 박람회에 청자를 출품하여 금상을 수상했다.

① 봉사 ② 성실
③ 희생 ④ 책임

> ✔해설 해강 유근형 선생이 고려청자 재현에 열성을 보인 사례를 소개하고 있다. 이는 성실한 모습을 보여주는 사례로, 성실은 일관하는 마음과 정성의 덕이다. 우리는 정성스러움을 '진실하여 전연 흠이 없는 완전한 상태에 도달하고자 하는 사람이 선을 택하여 노력하는 태도'라 말할 수 있다. 그러한 태도가 보통 사람들의 삶 속으로 스며들면서 자신의 일에 최선을 다하고자 하는 마음자세로 연결되었다고 볼 수 있다.

23 다음 중 책임감이 높은 사람의 특징으로 가장 거리가 먼 것은?

① 동료의 일은 자신이 알아서 해결하도록 간섭하지 않는다.
② 모든 결과는 나의 선택으로 말미암아 일어났다고 생각한다.
③ 누구의 잘못인지를 따지기 전에 어떤 상황에 있어서든 나는 문제해결의 주체라고 생각한다.
④ 모든 상황에 대하여 회피하지 않는다.

> ✔해설 일반적으로 책임감이 없는 사람은 회사에서 불필요한 사람으로 인식되기 쉽고, 반대로 자기 일에 대한 사명감과 책임감이 투철한 사람은 여러 사람에게 도움을 많이 주므로 조직에서 꼭 필요한 사람으로 인식하는 경우가 많다. 따라서 책임감이 높은 사람은 자신의 일뿐만 아니라 동료들의 업무 수행에 있어서도 적극적으로 도움을 줄 수 있는지를 스스로 찾아낼 수 있는 특징이 있다.

Answer 21.③ 22.② 23.①

24 다음은 A기관 민원실에 걸려 있는 전화 민원 응대 시 준수사항이다. 밑줄 친 (가)~(마) 중 전화 예절에 어긋나는 것은?

> - 전화는 항상 친절하고 정확하게 응대하겠습니다.
> - 전화는 전화벨이 세 번 이상 울리기 전에 신속하게 받겠으며, (가) <u>전화 받은 직원의 소속과 이름을 정확히 밝힌 후 상담하겠습니다.</u>
> - (나) <u>통화 중에는 고객의 의견을 명확히 이해하기 위하여 고객과의 대화를 녹취하여 보관하도록 하겠습니다.</u>
> - 고객의 문의 사항에 대해서는 공감하고 경청하며, 문의한 내용을 이해하기 쉽게 충분히 설명하겠습니다.
> - 부득이한 사정으로 전화를 다른 직원에게 연결할 경우에는 먼저 고객의 양해를 구한 후 신속하게 연결하겠으며, (다) <u>통화 요지를 다른 직원에게 간략하게 전달하여 고객이 같은 내용을 반복하지 않도록 하겠습니다.</u>
> - 담당 직원이 부재중이거나 통화 중일 경우에는 고객에게 연결하지 못하는 이유를 설명하고 (라) <u>유선 민원 접수표를 담당 직원에게 전달하여 빠른 시간 내에 연락드리겠습니다.</u>
> - <u>고객의 문의 사항에 즉시 답변하기 어려울 때는 양해를 구한 후 관련 자료 등을 확인하여 신속히 답변 드리겠습니다.</u>
> - 고객과 상담 종료 후에는 추가 문의 사항을 확인한 다음 정중히 인사하고, 고객이 전화를 끊은 후에 수화기를 내려놓겠습니다.
> - 직원이 고객에게 전화를 할 경우에는 본인의 소속과 성명을 정확히 밝힌 후 답변 드리겠습니다.

① (가) ② (나)
③ (다) ④ (라)

> **해설** 고객과의 대화 내용을 녹취하는 것은 고객에 대한 예절의 차원이 아닌 A기관의 업무수행을 위한 행위이다. 고객의 의견을 명확히 이해하기 위해서는 "~다는 말씀이시지요?" 또는 "~라고 이해하면 되겠습니까?" 등의 발언을 통하여 고객이 말하는 중요 부분을 반복하여 확인하는 것이 효과적인 방법이라고 할 수 있다.

25 다음 중 직업윤리로 준수해야 할 덕목의 하나인 '책임'을 강조한 사례가 아닌 것은 어느 것인가?

① 실적 부진의 원인으로 자신의 추진력과 영업력이 부족했음을 인정한 B팀장
② 매일 출근시간 한 시간 전에 나와 운동을 하며 건강관리에 소홀함이 없는 C대리
③ 본인이 선택한 일이니 그에 따른 결과 역시 다른 누구의 탓도 아니라는 D팀장
④ 상사의 지시가 없어도 며칠 후 행사를 준비하기 위해 스스로 잔업을 마다하지 않는 E대리

> **해설** C대리의 행동에서는 꾸준히 자기개발을 수행하는 성실함을 엿볼 수 있으며, 이는 '책임'을 실천하는 모습과는 관련이 없다.

26 주어진 내용에 해당하는 사례들을 〈보기〉에서 알맞게 고른 것은?

> 기업이 생산 및 영업 활동을 하면서 환경경영, 윤리경영, 사회공헌과 노동자를 비롯한 지역 사회 등 사회 전체의 이익을 동시에 추구하며 그에 따라 의사결정 및 활동을 하는 것

〈보기〉
㉠ 장난감 제조업체인 A사는 자사 공장에서의 아동 노동을 금지하는 규정을 제정하고 시행하였다.
㉡ 가공식품 회사인 B사는 생산 원가를 낮추기 위해 공장을 해외로 이전하기로 하였다.
㉢ 무역회사인 C사는 매년 소재지의 학교와 문화 시설에 상당액을 기부하고 있다.
㉣ 자동차 회사인 D사는 구조 조정을 명분으로 상당수의 직원을 해고하였다.

① ㉠, ㉡
② ㉠, ㉢
③ ㉡, ㉢
④ ㉡, ㉣

 해설 ㉠ 기업이 인권을 보호하기 위해 노력한 활동으로 사회적 책임을 수행한 사례에 해당한다.
㉢ 지역 사회의 이익을 함께 추구하는 기업 활동으로 기업의 사회적 책임을 수행한 사례에 해당한다.
㉡㉣ 기업이 이윤을 확대하기 위해 취한 행동으로 기업의 사회적 책임 수행과는 거리가 멀다.

27 남 팀장은 팀원들과 함께 아이디어 회의를 하고 있는 중이다. 다양한 아이디어를 수집하여 정리하고 토론을 하였다. 다음 중 '직무책임'에 관하여 틀린 의견을 낸 사람은 누구인가?

① 김 대리 – 내가 해야 할 직무를 개인적인 일보다 우선적으로 수행해야 합니다.
② 신 주임 – 자신의 고유 직무만 아니라 소속팀의 공동 직무도 공동책임입니다.
③ 정 과장 – 직무수행 중 일어난 과실에 대해서는 법적 책임만 져야 합니다.
④ 최 과장 – 자신이 과실을 저질렀을 때에는 끝까지 책임지려는 책임감이 무엇보다도 중요합니다.

해설 책임감에 관한 내용이다. 직무수행 중 일어난 과실에 대해서는 법적인 책임만 부담한다는 식의 가치관보다는 무한책임감을 갖고 잘못을 저질렀을 때에는, 끝까지 책임지려고 하는 책임감이 중요하다는 가치관을 가져야 한다.
직무를 수행하면서 책임은 법적인 책임만 있는 것이 아니라, 사규에 의한 책임, 도의적 책임, 개인양심에 대한 책임 등 여러 가지가 있다. 법적 책임 한 가지만 한정되어 책임감을 정의한다는 것은 직업인으로서의 윤리에 어긋난다.

28 다음은 B공사의 윤리경영에 입각한 임직원 행동강령의 일부이다. 주어진 행동강령에 부합하는 설명이 아닌 것은?

> 제○○조(금품 등을 받는 행위의 제한)
> ① 임직원(배우자 또는 직계 존·비속을 포함한다.)은 직무관련자나 직무관련임직원으로부터 금전, 부동산, 선물, 향응, 채무면제, 취업제공, 이권부여 등 유형·무형의 경제적 이익을 받거나 요구 또는 제공받기로 약속해서는 아니 된다. 다만, 다음 각 호의 어느 하나에 해당하는 경우에는 그러하지 아니하다.
> 1. 친족이 제공하는 금품 등
> 2. 사적 거래로 인한 채무의 이행 등에 의하여 제공되는 금품 등
> 3. 원활한 직무수행 또는 사교·의례의 목적으로 제공될 경우에 한하여 제공되는 3만 원 이하의 음식물·편의 또는 5만 원 이하의 소액의 선물
> 4. 직무와 관련된 공식적인 행사에서 주최자가 참석자에게 통상적인 범위에서 일률적으로 제공하는 교통·숙박·음식물 등의 금품 등
> 5. 불특정 다수인에게 배포하기 위한 기념품 또는 홍보용품 등
> 6. 특별히 장기적·지속적인 친분관계를 맺고 있는 자가 질병·재난 등으로 어려운 처지에 있는 임직원에게 공개적으로 제공하는 금품 등
> 7. 임직원으로 구성된 직원 상조회 등이 정하는 기준에 따라 공개적으로 구성원에게 제공하는 금품 등
> 8. 상급자가 위로, 격려, 포상 등의 목적으로 하급자에게 제공하는 금품 등
> 9. 외부강의·회의 등에 관한 대가나 경조사 관련 금품 등
> 10. 그 밖에 다른 법령·기준 또는 사회상규에 따라 허용되는 금품 등
> ② 임직원은 직무관련자였던 자나 직무관련임직원이었던 사람으로부터 당시의 직무와 관련하여 금품 등을 받거나 요구 또는 제공받기로 약속해서는 아니 된다. 다만, 제1항 각 호의 어느 하나에 해당하는 경우는 제외한다.

① 임직원의 개인적인 채무 이행 시의 금품 수수 행위는 주어진 행동강령에 의거하지 않는다.
② 3만 원 이하의 음식물·편의 제공은 어떤 경우에든 가능하다.
③ 직원 상조회 등으로부터 금품이 제공될 경우, 그 한도액은 제한하지 않는다.
④ 해당 업무를 더 이상 담당하지 않는 자로부터 이미 지난 과거의 업무와 관련한 금품도 제공받을 수 없다.

> ✓ **해설** '원활한 직무수행 또는 사교·의례의 목적으로 제공될 경우에 한하여 제공되는 3만 원 이하의 음식물·편의 또는 5만 원 이하의 소액의 선물'이라고 명시되어 있으며, 부정한 이익을 목적으로 하는 경우는 3만 원 이하의 금액에 대해서도 처벌이 가능하다고 해석될 수 있다.
> ① 사적 거래로 인한 채무의 이행 등에 의하여 제공되는 금품은 '금품 등을 받는 행위의 제한' 사항의 예외로 규정되어 있다.
> ③ 상조회로부터의 금품에 대한 한도액과 관련한 규정은 제시되어 있지 않다.
> ④ '직무관련자였던 자나 직무관련임직원이었던 사람'에 해당되므로 이 역시 금품을 제공받을 수 없는 경우가 된다.

29 다음과 같은 상황을 맞은 강 대리가 취할 수 있는 가장 적절한 행동은 어느 것인가?

> 강 대리는 자신이 일하는 ◇◇교통공사에 고향에서 친하게 지냈던 형이 다음 주부터 철도차량운전사로 일하게 되었다는 소식을 듣게 되었다. 이 소식을 듣고 오랜만에 형과 만난 강 대리는 형과 이야기를 하던 중 형이 현재 복용하고 있는 약물이 법적으로 금지된 마약류이며 중독된 상황임을 알게 되었다. 강 대리는 형이 어렵게 취업을 하게 된 사정을 생각하며 고민하게 되었다.

① 인사과에 추가적인 이유는 말하지 않고 신입 운전사를 해고해야 할 것 같다고 말한다.
② 형에게 자신이 비밀을 지키는 대신 자신과 회사에서는 아는 척을 하지 말아달라고 부탁한다.
③ 철도차량운전상의 위험과 장해를 일으킬 수 있으므로 형에게 직접 회사에 알릴 것을 권한다.
④ 면허가 취소될 수도 있기 때문에 형에게 그 동안 다른 사람의 면허를 잠시 대여하는 방법을 알려준다.

> **✔해설** 철도안전법 제20조 제1항에 따르면 운전면허의 철도차량운전상의 위험과 장해를 일으킬 수 있는 약물 또는 알코올 중독자로서 대통령령으로 정하는 사람은 운전면허를 받을 수 없다. 형이 철도차량을 운전하는 것은 법에 위반되는 행위이고 운전상의 위험과 장해를 일으킬 수 있기 때문에 형에게 스스로 알릴 것을 권한 후 형이 알리지 않을 시에는 직접 회사에 알려야 한다.

30 다음 글에서 의미하는 공동체윤리의 덕목으로 가장 적절한 것은 어느 것인가?

> 오 사원은 민원실을 찾아 요청사항을 해결하고자 하는 고객에게 최선을 다한다. 항상 고객의 물음에 열성적인 마음으로 답을 해 줄뿐 아니라, 민원실 문을 열고 들어오는 고객을 발견한 순간부터 상담이 끝날 때까지 오 사원은 한시도 고객으로부터 시선을 떼지 않는다. 또한 상담 중에 다른 불편함이 있지나 않은 지 고객을 유심히 살피기도 한다. 가끔 상담을 마치고 민원실을 나서는 고객의 얼굴에선 오 사원의 태도에 매우 만족했음을 느낄 수 있다.

① 성실
② 봉사
③ 예절
④ 책임

> **✔해설** 주어진 글은 봉사(서비스) 중에서도 '고객접점서비스'에 관한 설명이다. 고객접점서비스란 고객과 서비스 요원 사이의 15초 동안의 짧은 순간에서 이루어지는 서비스로서 이 순간은 진실의 순간(MOT: moment of truth) 또는 결정적 순간이다. 이 15초 동안에 고객접점에 있는 최일선 서비스 요원이 책임과 권한을 가지고 우리 회사를 선택한 것이 가장 좋은 선택이었다는 사실을 고객에게 입증시켜야 한다는 것이다. 따라서 고객이 서비스 상품을 구매하기 위해서는 입구에 들어올 때부터 나갈 때까지 여러 서비스 요원과 몇 번의 짧은 순간을 경험하게 되는데 그때마다 서비스 요원은 모든 역량을 동원하여 고객을 만족시켜 주어야 하는 것이다.

Answer 28.② 29.③ 30.②

PART 04

NCS 면접

01. 면접의 기본
02. 면접기출

CHAPTER 01 면접의 기본

1 면접준비

(1) 면접의 기본 원칙

① **면접의 의미** … 면접이란 다양한 면접기법을 활용하여 지원한 직무에 필요한 능력을 지원자가 보유하고 있는지 확인하는 절차라고 할 수 있다. 즉, 지원자의 입장에서는 직무수행에 필요한 요건들과 관련하여 자신의 환경, 경험, 관심사, 성취 등에 대해 직접 어필할 수 있는 기회를 제공받는 것이며, 기업의 입장에서는 서류전형만으로 알 수 없는 지원자에 대한 정보를 직접적으로 수집하고 평가하는 것이다.

② **면접의 특징** … 면접은 서류전형이나 필기전형에서 드러나지 않는 지원자의 능력이나 성향을 볼 수 있는 기회로, 면 대 면으로 이루어지며 즉흥적인 질문들이 포함될 수 있기 때문에 지원자가 완벽하게 준비하기 어려운 부분이 있다. 하지만 지원자 입장에서도 서류전형이나 필기전형에서 모두 보여주지 못한 자신의 능력 등을 인사담당자에게 어필할 수 있는 추가적인 기회가 될 수도 있다.

[서류·필기전형과 차별화되는 면접의 특징]

- 직무 수행과 관련된 다양한 지원자 행동에 대한 관찰이 가능하다.
- 면접관이 알고자 하는 정보를 심층적으로 파악할 수 있다.
- 서류상의 미비한 사항과 의심스러운 부분을 확인할 수 있다.
- 커뮤니케이션 능력, 대인관계 능력 등 행동·언어적 정보도 얻을 수 있다.

③ 경쟁력 있는 면접 요령

㉠ 면접 전에 준비하고 유념할 사항
- 예상 질문과 답변을 미리 작성한다.
- 작성한 내용을 문장으로 외우지 않고 키워드로 기억한다.
- 지원한 회사의 최근 기사를 검색하여 기억한다.
- 지원한 회사가 속한 산업군의 최근 기사를 검색하여 기억한다.
- 면접 전 1주일간 이슈가 되는 뉴스를 기억하고 자신의 생각을 반영하여 정리한다.

ⓛ 면접장에서 유념할 사항
- 질문의 의도 파악 : 답변을 할 때에는 질문 의도를 파악하고 그에 충실한 답변이 될 수 있도록 질문을 유념해야 한다. 많은 지원자가 하는 실수 중 하나로, 답변을 하는 도중 자기 말에 심취되어 질문의 의도와 다른 답변을 하거나 자신이 알고 있는 지식만을 나열하는 경우가 있는데, 이럴 경우 의사소통 능력이 부족한 사람으로 인식될 수 있으므로 주의하도록 한다.
- 두괄식 답변 : 답변을 할 때에는 두괄식으로 결론을 먼저 말하고 그 이유를 설명하는 것이 좋다. 미괄식으로 답변을 할 경우 용두사미의 답변이 될 가능성이 높으며, 결론을 이끌어 내는 과정에서 논리성이 결여될 우려가 있다. 또한 면접관이 결론을 듣기 전에 말을 끊고 다른 질문을 추가하는 예상치 못한 상황이 발생될 수 있으므로 답변은 자신이 전달하고자 하는 바를 먼저 밝히고 그에 대한 설명을 하는 것이 좋다.
- 인재상을 기억 : 답변을 할 때에는 해당 공공기관이 원하는 인재라는 인상을 심어주기 위해 지원한 공공기관의 비전과 인재상 등을 염두에 두고 답변을 하는 것이 좋다. 모든 공공기관에 해당되는 두루뭉술한 답변보다는 지원한 기관에 맞는 맞춤형 답변을 하는 것이 좋다.
- 나보다는 기관과 사회적 관점에서 답변 : 답변을 할 때에는 자기중심적인 관점을 피하고 좀 더 넓은 시각으로 기관과 국가, 사회적 입장까지 고려하는 인재임을 어필하는 것이 좋다. 자기중심적 시각을 바탕으로 자신의 출세만을 위해 입직하려는 인상을 심어줄 경우 면접에서 불이익을 받을 가능성이 높다.
- 난처한 질문에는 정직한 답변 : 난처한 질문에 답변을 해야 할 때에는 피하기보다는 정면 돌파로 정직하고 솔직하게 답변하는 것이 좋다. 난처한 부분을 감추고 드러내지 않으려 회피하려는 지원자의 모습은 인사담당자에게 입사 후에도 비슷한 상황에 처했을 때 회피할 수도 있다는 우려를 심어줄 수 있다.

(2) 면접의 종류 및 준비 전략

① 인성면접

    ㉠ 면접 방식 및 판단 기준
- 면접 방식 : 인성면접은 면접관이 가지고 있는 개인적 면접 노하우나 관심사에 의해 질문을 실시한다. 주로 입사지원서나 자기소개서의 내용을 토대로 지원동기, 과거의 경험, 미래 포부 등을 이야기하도록 하는 방식이다.
- 판단 기준 : 면접관의 개인적 가치관과 경험, 해당 역량의 수준, 경험의 구체성·진실성 등

    ㉡ 특징 : 인성면접은 그 방식으로 인해 역량과 무관한 질문들이 많고 지원자에게 주어지는 면접 질문, 시간 등이 다를 수 있다.

    ㉢ 예시 문항 및 준비전략
- 예시 문항

> - 3분 동안 자기소개를 해 보십시오.
> - 자신의 장점과 단점을 말해 보십시오.
> - 최근에 인상 깊게 읽은 책은 무엇입니까?
> - 회사를 선택할 때 중요시하는 것은 무엇입니까?
> - 일과 개인생활 중 어느 쪽을 중시합니까?
> - 10년 후 자신은 어떤 모습일 것이라고 생각합니까?

- 준비전략 : 인성면접은 입사지원서나 자기소개서의 내용을 바탕으로 하는 경우가 많으므로 자신이 작성한 입사지원서와 자기소개서의 내용을 충분히 숙지하도록 한다. 또한 최근 사회적으로 이슈가 되고 있는 뉴스에 대한 견해를 묻거나 시사상식 등에 대한 질문을 받을 수 있으므로 이에 대한 대비도 필요하다. 자칫 부담스러워 보이지 않는 질문으로 가볍게 대답하지 않도록 주의하고 모든 질문에 입직 의지를 담아 성실하게 답변하는 것이 중요하다.

2 면접 이미지 메이킹

(1) 성공적인 이미지 메이킹 포인트
① 복장 및 스타일

최근에는 공공기관공무직 면접시험 복장이 점차 자율화하는 추세이다. 복장을 면접 점수나 합격 여부에 반영하지 않는 방향으로 기준이 변하고 있기 때문이다. 따라서, 소위 말하는 '칼정장'을 반드시 착용할 필요는 없다. 다만, 공공기관에서 근무하는 공무직을 선발하는 면접 자리라는 점을 고려할 때 단정하고 깔끔한 모습을 보여야 한다는 것을 잊어서는 안 될 것이다. 정장과 올림머리 등을 고집할 필요는 없지만 지나치게 격식 없는 복장은 피하는 것이 좋다.

> - 기본적으로 깔끔한 셔츠나 블라우스에 검정 슬랙스를 매치하는 것이 가장 무난하다. 여성의 경우 단정한 원피스도 좋은 선택지가 될 것이다.
> - 너무 화려한 액세서리나 넥타이, 높은 구두는 피하는 것이 좋다.
> - 헤어스타일 역시 복장의 일부다. 면접 자리에 맞춰 단정하게 정돈하도록 하자. 앞머리가 있다면 눈을 가리지 않도록 정리한다. 여성의 경우 너무 짧아 묶이지 않는 길이가 아니라면 깔끔하게 묶는 것을 권장한다.

복장이 평가에 직접적으로 반영되는 것은 아니지만, 면접관에게 TPO(Time, Place, Occasion 시간과 장소와 상황)를 구분할 수 있다는 점과 단정한 첫인상을 어필할 수 있다는 점은 중요하다. 복장에서도 면접에 임하는 자세와 준비된 모습이 보이는 만큼, 단정함과 예의를 갖춘 태도를 유지하는 것이 가장 좋은 전략이다.

② 인사
  ㉠ 인사는 모든 예의범절의 기본이며 상대방의 마음을 여는 가장 기본적인 행동이다. 처음 만나는 면접관에게 호감을 살 수 있는 가장 쉬운 방법이 될 수도 있기도 하지만, 제대로 예의를 갖추지 못하면 지원자의 인성 전반에 관한 평가로 이어질 수 있으므로 특히 주의해야 한다.
  ㉡ **언어적 표현**
   - 인사말 : 인사말을 할 때에는 밝고 친근감 있는 목소리로 하며, 자신의 이름과 응시직렬, 수험번호 등을 간략하게 소개한다.
   - 목소리 : 면접은 면접관과 지원자의 대화로 이루어지므로 목소리가 미치는 영향은 상당하다. 답변할 때는 부드러우면서 활기차고 생동감 있는 목소리를 내는 것이 면접관에게 호감을 줄 수 있다. 또한 적당한 제스처가 더해진다면 상승효과도 기대할 수 있다. 그러나 콧소리나 날카로운 목소리, 자신감 없는 작은 목소리 등은 적절한 답변을 해도 답변의 신뢰성을 떨어뜨릴 수 있으므로 주의한다.

ⓒ 비언어적 표현
- **표정** : 표정은 면접에서 지원자의 첫인상을 결정하는 중요한 요소 중 하나이다. 표정은 사람의 감정을 가장 잘 표현할 수 있는 의사소통 도구로, 표정 하나로 상대방에게 호감을 사기도 비호감을 사기도 한다. 호감이 가는 인상의 특징은 부드러운 눈썹, 자연스러운 미간, 적당히 볼록한 광대, 올라간 입꼬리 등으로 가볍게 미소 지을 때의 표정과 일치한다. 따라서 면접 중에는 밝은 표정으로 미소를 지어 호감을 형성할 수 있도록 한다.
- **시선** : 인사는 상대방의 눈을 보며 하는 것이 중요하며, 너무 빤히 쳐다본다는 느낌이 들지 않도록 주의한다. 시선은 면접관과 고르게 맞추되 생기 있는 눈빛을 띠도록 한다.
- **자세** : 인사를 할 때에는 가볍게 목만 숙인다거나 흐트러진 상태에서 인사를 하지 않도록 주의하며 절도 있고 확실하게 하는 것이 좋다. 걸을 때는 상체를 곧게 유지하고 발끝은 평행이 되게 하며 무릎은 스치듯 11자로 걷는다. 보폭은 어깨너비만큼이 적당하지만, 치마나 원피스를 입었을 때는 보폭을 줄인다. 서 있을 때는 남성의 경우 팔을 자연스럽게 내리고 양손을 가볍게 쥐어 바지 옆선에 붙이고, 여성은 공수 자세를 유지한다.

ⓔ 앉은 자세
- 남녀공통

  - 앉고 일어날 때에는 자세가 흐트러지지 않도록 주의한다.
  - 시선은 정면을 바라보며 턱은 가볍게 당기고 미소를 짓는다.
  - 의자 깊숙이 앉고 등받이와 등 사이에 주먹 1개 정도의 간격을 두며 기대듯 앉지 않도록 주의한다.

- 남성

  - 양손은 가볍게 주먹을 쥐고 무릎 위에 올려놓는다.
  - 무릎 사이에 주먹 2개 정도의 간격을 유지하고 발끝은 11자를 취한다.

- 여성

  - 양손을 모아 무릎 위에 올려놓고 치마일 경우 치마 위를 가볍게 누르듯이 올려놓는다.
  - 무릎은 붙이고 발끝을 가지런히 하며, 다리를 왼쪽으로 비스듬히 기울이면 단정해 보인다.
  - 치마를 입었을 경우 왼손으로 뒤쪽 치맛자락을 누르고 오른손으로 앞쪽 자락을 누르며 앉는다.

(2) 면접 예절

① 행동 관련 예절

ㄱ. **지각은 절대 금물** : 시간을 지키는 것은 기본이다. 지각을 할 경우 면접에 응시할 수 없거나, 면접 기회가 주어지더라도 불이익을 받을 가능성이 높아진다. 따라서 면접 장소가 결정되면 교통편과 소요 시간을 확인하고 가능하다면 사전에 미리 방문해 보는 것도 좋다. 면접 당일에는 서둘러 출발해서 면접 시간 20 ~ 30분 전에 도착하여 면접장을 둘러보고 환경에 익숙해지는 것도 성공적인 면접을 위한 요령이 될 수 있다.

ㄴ. **면접 대기 시간** : 지원자들은 대부분 면접장에서의 행동과 답변 등으로만 평가를 받는다고 생각하지만 그렇지 않다. 면접관이 아닌 면접진행자 역시 대부분 인사 실무자이며 면접관이 면접 후 지원자에 대한 평가에 있어 확신을 위해 면접진행자의 의견을 구한다면 면접진행자의 의견이 당락에 영향을 줄 수 있다. 따라서 면접 대기 시간에도 행동과 말을 조심해야 하며, 면접을 마치고 돌아가는 순간까지도 긴장을 늦춰서는 안 된다. 면접 중 어려운 질문에 답변을 잘 했지만, 면접장을 나와 흐트러진 모습을 보이거나 욕설을 한다면 면접 탈락의 요인이 될 수 있으므로 주의해야 한다.

ㄷ. **입실 후 태도** : 본인의 차례가 되어 호명되면 또렷하게 대답하고 들어간다. 만약 면접장 문이 닫혀 있다면 상대에게 소리가 들릴 수 있을 정도로 노크를 두세 번 한 후 대답을 듣고 나서 들어가야 한다. 문을 여닫을 때에는 소리가 나지 않게 조용히 하며 공손한 자세로 성명과 직렬, 수험번호를 말하고 면접관의 지시에 따라 자리에 앉는다. 의자에 앉을 때에는 끝에 앉지 말고 무릎 위에 양손을 가지런히 얹는 것이 예절이라고 할 수 있다.

ㄹ. **옷매무새를 자주 고치지 말 것.** : 일부 지원자의 경우 옷매무새 또는 헤어스타일을 자주 고치거나 확인하기도 하는데 이러한 모습은 과도하게 긴장한 것 같아 보이거나 면접에 집중하지 못하는 것으로 보일 수 있다. 남성 지원자의 경우 넥타이를 자꾸 고쳐 맨다거나 정장 상의 끝을 너무 자주 만지작거리지 않는다. 여성 지원자는 머리를 계속 쓸어 올리지 않고, 치마를 끌어 내리는 행동도 좋지 않다.

ㅁ. **다리를 떨거나 산만한 시선은 면접 탈락의 지름길** : 자신도 모르게 다리를 떨거나 손가락을 만지는 등의 행동을 하는 지원자가 있는데, 이는 면접관의 주의를 끌 뿐만 아니라 불안하고 산만한 사람이라는 느낌을 주게 된다. 따라서 가능한 한 바른 자세로 앉아 있는 것이 좋다. 또한 면접관과 시선을 맞추지 못하고 여기저기 둘러보는 듯한 산만한 시선은 지원자가 거짓말을 하고 있다고 여겨지거나 신뢰할 수 없는 사람이라고 생각될 수 있다.

② 답변 관련 예절

ㄱ. **면접관이나 다른 지원자와 가치 논쟁을 하지 않는다.** : 질문을 받고 답변하는 과정에서 면접관 또는 다른 지원자의 의견과 다른 의견이 있을 수 있다. 특히 평소 지원자가 관심이 많은 문제이거나 잘 알고 있는 문제인 경우 자신과 다른 의견에 대해 이의가 있을 수 있다. 하지만 주의할 것은 면접에서 면접관이나 다른 지원자와 가치 논쟁을 할 필요는 없다는 것이며 오히려 불이익을 당할 수도 있다는 것이다. 정답이 정해져 있지 않은 경우에는 가치관이나 성장 배경에 따라 문제를 받아들이는 태도에서 답변까지 충분히 차이가 있을 수 있으므로 굳이 면접관이나 다른 지원자의 가치관을 지적하고 고치려 드는 것은 좋지 않다.

ⓒ 경력직의 경우 전 직장에 대해 험담하지 않는다. : 지원자가 전 직장에서 무슨 업무를 담당했고 어떤 성과를 올렸는지는 면접관이 관심을 둘 사항일 수 있지만, 이전 직장의 기업 문화나 상사들이 어땠는지는 그다지 궁금해 하는 사항이 아니다. 전 직장에 대해 험담을 늘어놓는다든가, 동료와 상사에 대한 악담을 하게 된다면 오히려 지원자에 대한 부정적인 이미지만 심어줄 수 있다. 만약 전 직장에 대한 말을 해야 할 경우가 생긴다면 가능한 한 객관적으로 이야기하는 것이 좋다.

　　ⓒ 자기 자신이나 배경에 대해 자랑하지 않는다. : 자신의 성취나 부모, 형제 등 가족들이 사회·경제적으로 어떠한 위치에 있는지에 대한 자랑은 면접관으로 하여금 지원자에 대해 오만한 사람이거나 배경에 의존하려는 나약한 사람이라는 이미지를 갖게 할 수 있다. 따라서 자기 자신이나 배경에 대해 자랑하지 않도록 하고, 자신이 한 일에 대해서 너무 자세하게 얘기하지 않도록 주의해야 한다.

3 면접 질문 및 답변 포인트

(1) 사회생활에 관한 질문

① 업무 과다로 인해 가정과 일의 양립이 어려워지면 어떻게 하겠습니까?
　　요즘 흔하게 사용하는 워라밸(Work-Life Balance)이라는 말은 일과 삶의 균형을 뜻하는 말이다. 많은 사람들이 워라밸을 중요한 근무 조건 중 하나로 꼽고 있다. 그만큼 면접 질문 중에서도 업무 과다로 인해 가정과 일의 양립이 어려워질 경우, 또는 퇴근 준비 중 추가 업무가 배당될 경우, 기존의 업무가 아닌 다른 업무가 하달될 경우의 대처법을 묻는 경우가 있다.

② 직장 내 구성원들과 갈등 상황이 발생하면 어떻게 대처하겠습니까?
　　공공기관은 공무원, 여러 공무직, 민원인 등 다양한 구성원을 마주하는 곳이고, 다양한 갈등상황이 발생하기도 쉽다. 이런 갈등 상황 또는 악성 민원 발생 등 곤란한 상황이 발생했을 때 어떻게 대처할지 역시 자주 나오는 면접 질문 중 하나이다.

(2) 성격 및 가치관에 관한 질문

① 강점 또는 장점을 말해 주십시오.
　　강점이나 장점에 관한 질문은 해당 강·장점을 어떻게 해당 직렬의 업무에 적용할 수 있을지를 함께 묻는 경우가 많다. 그러므로 자신이 단순히 잘하는 것, 자신의 좋은 점으로 끝날 게 아니라 업무와 어떻게 연결지을지까지 고려해서 답변을 준비하는 것이 좋다.

② 그 강점 또는 장점을 어떻게 해당 업무에 적용할 수 있겠습니까?
　　실제 사례를 들어 답하는 것이 좋다. 해당 강점·장점을 살려 업무 또는 상황을 좋게 마무리했던 경험을 말한다.

(3) 지원 동기 및 이직 사유

① 지원 동기는 무엇입니까?

지원 동기는 직렬을 불문하고 거의 매번 빠지지 않는 질문이다. 솔직하게 대답하되 단순히 어떤 점이 좋아서 지원했다기보다 경험에서 비롯된 해당 직렬이나 공무직에 대한 장점을 강조하는 게 좋다.

② 기존 직장에서 퇴사하고 공무직에 지원한 이유는 무엇입니까?

전부는 아니지만 공무직 지원자는 많은 수가 경력자이다. 일부 직렬에서 관련 경력에 한해서지만 경력 점수가 있는 만큼 더더욱 그렇다. 만약 공무직 대체직 외에 다른 경력이 있다면 왜 퇴사했는지, 퇴사 후 공무직으로 지원한 이유가 무엇인지를 묻는 경우도 있다. 지원 동기와 비슷한 질문이지만, 그렇다고 해서 너무 흡사한 답변을 하지 않도록 주의해야 한다.

(4) 직업의식 및 사전 지식

① 공무직의 의무나 복무 자세는 무엇입니까?

자주 출제되는 면접 질문이다. 사전에 공무직의 의무, 복무 자세 등은 문항 및 내용을 모두 암기해 두는 것이 좋다.

② 공무원의 의무 및 복무 자세를 알고 있습니까?

드물게 공무직이 아닌 공무원의 의무 및 복무 자세를 질문하는 경우도 있다. 어느 정도는 파악해 두는 것을 권장한다.

③ 기관의 지표나 주요 업무 계획, 이상 등은 무엇입니까?

해당 질문 역시 자주 출제되는 면접 질문이다. 기관에 손님이 방문했을 때를 가정하여 자랑을 한다면 어떻게 하겠냐는 질문으로도 등장하므로 사전에 해당기관의 누리집을 보고 파악해 두는 것을 권장한다.

CHAPTER 02 면접기출

- 자기소개를 해 보십시오.
- 전라남도를 소개해 보십시오.
- 특기는 무엇입니까?
- 좌우명이 무엇입니까?
- 직업관을 말해 보십시오.
- 자신의 장단점을 설명해 보십시오.
- 여가시간은 주로 어떻게 보냅니까?
- 가장 최근에 읽은 책은 무엇입니까?
- 가지고 있는 자격증에 대해 설명해 보십시오.
- 봉사활동을 한 적 있습니까? 있다면, 기억에 남는 경험이나 배운 점을 말해 보십시오.
- 지원한 기관을 소개해 보십시오.
- 지원한 기관의 장점은 무엇입니까?
- 입직하면 어떤 일을 하고 싶습니까?
- 공무원과 공무직의 차이는 무엇입니까?
- 컴퓨터나 전자기기를 잘 다루는 편입니까?
- 출·퇴근 거리가 상당히 먼데 괜찮겠습니까?
- 기억에 남는 업무 중 경험을 말해 보십시오.
- 나이가 어린 상사에 대해 어떻게 생각합니까?
- 지원한 기관의 단점은 무엇이라고 생각합니까?
- 지원한 기관의 특징은 무엇이라고 생각합니까?
- 입직 후 어떤 모습의 공무직이 되고 싶습니까?
- 수수 금지 금품을 받는다면 어떻게 하겠습니까?

- 공무직을 지원하게 된 특별한 이유가 있습니까?
- 동료와 갈등이 생긴다면 어떻게 해결하겠습니까?
- 조직에서 발생한 갈등을 해결해 본 적이 있습니까?
- 겸업에 대해서 설명하고, 겸업을 할 예정이 있습니까?
- 본인을 리더라고 생각합니까, 팔로워라고 생각합니까?
- 사회생활에서 가장 중요한 게 무엇이라고 생각합니까?
- 팀 회식과 개인적 선약이 겹친다면 어떻게 하겠습니까?
- 입직 후 특히 잘 할 수 있다고 생각하는 업무가 있습니까?
- 특별히 성취감을 느껴 본 경험이 있습니까? 어떤 것입니까?
- 공무직 채용 결격 사유를 알고 있습니까? 이야기해 보십시오.
- 업무 중 상사와 의견 충돌이 발생한다면 어떻게 대처하겠습니까?
- 민원인이 억지를 부리며 불합리한 요구를 한다면 어떻게 대처하겠습니까?
- 팀원이 빠져서 팀 프로젝트가 중단될 위기에 처했습니다. 어떻게 하겠습니까?

자격증

한번에 따기 위한 서원각 교재

한 권에 준비하기 시리즈 / 기출문제 정복하기 시리즈를 통해 자격증 준비하자!